Regensb. 20.11. 86

Liebe Sonja,

besonders eine Geschichte in diesem
Buch, der Augustus, ist mir
sehr ans Herz gewachsen, und ich
bin mir sicher daß es auch für dich
von Bedeutung sein wird.

Frohe Weihnachten
und alles Liebe
Bruno

Hermann Hesse, am 2. 7. 1877 in Calw/Württemberg als Sohn eines baltendeutschen Missionars und einer württembergischen Missionarstochter geboren, 1946 ausgezeichnet mit dem Nobelpreis für Literatur, starb am 9. 8. 1962 in Montagnola bei Lugano.

Seine Bücher, Romane, Erzählungen, Betrachtungen, Gedichte, politischen und kulturkritischen Schriften sind mittlerweile in mehr als 60 Millionen Exemplaren in aller Welt verbreitet und haben ihn zum meistgelesenen europäischen Autor des 20. Jahrhunderts in den USA und in Japan gemacht.

Max Brod: »Kafka las Hesse mit Begeisterung.«

Alfred Döblin: »Mit einer Sicherheit, die ohnegleichen ist, rührt er an das Wesentliche.«

Dieser Band versammelt erstmals alle Märchen Hermann Hesses. Sowohl die frühe, erstmals 1920 unter dem Titel »Märchen« publizierte Sammlung als auch die späteren, in verschiedenen Büchern verstreuten Märchen aus dem »Fabulierbuch« (1935), den Sammelbänden »Traumfährte« (1945), »Krieg und Frieden« sowie einige bisher noch kaum bekannte, zu Hesses Lebzeiten noch nicht in seine Bücher aufgenommene Stücke ergänzen diese Sammlung. »Phantasie und Einfühlungsvermögen«, schrieb Hermann Hesse, »sind nichts anderes als Formen der Liebe.« Schon über die erste, 1920 veröffentlichte Märchensammlung notierte Oskar Loerke: »Hesse zeigt uns die törichten und weisen Wünsche der Menschen verwirklicht, besinnt sich auf das versunkene Kindheitsparadies, folgt den Zaubern des uns nächsten Sonderbaren, des Traumes. Den Wundern vertrauend, zeigt sich der Dichter mit ihnen vertraut; sie stellen das Ziel langsamer Wandlungen rasch und deutlich vor uns und ordnen sich dann dem allgemeinen Leben alsbald wieder ein, im Weltenlaufe nichts störend und nichts vergewaltigend.«

Hermann Hesse
Die Märchen

Suhrkamp

Zusammengestellt von Volker Michels

suhrkamp taschenbuch 291
Erste Auflage 1975
© dieser Zusammenstellung, Suhrkamp Verlag
Frankfurt am Main. Copyrightangaben der
einzelnen Texte am Schluß des Bandes
Suhrkamp Taschenbuch Verlag
Alle Rechte vorbehalten, insbesondere das des
öffentlichen Vortrags, der Übertragung durch
Rundfunk und Fernsehen sowie der
Übersetzung, auch einzelner Teile
Satz: IBV Lichtsatz KG, Berlin
Druck: Ebner Ulm · Printed in Germany
Umschlag nach Entwürfen von
Willy Fleckhaus und Rolf Staudt

17 18 – 88 87 86

Inhalt

Der Zwerg

So begann der alte Geschichtenerzähler Cecco eines Abends am Kai:

Wenn es euch recht ist, meine Herrschaften, will ich heute einmal eine ganz alte Geschichte erzählen, von einer schönen Dame, einem Zwerg und einem Liebestrank, von Treue und Untreue, Liebe und Tod, wovon ja alle alten und neuen Abenteuer und Geschichten handeln.

Das Fräulein Margherita Cadorin, die Tochter des Edlen Battista Cadorin, war zu ihrer Zeit unter den schönen Damen von Venedig die schönste, und die auf sie gedichteten Strophen und Lieder waren zahlreicher als die Bogenfenster der Paläste am Großen Kanal und als die Gondeln, die an einem Frühlingsabend zwischen dem Ponte del Vin und der Dogana schwimmen. Hundert junge und alte Edelleute, von Venedig wie von Murano, und auch solche aus Padua, konnten in keiner Nacht die Augen schließen, ohne von ihr zu träumen, noch am Morgen erwachen, ohne sich nach ihrem Anblick zu sehnen, und in der ganzen Stadt, gab es wenige unter den jungen Gentildonnen, die noch nie auf Margherita Cadorin eifersüchtig gewesen wären. Sie zu beschreiben steht mir nicht zu, ich begnüge mich damit, zu sagen, daß sie blond und groß und schlank wie eine junge Zypresse gewachsen war, daß ihren Haaren die Luft und ihren Sohlen der Boden schmeichelte und daß Tizian, als er sie sah, den Wunsch geäußert haben soll, er möchte ein ganzes Jahr lang nichts und niemand malen als nur diese Frau.

An Kleidern, an Spitzen, an byzantinischem Goldbrokat, an Steinen und Schmuck litt die Schöne keinen Mangel, vielmehr ging es in ihrem Palast reich und prächtig her: der Fuß trat farbige dicke Teppiche aus Kleinasien, die Schränke verbargen silbernes Gerät genug, die Tische erglänzten von feinem Damast und herrlichem Porzellan, die Fußböden der Wohnzimmer waren schöne Mosaikarbeit, und die Decken und Wände bedeckten teils Gobelins auf Brokat und Seide, teils hübsche, heitere Malereien. An Dienerschaft war ebenfalls kein Mangel, noch an Gondeln und Ruderern.

Alle diese köstlichen und erfreulichen Dinge gab es aber freilich auch in anderen Häusern; es gab größere und reichere Paläste als den ihren, vollere Schränke, köstlichere Geräte, Tapeten und Schmucksachen. Venedig war damals sehr reich. Das Kleinod jedoch, welches die junge Margherita ganz allein besaß und das den Neid vieler Reicheren erregte, war ein Zwerg, Filippo genannt, nicht drei Ellen hoch und mit zwei Höckerchen versehen, ein phantastischer kleiner Kerl. Filippo war aus Zypern gebürtig und hatte, als ihn Herr Vittoria Battista von Reisen heimbrachte, nur Griechisch und Syrisch gekonnt, jetzt aber sprach er ein so reines Venezianisch, als wäre er an der Riva oder im Kirchspiel von San Giobbe zur Welt gekommen. So schön und schlank seine Herrin war, so häßlich war der Zwerg; neben seinem verkrüppelten Wuchse erschien sie doppelt hoch und königlich, wie der Turm einer Inselkirche neben einer Fischerhütte. Die Hände des Zwerges waren faltig, braun und in den Gelenken gekrümmt, sein Gang unsäglich lächerlich, seine Nase viel zu groß, seine Füße breit und einwärts gestellt. Gekleidet aber ging er wie ein Fürst, in lauter Seide und Goldstoff.

Schon dies Äußere machte den Zwerg zu einem Kleinod; vielleicht gab es nicht bloß in Venedig, sondern in ganz Italien, Mailand nicht ausgenommen, keine seltsamere und possierlichere Figur; und manche Majestät, Hoheit oder Exzellenz hätte gewiß den kleinen Mann gern mit Gold aufgewogen, wenn er dafür feil gewesen wäre.

Aber wenn es auch vielleicht an Höfen oder in reichen Städten einige Zwerge geben mochte, welche dem Filippo an Kleinheit und Häßlichkeit gleichkamen, so blieben doch an Geist und Begabung alle weit hinter ihm zurück. Wäre es allein auf die Klugheit angekommen, so hätte dieser Zwerg ruhig im Rat der Zehn sitzen oder eine Gesandtschaft verwalten können. Nicht allein sprach er drei Sprachen, sondern er war auch in

Historien, Ratschlägen und Erfindungen wohlerfahren, konnte ebensowohl alte Geschichten erzählen wie neue erfinden und verstand sich nicht weniger auf guten Rat als auf böse Streiche und vermochte jeden, wenn er nur wollte, so leicht zum Lachen wie zum Verzweifeln zu bringen.

An heiteren Tagen, wenn die Donna auf ihrem Söller saß, um ihr wundervolles Haar, wie es damals allgemein die Mode war, an der Sonne zu bleichen, war sie stets von ihren beiden Kammerdienerinnen, von ihrem afrikanischen Papagei und von dem Zwerg Filippo begleitet. Die Dienerinnen befeuchteten und kämmten ihr langes Haar und breiteten es über dem großen Schattenhut zum Bleichen aus, besprizten es mit Rosentau und mit griechischen Wassern, und dazu erzählten sie alles, was in der Stadt vorging und vorzugehen im Begriff war: Sterbefälle, Feierlichkeiten, Hochzeiten und Geburten, Diebstähle und komische Ereignisse. Der Papagei schlug mit seinen schönfarbigen Flügeln und machte seine drei Kunststücke: ein Lied pfeifen, wie eine Zicke meckern und »gute Nacht« rufen. Der Zwerg saß daneben, still in der Sonne gekauert, und las in alten Büchern und Rollen, auf das Mädchengeschwätz so wenig achtend wie auf die schwärmenden Mücken. Alsdann geschah es jedesmal, daß nach einiger Zeit der bunte Vogel nickte, gähnte und entschlief, daß die Mägde langsamer plauderten und endlich verstummten und ihren Dienst lautlos mit müden Gebärden versahen; denn gibt es einen Ort, wo die Mittagssonne heißer und schläfernder brennen kann als auf dem Söller eines venezianischen Palastdaches? Dann wurde die Herrin mißmutig und schalt heftig, sobald die Mädchen ihre Haare zu trocken werden ließen oder gar ungeschickt anfaßten. Und dann kam der Augenblick, wo sie rief: Nehmt ihm das Buch weg!«

Die Mägde nahmen das Buch von Filippos Knien, und der Zwerg schaute zornig auf, bezwang sich aber sogleich und fragte höflich, was die Herrin beliebe.

Und sie befahl: »Erzähl mir eine Geschichte!«

Darauf antwortete der Zwerg: »Ich will nachdenken«, und dachte nach.

Hierbei geschah es zuweilen, daß er ihr allzulange zögerte, so daß sie ihn scheltend anrief. Er schüttelte aber gelassen den schweren Kopf, der für seine Gestalt viel zu groß war, und antwortete mit Gleichmut: »Ihr müßt noch ein wenig Geduld haben. Gute Geschichten sind wie ein edles Wild. Sie hausen verborgen, und man muß oft lange am Eingang der Schluchten und Wälder stehen und auf sie lauern. Laßt mich nachdenken!«

Wenn er aber genug gesonnen hatte und zu erzählen anfing, dann hielt er nicht mehr inne, bis er zu Ende war, ununterbrochen lief seine Erzählung dahin, wie ein vom Gebirge kommender Fluß, in welchem alle Dinge sich spiegeln, von den kleinen Gräsern bis zum blauen Gewölbe des Himmels. Der Papagei schlief, im Traume zuweilen mit dem krummen Schnabel knarrend, die kleinen Kanäle lagen unbeweglich, so daß die Spiegelbilder der Häuser feststanden wie wirkliche Mauern, die Sonne brannte auf das flache Dach herab, und die Mägde kämpften verzweifelt gegen die Schläfrigkeit. Der Zwerg aber war nicht schläfrig und wurde zum Zauberer und König, sobald er seine Kunst begann. Er löschte die Sonne aus und führte seine still zuhörende Herrin bald durch schwarze, schauerliche Wälder, bald auf den blauen kühlen Grund des Meeres, bald durch die Straßen fremder und fabelhafter Städte, denn er hatte die Kunst des Erzählens im Morgenlande gelernt, wo die Erzähler viel gelten und Magier sind und mit den Seelen der Zuhörer spielen, wie ein Kind mit seinem Balle spielt.

Beinahe niemals begannen seine Geschichten in fremden Ländern, wohin die Seele des Zuhörenden nicht leicht aus eigenen Kräften zu fliegen vermag. Sondern er begann stets mit dem, was man mit Augen sehen kann, sei es mit einer goldenen Spange, sei es mit einem seidenen Tuche, immer begann er mit etwas Nahem und Gegenwärtigen und leitete die Einbildung seiner Herrin unmerklich, wohin er wollte, indem er von früheren Besitzern solcher Kleinode oder von ihren Meistern und Verkäufern zu berichten anhob, so daß die Geschichte, natürlich und langsam rinnend, vom Söller des Palastes in die

Barke des Händlers, von der Barke in den Hafen und auf das Schiff und an jeden entferntesten Ort der Welt sich hinüberwiegte. Wer ihm zuhörte, der glaubte selbst die Fahrt zu machen, und während er noch ruhig in Venedig saß, irrte sein Geist schon fröhlich oder ängstlich auf fernen Meeren und in fabelhaften Gegenden umher. Auf eine solche Art erzählte Filippo.

Außer solchen wunderbaren, zumeist morgenländischen Märchen berichtete er auch wirkliche Abenteuer und Begebenheiten aus alter und neuer Zeit, von des Königs Äneas Fahrten und Leiden, vom Reiche Zypern, vom König Johannes, vom Zauberer Virgilius und von den gewaltigen Reisen des Amerigo Vespucci. Obendrein verstand er selbst die merkwürdigsten Geschichten zu erfinden und vorzutragen. Als ihn eines Tages seine Herrin beim Anblick des schlummernden Papageien fragte: »Du Alleswisser, wovon träumt jetzt mein Vogel?«, da besann er sich nur eine kleine Weile und begann sogleich einen langen Traum zu erzählen, so, als wäre er selbst der Papagei, und als er zu Ende war, da erwachte gerade der Vogel, meckerte wie eine Ziege und schlug mit den Flügeln. Oder nahm die Dame ein Steinchen, warf es über die Brüstung der Terrasse ins Wasser des Kanals hinab, daß man es klatschen hörte, und fragte: »Nun, Filippo, wohin kommt jetzt mein Steinchen?« Und sogleich hob der Zwerg zu berichten an, wie das Steinchen im Wasser zu Quallen, Fischen, Krabben und Austern kam, zu ertrunkenen Schiffern und Wassergeistern, Kobolden und Meerfrauen, deren Leben und Begebenheiten er wohl kannte und die er genau und umständlich zu schildern wußte.

Obwohl nun das Fräulein Margherita, gleich so vielen reichen und schönen Damen, hochmütig und harten Herzens war, hatte sie doch zu ihrem Zwerg viele Zuneigung und achtete darauf, daß jedermann ihn gut und ehrenhaft behandle. Nur sie selber machte sich zuweilen einen Spaß daraus, ihn ein wenig zu quälen, war er doch ihr Eigentum. Bald nahm sie ihm alle seine Bücher weg, bald sperrte sie ihn in den Käfig ihrer Papageien, bald brachte sie ihn auf dem Parkettboden eines Saales zum Straucheln. Sie tat dies jedoch alles nicht in böser Absicht, auch beklagte sich Filippo niemals, aber er vergaß nichts und brachte zuweilen in seinen Fabeln und Märchen kleine Anspielungen und Winke und Stiche an, welche das Fräulein sich denn auch ruhig gefallen ließ. Sie hütete sich wohl, ihn allzusehr zu reizen, denn jedermann glaubte den Zwerg im Besitz geheimer Wissenschaften und verbotener Mittel. Mit Sicherheit wußte man, daß er die Kunst verstand, mit mancherlei Tieren zu reden, und daß er im Vorhersagen von Witterungen und Stürmen unfehlbar war. Doch schwieg er zumeist still, wenn jemand mit solchen Fragen in ihn drang, und wenn er dann die schiefen Achseln zuckte und den schweren steifen Kopf zu schütteln versuchte, vergaßen die Fragenden ihr Anliegen vor lauter Lachen.

Wie ein jeder Mensch das Bedürfnis hat, irgendeiner lebendigen Seele zugetan zu sein und Liebe zu erweisen, so hatte auch Filippo außer seinen Büchern noch eine absonderliche Freundschaft, nämlich mit einem schwarzen kleinen Hündlein, das ihm gehörte und sogar bei ihm schlief. Es war das Geschenk eines unerhört gebliebenen Bewerbers an das Fräulein Margherita und war dem Zwerge von seiner Dame überlassen worden, allerdings unter besonderen Umständen. Gleich am ersten Tage nämlich war das Hündchen verunglückt und von einer zugeschlagenen Falltüre getroffen worden. Es sollte getötet werden, da ihm ein Bein zerbrochen war; da hatte der Zwerg das Tier für sich erbeten und zum Geschenk erhalten. Unter seiner Pflege war es genesen und hing mit großer Dankbarkeit an seinem Retter. Doch war ihm das geheilte Bein krumm geblieben, so daß es hinkte und dadurch noch besser zu seinem verwachsenen Herrn paßte, worüber Filippo manchen Scherz zu hören bekam.

Mochte nun diese Liebe zwischen Zwerg und Hund den Leuten lächerlich erscheinen, so war sie doch nicht minder aufrichtig und herzlich, und ich glaube, daß mancher reiche Edelmann von seinen besten Freunden nicht so innig geliebt wurde wie der krummbeinige Bologneser von Filippo. Dieser nannte ihn Filippino, woraus der abgekürzte Kosename Fino entstand, und behandelte ihn so zärtlich wie ein Kind, sprach mit ihm, trug ihm leckere Bissen zu, ließ ihn in seinem kleinen Zwergbett schlafen und spielte oft lange mit ihm, kurz, er übertrug alle Liebe seines armen und heimatlosen Lebens auf das kluge Tier und nahm seinetwegen vielen Spott der Dienerschaft und der Herrin auf sich. Und ihr werdet in Bälde sehen, wie wenig lächerlich diese Zuneigung war, denn sie hat nicht allein dem Hunde und dem Zwerge, sondern dem ganzen Hause das größte Unheil gebracht. Es möge euch darum nicht verdrießen, daß ich so viele Worte über einen kleinen lahmen Schoßhund verlor, sind doch die Beispiele nicht selten, daß durch viel geringere Ursachen große und schwere Schicksale hervorgerufen wurden.

Während so viele vornehme, reiche und hübsche Männer ihre Augen auf Margherita richteten und ihr Bild in ihrem Herzen trugen, blieb sie selbst so stolz und kalt, als gäbe es keine Männer auf der Welt. Sie war nämlich nicht nur bis zum Tode ihrer Mutter, einer gewissen Donna Maria aus dem Hause der Giustiniani, sehr streng erzogen worden, sondern hatte auch von Natur ein hochmütiges, der Liebe widerstrebendes Wesen und galt mit Recht für die grausamste Schöne von Venedig. Ihretwegen fiel ein junger Edler aus Padua im Duell mit einem Mailänder Offizier, und als sie es vernahm und man ihr die an sie gerichteten letzten Worte des Gefallenen berichtete, sah man auch nicht den leisesten Schatten über ihre weiße Stirn laufen. Mit den auf sie gedichteten Sonetten trieb sie ewig ihren Spott, und als fast zu gleicher Zeit zwei Freier aus den angesehensten Familien der Stadt sich feierlich um ihre Hand bewarben, zwang sie trotz seines eifrigen Widerstrebens und Zuredens ihren Vater, beide abzuweisen, woraus eine langwierige Familienzwistigkeit entstand.

Allein der kleine geflügelte Gott ist ein Schelm und läßt sich ungern eine Beute entgehen, am wenigsten eine so schöne. Man hat es oft genug erlebt, daß gerade die unzugänglichen und stolzen Frauen sich am raschesten und heftigsten verlieben, so wie auf den härtesten Winter gewöhnlich auch der wärmste und holdeste Frühling folgt. Es geschah bei Gelegenheit eines Festes in den Muraneser Gärten, daß Margherita ihr Herz an einen jungen Ritter und Seefahrer verlor, der eben erst aus der Levante zurückgekehrt war. Er hieß Baldassare Morosini und gab der Dame, deren Blick auf ihn gerichtet war, weder an Adel noch an Stattlichkeit der Figur etwas nach. An ihr war alles licht und leicht, an ihm aber dunkel und stark, und man konnte ihm ansehen, daß er lange Zeit auf der See und in fremden Ländern gewesen und ein Freund der Abenteuer war; über seine gebräunte Stirn zuckten die Gedanken wie Blitze, und über seiner kühnen, gebogenen Nase brannten dunkle Augen heiß und scharf.

Es war nicht anders möglich, als daß auch er Margherita sehr bald bemerkte, und sobald er ihren Namen in Erfahrung gebracht hatte, trug er sogleich Sorge, ihrem Vater und ihr selber vorgestellt zu werden, was unter vielen Höflichkeiten und schmeichelhaften Worten geschah. Bis zum Ende der Festlichkeit, welche nahezu bis Mitternacht dauerte, hielt er sich, soweit der Anstand es nur erlaubte, beständig in ihrer Nähe auf, und sie hörte auf seine Worte, auch wenn sie an andere als an sie selbst gerichtet waren, eifriger als auf das Evangelium. Wie man sich denken kann, war Herr Baldassare des öftern genötigt, von seinen Reisen und Taten und bestandenen Gefahren zu erzählen, und er tat dies mit so viel Anstand und Heiterkeit, daß jeder ihn gern anhörte. In Wirklichkeit waren seine Worte alle nur einer einzigen Zuhörerin zugedacht, und diese ließ sich nicht einen Hauch davon entgehen. Er berichtete von den seltensten Abenteuern so leichthin, als müßte ein jeder sie selber schon erlebt haben, und stellte seine Person nicht allzusehr in den Vordergrund, wie es sonst die Seefahrer und zumal die jungen zu machen pflegen. Nur einmal, da er von einem Gefecht mit afrikanischen Piraten erzählte, erwähnte er eine schwere Verwundung, deren Narbe quer über seine linke

Schulter laufe, und Margherita hörte atemlos zu, entzückt und entsetzt zugleich.

Zum Schlusse begleitete er sie und ihren Vater zu ihrer Gondel, verabschiedete sich und blieb noch lange stehen, um dem Fackelzug der über die dunkle Lagune entgleitenden Gondel nachzublicken. Erst als er diesen ganz aus den Augen verloren hatte, kehrte er zu seinen Freunden in ein Gartenhaus zurück, wo die jungen Edelleute, und auch einige hübsche Dirnen dabei, noch einen Teil der warmen Nacht beim gelben Griechenwein und beim roten süßen Alkermes verbrachten. Unter ihnen war ein Giambattista Gentarini, einer der reichsten und lebenslustigsten jungen Männer von Venedig. Dieser trat Baldassare entgegen, berührte seinen Arm und sagte lachend:

»Wie sehr hoffte ich, du würdest uns heute nacht die Liebesabenteuer deiner Reisen erzählen! Nun ist es wohl nichts damit, da die schöne Cadorin dein Herz mitgenommen hat. Aber weißt du auch, daß dieses schöne Mädchen von Stein ist und keine Seele hat? Sie ist wie ein Bild des Giorgione, an dessen Frauen wahrhaftig nichts zu tadeln ist, als daß sie kein Fleisch und Blut haben und nur für unsere Augen existieren. Im Ernst, ich rate dir, halte dich ihr fern – oder hast du Lust, als dritter abgewiesen und zum Gespött der Cadorinschen Dienerschaft zu werden?«

Baldassare aber lachte nur und hielt es nicht für notwendig, sich zu rechtfertigen. Er leerte ein paar Becher von dem süßen, ölfarbigen Zypernwein und begab sich früher als die andern nach Hause.

Schon am nächsten Tage suchte er zu guter Stunde den alten Herrn Cadorin in seinem hübschen kleinen Palaste auf und bestrebte sich auf jede Weise, sich ihm angenehm zu machen und seine Zuneigung zu gewinnen. Am Abend brachte er mit mehreren Sängern und Spielleuten der schönen jungen Dame eine Serenata, mit gutem Erfolge: sie stand zuhörend am Fenster und zeigte sich sogar eine kleine Weile auf dem Balkon. Natürlich sprach sofort die ganze Stadt davon, und die Bummler und Klatschbasen wußten schon von der Verlobung und vom mutmaßlichen Tag der Hochzeit zu schwatzen, noch ehe Morosini sein Prachtkleid angelegt hatte, um dem Vater Margheritas seine Werbung vorzutragen; er verschmähte es nämlich, der damaligen Sitte gemäß nicht in eigener Person, sondern durch einen oder zwei seiner Freunde anzuhalten. Doch bald genug hatten jene gesprächigen Alleswisser die Freude, ihre Prophezeiungen bestätigt zu sehen.

Als Herr Baldassare dem Vater Cadorin seinen Wunsch aussprach, sein Schwiegersohn zu werden, kam dieser in nicht geringe Verlegenheit.

»Mein teuerster junger Herr«, sagte er beschwörend, »ich unterschätze bei Gott die Ehre nicht, die Euer Antrag für mein Haus bedeutet. Dennoch möchte ich Euch inständig bitten, von Eurem Vorhaben zurückzutreten, es würde Euch und mir viel Kummer und Beschwernis ersparen. Da Ihr so lange auf Reisen und fern von Venedig gewesen seid, wisset Ihr nicht, in welche Nöte das unglückselige Mädchen mich schon gebracht hat, indem sie bereits zwei ehrenvolle Anträge ohne alle Ursache abgewiesen. Sie will von Liebe und Männern nichts wissen. Und ich gestehe, ich habe sie etwas verwöhnt und bin zu schwach, um ihre Hartnäckigkeit durch Strenge zu brechen.«

Baldassare hörte höflich zu, nahm aber seine Werbung nicht zurück, sondern gab sich alle Mühe, den ängstlichen alten Herrn zu ermutigen und in bessere Laune zu bringen. Endlich versprach dann der Herr, mit seiner Tochter zu sprechen.

Man kann sich denken, wie die Antwort des Fräuleins ausfiel. Zwar machte sie zur Wahrung ihres Hochmuts einige geringfügige Einwände und spielte namentlich vor ihrem Vater noch ein wenig die Dame, aber in ihrem Herzen hatte sie ja gesagt, noch eh sie gefragt worden war. Gleich nach Empfang ihrer Antwort erschien Baldassare mit einem zierlichen und kostbaren Geschenk, steckte seiner Verlobten einen goldenen Brautring an den Finger und küßte zum erstenmal ihren schönen stolzen Mund.

Nun hatten die Venezianer etwas zu schauen und zu schwatzen und zu beneiden. Niemand konnte sich erinnern, jemals ein so prächtiges Paar gesehen zu haben. Beide waren groß und hoch gewachsen und die Dame kaum um Haaresbreite kleiner als er. Sie war blond, er war schwarz, und beide trugen ihre Köpfe hoch und frei, denn sie gaben einander, wie an Adel, so an Hochmut nicht das geringste nach.

Nur eines gefiel der prächtigen Braut nicht, daß nämlich ihr Herr Verlobter erklärte, in Bälde nochmals nach Zypern reisen zu müssen, um daselbst wichtige Geschäfte zum Abschluß zu bringen. Erst nach der Rückkehr von dort sollte die Hochzeit stattfinden, auf die schon jetzt die ganze Stadt sich wie auf eine öffentliche Feier freute. Einstweilen genossen die Brautleute ihr Glück ohne Störung; Herr Baldassare ließ es an Veranstaltungen jeder Art, an Geschenken, an Ständchen, an Überraschungen nicht fehlen, und so oft es irgend anging, war er mit Margherita zusammen. Auch machten sie, die strenge Sitte umgehend, manche verschwiegene gemeinsame Fahrt in verdeckter Gondel.

Wenn Margherita hochmütig und ein klein wenig grausam war, wie bei einer verwöhnten jungen Edeldame nicht zu verwundern, so war ihr Bräutigam, von Hause aus hochfahrend und wenig an Rücksicht auf andere gewöhnt, durch sein Seefahrerleben und seine jungen Erfolge nicht sanfter geworden. Je eifriger er als Freier den Angenehmen und Sittsamen gespielt hatte, desto mehr gab er jetzt, da das Ziel erreicht war, seiner Natur und ihren Trieben nach. Von Haus aus ungestüm und herrisch, hatte er als Seemann und reicher Handelsherr sich vollends daran gewöhnt, nach eigenen Gelüsten zu leben und sich um andere Leute nicht zu kümmern. Es war seltsam, wie ihm von Anfang an in der Umgebung seiner Braut mancherlei zuwider war, am meisten der Papagei, das Hündchen Fino und der Zwerg Filippo. Sooft er diese sah, ärgerte er sich und tat alles, um sie zu quälen oder sie ihrer Besitzerin zu entleiden. Und sooft er ins Haus trat und seine starke Stimme auf der gewundenen Treppe erklang, entfloh das Hündchen heulend und fing der Vogel an zu schreien und mit den Flügeln um sich zu schlagen; der Zwerg begnügte sich damit, die Lippen zu verziehen und hartnäckig zu schweigen. Um gerecht zu sein, muß ich sagen, daß Margherita, wenn nicht für die Tiere, so doch für Filippo manches Wort einlegte und den armen Zwerg zuweilen zu verteidigen suchte; aber freilich wagte sie ihren Geliebten nicht zu reizen und konnte oder wollte manche kleine Quälerei und Grausamkeit nicht verhindern.

Mit dem Papagei nahm es ein schnelles Ende. Eines Tages, da Herr Morosini ihn wieder quälte und mit einem Stäbchen nach ihm stieß, hackte der erzürnte Vogel nach seiner Hand und riß ihm mit seinem starken und scharfen Schnabel einen Finger blutig, worauf jener ihm den Hals umdrehen ließ. Er wurde in den schmalen finstern Kanal an der Rückseite des Hauses geworfen und von niemand betrauert.

Nicht besser erging es bald darauf dem Hündchen Fino. Es hatte sich, als der Bräutigam seiner Herrin einst das Haus betrat, in einem dunklen Winkel der Treppe verborgen, wie es denn gewohnt war, stets unsichtbar zu werden, wenn dieser Herr sich nahte. Herr Baldassare aber, vielleicht weil er irgend etwas in seiner Gondel hatte liegenlassen , was er keinem Diener anvertrauen mochte, stieg gleich darauf unvermutet wieder die Stufen der Treppe hinab. Der erschrockene Fino bellte in seiner Überraschung laut auf und sprang so hastig und ungeschickt empor, daß er um ein Haar den Herrn zu Fall gebracht hätte. Stolpernd erreichte dieser, gleichzeitig mit dem Hunde, den Flur, und da das Tierlein in seiner Angst bis zum Portal weiterrannte, wo einige breite Steinstufen in den Kanal hinabführten, versetzte er ihm unter grimmigem Fluchen einen so heftigen Fußtritt, daß der kleine Hund weit ins Wasser hinausgeschleudert wurde.

In diesem Augenblick erschien der Zwerg, der Finos Bellen und Winseln gehört hatte, im Torgang und stellte sich neben Baldassare, der mit Gelächter zuschaute, wie das halblahme Hündchen angstvoll zu schwimmen versuchte. Zugleich erschien auf den Lärm hin Margherita auf dem Balkon des ersten Stockwerks.

»Schickt die Gondel hinüber, bei Gottes Güte«, rief Filippo

ihr atemlos zu. »Laßt ihn holen, Herrin, sofort! Er ertrinkt
mir! O Fino, Fino!«

Aber Herr Baldassare lachte und hielt den Ruderer, der schon
die Gondel lösen wollte, durch einen Befehl zurück. Nochmals
wollte sich Filippo an seine Herrin wenden und sie anflehen,
aber Margherita verließ in diesem Augenblick den Balkon,
ohne ein Wort zu sagen. Da kniete der Zwerg vor seinem Peini-
ger nieder und flehte ihn an, dem Hunde das Leben zu lassen.
Der Herr wandte sich unwillig ab, befahl ihm streng, ins Haus
zurückzukehren und blieb an der Gondeltreppe so lange stehen, bis der kleine keuchende Fino untersank.

Filippo hatte sich auf den obersten Boden unterm Dach begeben. Dort saß er in einer Ecke, stützte den großen Kopf auf
die Hände und starrte vor sich hin. Es kam eine Kammerjung-
fer, um ihn zur Herrin zu rufen, und dann kam und rief ein
Diener, aber er rührte sich nicht. Und als er spät am Abend
immer noch dort oben saß, stieg seine Herrin selber mit einer
Ampel in der Hand zu ihm hinauf. Sie blieb vor ihm stehen
und sah ihn eine Weile an.

»Warum stehst du nicht auf?« fragte sie dann. Er gab keine
Antwort. »Warum stehst du nicht auf?« fragte sie nochmals.
Da blickte der kleine Verwachsene sie an und sagte leise:
»Warum habt Ihr meinen Hund umgebracht?«

»Ich war es nicht, die es tat«, rechtfertigte sie sich.

»Ihr hättet ihn retten können und habt ihn umkommen lassen«, klagte der Zwerg. »O mein Liebling! O Fino, o Fino!«

Da wurde Margherita ärgerlich und befahl ihm scheltend, auf-
zustehen und zu Bette zu gehen. Er folgte ihr, ohne ein Wort
zu sagen, und blieb drei Tage lang stumm wie ein Toter, berührte die Speisen kaum und achtete auf nichts, was um ihn
her geschah und gesprochen wurde.

In diesen Tagen wurde die junge Dame von einer großen Unruhe befallen. Sie hatte nämlich von verschiedenen Seiten
Dinge über ihren Verlobten vernommen, welche ihr schwere
Sorge bereiteten. Man wollte wissen, der junge Herr Morosini
sei auf seinen Reisen ein schlimmer Mädchenjäger gewesen

und habe auf Zypern und andern Orten eine ganze Anzahl von Geliebten sitzen. Wirklich war dies auch die Wahrheit, und Margherita wurde voll Zweifel und Angst und konnte namentlich an die bevorstehende neue Reise ihres Bräutigams nur mit den bittersten Seufzern denken. Am Ende hielt sie es nicht mehr aus, und eines Morgens, als Baldassare bei ihr in ihrem Hause war, sagte sie ihm alles und verheimlichte ihm keine von ihren Befürchtungen.

Er lächelte. »Was man dir, Liebste und Schönste, berichtet hat, mag zum Teil erlogen sein, das meiste daran ist aber wahr. Die Liebe ist gleich einer Woge, sie kommt und erhebt uns und reißt uns mit sich fort, ohne daß wir widerstehen können. Dennoch aber weiß ich wohl, was ich meiner Braut und Tochter eines so edlen Hauses schuldig bin, du magst daher ohne Sorge sein. Ich habe hier und dort manche schöne Frau gesehen und mich in manche verliebt, aber dir kommt keine gleich.«

Und weil von seiner Kraft und Kühnheit ein Zauber ausging, gab sie sich stille und lächelte und streichelte seine harte, braune Hand. Aber sobald er von ihr ging, kehrten alle ihre Befürchtungen wieder und ließen ihr keine Ruhe, so daß diese so überaus stolze Dame nun das geheime, demütigende Leid der Liebe und Eifersucht erfuhr und in ihren seidenen Decken halbe Nächte nicht schlafen konnte.

In ihrer Bedrängnis wandte sie sich ihrem Zwerg Filippo wieder zu. Dieser hatte inzwischen sein früheres Wesen wieder angenommen und stellte sich, als hätte er den schmählichen Tod seines Hündleins nun vergessen. Auf dem Söller saß er wieder wie sonst, in Büchern lesend oder erzählend, während Margherita ihr Haar an der Sonne bleichte. Nur einmal erinnerte sie sich noch an jene Geschichte. Da sie ihn nämlich einmal fragte, worüber er denn so tief nachsinne, sagte er mit seltsamer Stimme: »Gott segne dieses Haus, gnädige Herrin, das ich tot oder lebend bald verlassen werde.« – »Warum denn?« entgegnete sie. Da zuckte er auf seine lächerliche Weise die Schultern: »Ich ahne es, Herrin. Der Vogel ist fort, der Hund ist fort, was soll der Zwerg noch da?« Sie untersagte ihm darauf solche Reden ernstlich, und er sprach nicht mehr davon. Die Dame war der Meinung, er denke nicht mehr daran, und zog ihn wieder ganz in ihr Vertrauen. Er aber, wenn sie ihm von ihrer Sorge redete, verteidigte Herrn Baldassare und ließ auf keine Weise merken, daß er ihm noch etwas nachtrage. So gewann er die Freundschaft seiner Herrin in hohem Grade wieder.

An einem Sommerabend, als vom Meere her ein wenig Kühlung wehte, bestieg Margherita samt dem Zwerg ihre Gondel und ließ sich ins Freie rudern. Als die Gondel in die Nähe von Murano kam und die Stadt nur noch wie ein weißes Traumbild in der Ferne auf der glatten, schillernden Lagune schwamm, befahl sie Filippo, eine Geschichte zu erzählen. Sie lag auf dem schwarzen Pfühle ausgestreckt, der Zwerg kauerte ihr gegenüber am Boden, den Rücken dem hohen Schnabel der Gondel zugewendet. Die Sonne hing am Rande der fernen Berge, die vor rosigem Dunst kaum sichtbar waren; auf Murano begannen einige Glocken zu läuten. Der Gondoliere bewegte, von der Wärme betäubt, lässig und halb schlafend sein langes Ruder, und seine gebückte Gestalt samt der Gondel spiegelte sich in dem von Tang durchzogenen Wasser. Zuweilen fuhr in der Nähe eine Frachtbarke vorüber oder eine Fischerbarke mit einem lateinischen Segel, dessen spitziges Dreieck für einen Augenblick die fernen Türme der Stadt verdeckte.

»Erzähl mir eine Geschichte!« befahl Margherita, und Filippo neigte seinen schweren Kopf, spielte mit den Goldfransen seines seidenen Leibrocks, sann eine Weile nach und erzählte dann folgende Begebenheit:

»Eine merkwürdige und ungewöhnliche Sache erlebte einst mein Vater zu der Zeit, da er noch in Byzanz lebte, lang ehe ich noch geboren wurde. Er betrieb damals das Geschäft eines Arztes und Ratgebers in schwierigen Fällen, wie er denn sowohl die Heilkunde wie die Magie von einem Perser, der in Smyrna lebte, erlernt und in beiden große Kenntnisse erworben hatte. Da er aber ein ehrlicher Mann war und sich weder auf Betrügereien noch auf Schmeicheleien, sondern einzig auf seine Kunst verließ, hatte er vom Neid mancher Schwindler und Kurpfuscher viel zu leiden und sehnte sich schon lange nach einer Gelegenheit, in seine Heimat zurückzukehren. Doch wollte mein armer Vater das durchaus nicht eher tun, als bis er sich wenigstens ein geringes Vermögen in der Fremde erworben hätte, denn er wußte zu Hause die Seinigen in ärmlichen Verhältnissen schmachten. Je weniger daher sein Glück in Byzanz blühen wollte, während er doch manche Betrüger und Nichtskönner ohne Mühe zu Reichtümern gelangen sah, desto trauriger wurde mein guter Vater und verzweifelte nahezu an der Möglichkeit, ohne marktschreierisches Mittel sich aus seiner Not zu ziehen. Denn es fehlte ihm keineswegs an Klienten, und er hat Hunderten in den schwierigsten Lagen geholfen, aber es waren zumeist arme und geringe Leute, von denen er sich geschämt hätte, mehr als eine Kleinigkeit für seine Dienste anzunehmen.

In so betrübter Lage war mein Vater schon entschlossen, die Stadt zu Fuß und ohne Geld zu verlassen oder Dienste auf einem Schiff zu suchen. Doch nahm er sich vor, noch einen Monat zu warten, denn es schien ihm nach den Regeln der Astrologie wohl möglich, daß ihm innerhalb dieser Frist ein Glücksfall begegnete. Aber auch diese Zeit verstrich, ohne daß etwas Derartiges geschehen wäre. Traurig packte er also am letzten Tage seine wenigen Habseligkeiten zusammen und beschloß, am nächsten Morgen aufzubrechen.

Am Abend des letzten Tages wandelte er außerhalb der Stadt am Meeresstrande hin und her, und man kann sich denken, daß seine Gedanken dabei recht trostlos waren. Die Sonne war längst untergegangen, und schon breiteten die Sterne ihr weißes Licht über das ruhige Meer.

Da vernahm mein Vater plötzlich in nächster Nähe ein lautes klägliches Seufzen. Er schaute rings um sich, und da er niemand erblicken konnte, erschrak er gewaltig, denn er nahm es als böses Vorzeichen für seine Abreise. Als jedoch das Klagen und Seufzen sich noch lauter wiederholte, ermannte er sich und rief: ›Wer ist da?‹ Und sogleich hörte er ein Plätschern am Meeresufer, und als er sich dorthin wandte, sah er im blassen Schimmer der Sterne eine helle Gestalt daliegen. Vermeinend, es sei ein Schiffbrüchiger oder Badender, trat er hilfreich hinzu und sah nun mit Erstaunen die schönste, schlanke und schneeweiße Wasserfrau mit halbem Leibe aus dem Wasser ragen. Wer aber beschreibt seine Verwunderung, als nun die Nereide ihn mit flehender Stimme anredet: ›Bist du nicht der griechische Magier, welcher in der gelben Gasse wohnt?‹

›Der bin ich‹, antwortete er aufs freundlichste, ›was wollt Ihr von mir?‹

Da begann das junge Meerweib von neuem zu klagen und ihre schönen Arme zu recken und bat unter vielen Seufzern, mein Vater möge doch ihrer Sehnsucht barmherzig sein und ihr einen starken Liebestrank bereiten, da sie sich in vergeblichem Verlangen nach ihrem Geliebten verzehre. Dazu blickte sie ihn aus ihren schönen Augen so flehentlich und traurig an, daß es ihm das Herz bewegte. Er beschloß sogleich, ihr zu helfen; doch fragte er zuvor, auf welche Weise sie ihn belohnen wolle. Da versprach sie ihm eine Kette von Perlen, so lang, daß ein Weib sie achtmal um den Hals zu schlingen vermöge. ›Aber diesen Schatz‹, fuhr sie fort ›sollst du nicht eher erhalten, als bis ich gesehen habe, daß dein Zauber seine Wirkung getan hat.‹

Darum brauchte sich nun mein Vater nicht zu sorgen, seiner Kunst war er sicher. Er eilte in die Stadt zurück, brach seine wohlverpackten Bündel wieder auf und bereitete den gewünschten Liebestrank in solcher Eile, daß er schon bald nach Mitternacht wieder an jener Stelle des Ufers war, wo die Meerfrau auf ihn wartete. Er händigte ihr eine winzig kleine Phiole mit dem kostbaren Safte ein, und unter lebhaften Danksagungen forderte sie ihn auf, in der folgenden Nacht sich wieder einzufinden, um die versprochene reiche Belohnung in Empfang zu nehmen. Er ging davon und brachte die Nacht und den Tag in der stärksten Erwartung zu. Denn wenn er auch an der Kraft und Wirkung seines Trankes keinerlei Zweifel hegte, so wußte er doch nicht, ob auf das Wort der Nixe Verlaß sein werde. In solchen Gedanken verfügte er sich bei Einbruch der folgenden Nacht wieder an denselben Ort, und er brauchte nicht lange zu warten, bis auch das Meerweib in seiner Nähe aus den Wellen tauchte.

Wie erschrak jedoch mein armer Vater, als er sah, was er mit seiner Kunst angerichtet hatte! Als nämlich die Nixe lächelnd näher kam und ihm in der Rechten die schwere Perlenkette entgegenhielt, erblickte er in ihrem Arme den Leichnam eines ungewöhnlich schönen Jünglings, welchen er an seiner Kleidung als einen griechischen Schiffer erkannte. Sein Gesicht war totenblaß, und seine Locken schwammen auf den Wellen, die Nixe drückte ihn zärtlich an sich und wiegte ihn wie einen kleinen Knaben auf den Armen.

Sobald mein Vater dies gesehen hatte, tat er einen lauten Schrei und verwünschte sich und seine Kunst, worauf das Weib mit ihrem toten Geliebten plötzlich in die Tiefe versank. Auf dem Sand des Ufers aber lag die Perlenkette, und da nun doch das Unheil nicht wiedergutzumachen war, nahm er sie an sich und trug sie unter dem Mantel in seine Wohnung, wo er sie zertrennte, um die Perlen einzeln zu verkaufen. Mit dem erlösten Gelde begab er sich auf ein nach Zypern abgehendes Schiff und glaubte nun, aller Not für immer entronnen zu sein. Allein das an dem Gelde hängende Blut eines Unschuldigen brachte ihn von einem Unglück ins andere, so daß er, durch Stürme und Seeräuber aller seiner Habe beraubt, seine Heimat erst nach zwei Jahren als ein schiffbrüchiger Bettler erreichte.«

Während dieser ganzen Erzählung lag die Herrin auf ihrem Polster und hörte mit großer Aufmerksamkeit zu. Als der Zwerg zu Ende war und schwieg, sprach auch sie kein Wort und verharrte in tiefem Nachdenken, bis der Ruderer innehielt und auf den Befehl zur Heimkehr wartete. Dann schrak sie wie aus einem Traume auf, winkte dem Gondoliere und zog die Vorhänge vor sich zusammen. Das Ruder drehte sich eilig, die Gondel flog wie ein schwarzer Vogel der Stadt entgegen, und der allein dahockende Zwerg blickte ruhig und ernsthaft über die dunkelnde Lagune, als sänne er schon wieder einer neuen Geschichte nach. In Bälde war die Stadt erreicht, und die Gondel eilte durch den Rio Panada und mehrere kleine Kanäle nach Hause.

In dieser Nacht schlief Margherita sehr unruhig. Durch die Geschichte vom Liebestrank war sie, wie der Zwerg vorausgesehen hatte, auf den Gedanken gekommen, sich desselben Mittels zu bedienen, um das Herz ihres Verlobten sicher an sich zu fesseln. Am nächsten Tage begann sie mit Filippo darüber zu reden, aber nicht geradeheraus, sondern indem sie aus Scheu allerlei Fragen stellte. Sie legte Neugierde an den Tag, zu erfahren, wie denn ein solcher Liebestrank beschaffen sei, ob wohl heute noch jemand das Geheimnis seiner Zubereitung kenne, ob er keine giftigen und schädlichen Säfte enthalte und ob sein Geschmack nicht derart sei, daß der Trinkende Argwohn schöpfen müsse. Der schlaue Filippo gab auf alle diese Fragen gleichgültig Antwort und tat, als merke er nichts von den geheimen Wünschen seiner Herrin, so daß diese immer deutlicher reden mußte und ihn schließlich geradezu fragte, ob sich wohl in Venedig jemand finden würde, der imstande wäre, jenen Trank herzustellen.

Da lachte der Zwerg und rief: »Ihr scheint mir sehr wenig Fertigkeit zuzutrauen, meine Herrin, wenn Ihr glaubt, daß ich von meinem Vater, der ein so großer Weiser war, nicht einmal diese einfachsten Anfänge der Magie erlernt habe.«

»Also vermöchtest du selbst einen solchen Liebestrank zu bereiten?« rief die Dame mit großer Freude.

»Nichts leichter als dieses«, erwiderte Filippo. »Nur kann ich allerdings nicht einsehen, wozu Ihr meiner Kunst bedürfen solltet, daß Ihr doch am Ziel Eurer Wünsche seid und einen der schönsten und reichsten Männer zum Verlobten habt.«

Aber die Schöne ließ nicht nach, in ihn zu dringen, und am Ende fügte er sich unter scheinbarem Widerstreben. Der Zwerg erhielt Geld zur Beschaffung der nötigen Gewürze und geheimen Mittel, und für später, wenn alles gelungen wäre, wurde ihm ein ansehnliches Geschenk versprochen.

Er war schon nach zwei Tagen mit seinen Vorbereitungen fertig und trug den Zaubertrank in einem kleinen blauen Glasfläschchen, das vom Spiegeltisch seiner Herrin genommen war, bei sich. Da die Abreise des Herrn Baldassare nach Zypern schon nahe bevorstand, war Eile geboten. Als nun an einem der folgenden Tage Baldassare seiner Braut eine heimliche Lustfahrt am Nachmittag vorschlug, wo der Hitze wegen in dieser Jahreszeit sonst niemand Spazierfahrten unternahm, da schien dies sowohl Margheriten wie dem Zwerge die geeignete Gelegenheit zu sein.

Als zur bezeichneten Stunde am hintern Tor des Hauses Baldassares Gondel vorfuhr, stand Margherita schon bereit und hatte Filippo bei sich, welcher eine Weinflasche und ein Körbchen Pfirsiche in das Boot brachte und, nachdem die Herrschaften eingestiegen waren, sich gleichfalls in die Gondel verfügte und hinten zu den Füßen des Ruderers Platz nahm. Dem jungen Herrn mißfiel es, daß Filippo mitfuhr, doch enthielt er sich, etwas darüber zu sagen, da er in diesen letzten Tagen vor seiner Abreise mehr als sonst den Wünschen seiner Geliebten nachzugeben für gut hielt.

Der Ruderer stieß ab. Baldassare zog die Vorhänge dicht zusammen und koste im versteckten und überdachten Sitzraum mit seiner Braut. Der Zwerg saß ruhig im Hinterteil der Gondel und betrachtete die alten, hohen und finstern Häuser des Rio dei Barcaroli, durch welchen der Ruderer das Fahrzeug trieb, bis es beim alten Palazzo Giustiniani, neben welchem damals noch ein kleiner Garten lag, die Lagune am Ausgang des Canal Grande erreichte. Heute steht, wie jedermann weiß, an jener Ecke der schöne Palazzo Barozzi.

Zuweilen drang aus dem verschlossenen Raum ein gedämpftes Gelächter oder das leise Geräusch eines Kusses oder das Bruchstück eines Gesprächs. Filippo war nicht neugierig. Er blickte übers Wasser bald nach der sonnigen Riva, bald nach dem schlanken Turm von San Giorgio Maggiore, bald rückwärts gegen die Löwensäule der Piazzetta. Zuweilen blinzelte er dem fleißig arbeitenden Ruderer zu, zuweilen plätscherte er mit einer dünnen Weidengerte, die er am Boden gefunden hatte, im Wasser. Sein Gesicht war so häßlich und unbeweglich wie immer und spiegelte nichts von seinen Gedanken wider. Er dachte eben an sein ertrunkenes Hündchen Fino und an den erdrosselten Papagei und erwog bei sich, wie allen Wesen, Tieren wie Menschen, beständig das Verderben so nahe ist und daß wir auf dieser Welt nichts vorhersehen und -wissen können als den sicheren Tod. Er gedachte seines Vaters und seiner Heimat und seines ganzen Lebens, und ein Spott überflog sein Gesicht, da er bedachte, wie fast überall die Weisen im Dienste der Narren stehen und wie das Leben der meisten Menschen einer schlechten Komödie gleicht. Er lächelte, indem er an seinem reichen seidenen Kleide niedersah.

Und während er noch stille saß und lächelte, geschah das, worauf er schon die ganze Zeit gewartet hatte. Unter dem Gondeldach erklang die Stimme Baldassares und gleich darauf die Margheritas, welche rief: »Wo hast du den Wein und den Becher, Filippo?« Herr Baldassare hatte Durst, und es war nun Zeit, ihm mit dem Weine jenen Trank beizubringen.

Er öffnete sein kleines blaues Fläschchen, goß den Saft in einen Trinkbecher und füllte ihn mit rotem Wein nach. Margherita öffnete die Vorhänge, und der Zwerg bediente sie, indem er der Dame die Pfirsiche, dem Bräutigam aber den Becher darbot. Sie warf ihm fragende Blicke zu und schien von Unruhe erfüllt.

Herr Baldassare hob den Becher und führte ihn zum Munde. Da fiel sein Blick auf den noch vor ihm stehenden Zwerg, und plötzlich stieg ein Argwohn in seiner Seele auf.

»Halt«, rief er, »Schlingeln von deiner Art ist nie zu trauen. Ehe ich trinke, will ich dich vorkosten sehen.«

Filippo verzog keine Miene. »Der Wein ist gut«, sagte er höflich.

Aber jener blieb mißtrauisch. »Wagst du etwa nicht zu trinken, Kerl?« fragte er böse.

»Verzeiht, Herr«, erwiderte der Zwerg, »ich bin nicht gewohnt, Wein zu trinken.«

»So befehle ich es dir. Ehe du nicht davon getrunken hast, soll mir kein Tropfen über die Lippen kommen.«

»Habt keine Sorge«, lächelte Filippo, verneigte sich, nahm den Becher aus Baldassares Hände, trank einen Schluck daraus und gab ihn zurück. Baldassare sah ihm zu, dann trank er den Rest des Weines mit einem starken Zug aus.

Es war heiß, die Lagune glänzte mit blendendem Schimmer. Die Liebenden suchten wieder den Schatten der Gardinen auf, der Zwerg aber setzte sich seitwärts auf den Boden der Gondel, fuhr sich mit der Hand über die breite Stirn und kniff seinen häßlichen Mund zusammen wie im Schmerz.

Er wußte, daß er in einer Stunde nicht mehr am Leben sein würde. Der Trank war Gift gewesen. Eine seltsame Erwartung bemächtigte sich seiner Seele, die so nahe vor dem Tor des Todes stand. Er blickte nach der Stadt zurück und erinnerte sich der Gedanken, denen er sich vor kurzem hingegeben hatte. Schweigend starrte er über die gleißende Wasserfläche und überdachte sein Leben. Es war eintönig und arm gewesen – ein Weiser im Dienste von Narren, eine schale Komödie. Als er spürte, daß sein Herzschlag ungleich wurde und seine Stirn sich mit Schweiß bedeckte, stieß er ein bitteres Gelächter aus.

Niemand hörte darauf. Der Ruderer stand halb im Schlaf, und hinter den Vorhängen war die schöne Margherita erschrocken um den plötzlich erkrankten Baldassare beschäftigt, der ihr in den Armen starb und kalt wurde. Mit einem lauten Weheschrei stürzte sie hervor. Da lag ihr Zwerg, als wäre er eingeschlummert, in seinem prächtigen Seidenkleide tot am Boden der Gondel.

Das war Filippos Rache für den Tod seines Hündleins. Die Heimkehr der unseligen Gondel mit den beiden Toten brachte ganz Venedig in Entsetzen.

Donna Margherita verfiel in Wahnsinn, lebte aber noch manche Jahre. Zuweilen saß sie an der Brüstung ihres Balkons und rief jeder vorüberfahrenden Gondel oder Barke zu: »Rettet ihn! Rettet den Hund! Rettet den kleinen Fino!« Aber man erkannte sie schon und achtete nicht darauf. (1903)

Schattenspiel

Die breite Stirnseite des Schlosses war von lichtem Stein und blickte mit großen Fenstern auf den Rhein und auf das Ried und weit in eine helle, luftige Landschaft von Wasser, Schilf und Weiden, und in weiter Ferne bildeten die bläulichen Waldberge einen zartgeschwungenen Bogen, dem der Lauf der Wolken folgte, und dessen lichte Schlösser und Gehöfte man nur bei Föhnwind klein und weiß in der Ferne glänzen sah. Die Schloßfront spiegelte sich im leise strömenden Wasser eitel und vergnügt wie ein junges Weib, seine Ziersträucher ließen hellgrüne Zweige bis ins Wasser hängen, und längs der Mauer schaukelten weißgemalte Lustgondeln auf dem Strome. Diese heitere Sonnenseite des Schlosses war nicht bewohnt. Die Zimmer standen seit dem Verschwinden der Baronin leer, nur das kleinste nicht; in dem wohnte nach wie vor der Dichter Floribert. Die Herrin hatte Schande über ihren Mann und sein Schloß gebracht, und von ihrem heiteren und zahlreichen Hofstaat war nichts übriggeblieben als die weißen Lustboote und der stille Versmacher.

Der Schloßherr wohnte, seit das Unglück ihn getroffen hatte, auf der Rückseite des Gebäudes. Hier verfinsterte den engen Hof ein ungeheurer, frei stehender Turm aus Römerzeiten, die Mauern waren dunkel und feucht, die Fenster schmal und nieder, und dicht an den schattigen Hof stieß der dunkle Park mit großen Gruppen von alten Ahornen, alten Pappeln und alten Buchen.

Der Dichter lebte in ungestörter Einsamkeit auf seiner Sonnenseite. Sein Essen erhielt er in der Küche, und den Baron bekam er oft tagelang nicht zu sehen.

»Wir leben in diesem Schloß wie Schatten«, sagte er zu einem Jugendfreunde, der ihn einmal besuchte und der es in den ungastlichen Räumen des toten Hauses nur einen Tag lang aushielt. Floribert hatte seinerzeit für die Gesellschaft der Baronin

Fabeln und galante Reime gedichtet und war nach der Auflösung des lustigen Haushalts ungefragt dageblieben, weil sein schlichtes Gemüt die Gassen der Welt und den Kampf ums Brot viel mehr fürchtete als die Einsamkeit des traurigen Schlosses. Er machte schon lange keine Gedichte mehr. Wenn er bei Westwind über den Strom und das gelbe Ried hinweg den fernen Kreis der bläulichen Gebirge und die Züge der Wolken betrachtete, und wenn er abends im alten Park die hohen Bäume sich wiegen hörte, sann er lange Poesien aus, die aber keine Worte hatten und niemals aufgeschrieben werden konnten. Eines dieser Gedichte hieß »Der Atem Gottes« und handelte vom warmen Südwind, und eines hatte den Namen »Seelentrost« und war eine Betrachtung über die farbigen Frühlingswiesen. Floribert konnte diese Dichtungen nicht sprechen oder singen, weil sie ohne Worte waren, aber er träumte und fühlte sie zuweilen, namentlich am Abend. Im übrigen brachte er seine Tage meistens im Dorfe zu, wo er mit den kleinen blonden Kindern spielte oder die jungen Frauen und Jungfern lachen machte, indem er den Hut vor ihnen zog wie vor Ehrendamen. Seine glücklichsten Tage waren die, an denen ihm die Frau Agnes begegnete, die schöne Frau Agnes, die berühmte Frau Agnes mit dem schmalen Mädchengesicht. Dann grüßte er tief und verneigte sich, und die schöne Frau nickte und lachte, sah ihm in die verlegenen Augen und ging lächelnd weiter wie ein Sonnenstrahl.

Die Frau Agnes wohnte in dem einzigen Hause, das an den verwildernden Schloßpark stieß und früher ein Kavalierhaus der Barone gewesen war. Ihr Vater war Förster gewesen und hatte das Haus für irgendwelche besonderen Dienste vom Vater des jetzigen Herrn geschenkt bekommen. Sie hatte sehr jung geheiratet und war als junge Witwe heimgekehrt, nun bewohnte sie nach ihres Vaters Tode das einsame Haus allein mit einer Magd und einer blinden Tante.

Frau Agnes trug einfache, aber schöne und immer neue Kleider von sanften Farben, ihr Gesicht war mädchenhaft jung und schmal, und ihr dunkelbraunes Haar lag in dicken Zöpfen um das feine Haupt gewunden. Der Baron war in sie verliebt gewesen, noch ehe er seine Frau in Schanden von sich gestoßen hatte, und jetzt liebte er sie von neuem. Er traf sie morgens im Walde und führte sie nachts im Boot über den Strom in eine Schilfhütte im Ried, da lag ihr lächelndes Mädchengesicht an seinem früh ergrauenden Bart, und ihre zarten Finger spielten mit seiner grausamen und harten Jägerhand.

Frau Agnes ging jeden Feiertag in die Kirche, betete und gab den Bettlern. Sie kam zu den armen alten Weibern im Dorf, schenkte ihnen Schuhe, kämmte ihre Enkelkinder, half ihnen beim Nähen und ließ beim Weitergehen den milden Glanz einer jungen Heiligen in ihren Hütten zurück. Frau Agnes wurde von allen Männern begehrt, und wer ihr gefiel und wer zur rechten Stunde kam, dem wurde zum Handkuß auch ein Kuß auf den Mund gewährt, und wer Glück hatte und schön gewachsen war, der mochte es wagen und ihr nachts ins Fenster steigen.

Alle wußten es, auch der Baron, und dennoch ging die schöne Frau ihren Weg lächelnd und unschuldigen Blickes wie ein Mädchen, das kein Männerwunsch berühren kann. Zuweilen tauchte ein neuer Liebhaber auf, umwarb sie vorsichtig wie eine unerreichbare Schönheit, schwelgte im seligen Stolz einer köstlichen Eroberung und wunderte sich, daß die Männer sie ihm gönnten und lächelten. Ihr Haus lag still am Rande des finsteren Parkes, von Kletterrosen bewachsen und einsam wie ein Waldmärchen, und sie wohnte darin und trat daraus hervor und kehrte darein zurück, frisch und zart wie eine Rose am Sommermorgen, ein reines Glänzen im kinderhaften Gesicht und die schweren Haarzöpfe im Kranz um das feine Haupt gelegt. Die armen alten Weiber segneten sie und küßten ihr die Hände, die Männer grüßten tief und schmunzelten hinterher, die Kinder liefen zu ihr hin und bettelten und ließen sich die Backen von ihr steichen.

»Warum bist du so, du?« fragte der Baron zuweilen und drohte ihr mit finsteren Augen.

»Hast du denn ein Recht auf mich?« fragte sie verwundert

und flocht an ihren dunkelbraunen Haaren. Am meisten liebte
sie Floribert, der Dichter. Ihm schlug das Herz, wenn er sie
sah. Wenn er Böses über sie hörte, wurde er betrübt, schüttelte
den Kopf und glaubte es nicht. Wenn die Kinder von ihr redeten, leuchtete er auf und lauschte wie auf ein Lied. Und von
seinen Phantasien war das die schönste, daß er von Frau Agnes
träumte. Dann nahm er alles zu Hilfe, was er liebte und was
ihm schön erschien, den Westwind und die blaue Ferne und
alle lichten Frühlingswiesen, umgab sie damit und tat alle Sehnsucht und nutzlose Innigkeit seines nutzlosen Kinderlebens in
dies Bild. An einem Frühsommerabend kam nach langer Stille
ein wenig neues Leben in das tote Schloß. Ein Horn rief
schmetternd im Hofe, ein Wagen fuhr herein und hielt klirrend
an. Der Bruder des Schloßherrn kam zu Besuch, allein mit
einem Leibdiener, ein großer schöner Mann mit einem Spitz-
bart und zornigen Soldatenaugen. Er schwamm im strömenden
Rhein, schoß Vergnügens halber nach den silbernen Möwen,
ritt öfters in die nahe Stadt und kam betrunken heim, hänselte
gelegentlich den guten Dichter und hatte alle paar Tage Lärm
und Streit mit seinem Bruder. Dem riet er tausend Dinge an,
schlug Umbau und neue Anlagen vor, empfahl Änderungen
und Besserungen und hatte gut reden, denn er war dank seiner
Heirat reich, und der Schloßherr war arm und hatte zumeist
in Unglück und Ärger gelebt.

Sein Besuch auf dem Schlosse war eine Laune gewesen und
reute ihn schon in der ersten Woche. Dennoch blieb er da und
sprach kein Wort vom Weitergehen, so wenig das seinem Bruder leid gewesen wäre. Er hatte die Frau Agnes gesehen und
angefangen, ihr nachzustellen.

Es dauerte nicht lang, da trug die Magd der schönen Frau
ein neues Kleid, das ihr der fremde Baron geschenkt hatte.
Es dauerte nicht lang, da nahm an der Parkmauer die Magd
dem Leibdiener des Fremden Briefe und Blumen ab. Und wieder gingen wenig Tage hin, da traf der fremde Baron die Frau
Agnes in einer Waldhütte am Sommermittag, und küßte ihr
die Hand und den kleinen Mund und den weißen Hals. Wenn

sie aber ins Dorf ging und er ihr begegnete, dann zog er tief den Reiterhut, und sie dankte wie ein Kind von siebzehn Jahren.

Es ging aber wieder nur eine kleine Zeit, so sah der fremde Baron an einem Abend, da er einsam blieb, einen Kahn stromüber fahren, darin saß ein Ruderer und eine lichte Frau. Und was der Neugierige in der Dämmerung nicht für gewiß erkennen konnte, das wurde ihm nach wenig Tagen gewisser, als ihm lieb war. Die er am Mittag in der Waldhütte am Herzen gehabt und mit seinen Küssen entzündet hatte, die fuhr am Abend mit seinem Bruder über den dunklen Rhein und verschwand mit ihm jenseits am Schilfstrand.

Der Fremde wurde finster und hatte arge Träume. Er hatte die Frau Agnes nicht geliebt wie ein lustiges Stück Freiwild, sondern wie einen kostbaren Fund. Bei jedem Kusse war er vor Freude und Verwundern erschrocken, daß so viel zarte Reinheit seinem Werben erlegen war. Darum hatte er ihr mehr gegeben als anderen Weibern, er hatte seiner Jünglingszeit gedacht und diese Frau mit Dankbarkeit und Rücksicht und Zartheit umarmt, sie, die bei Nacht mit seinem Bruder dunkle Wege ging. Nun biß er sich auf den Bart und funkelte mit den zornigen Augen.

Unberührt von allem, was geschah, und unbedrückt von der geheim auf dem Schlosse gelagerten Schwüle lebte der Dichter Floribert seine ruhigen Tage hin. Es freute ihn nicht, daß der Herr Gast ihn zuweilen aufzog und plagte, doch war er ähnliches von früheren Zeiten her gewohnt. Er mied den Fremden, war die ganzen Tage im Dorf oder bei den Fischern am Rheinufer, und sann am Abend in der duftenden Wärme schweifende Phantasien. Und eines Morgens nahm er wahr, daß an der Wand des Schloßhofes die ersten Teerosen im Aufblühen waren. In den drei letzten Sommern hatte er die Erstlinge dieser seltenen Rosen der Frau Agnes auf die Türschwelle gelegt, und er freute sich, ihr diesen bescheidenen und namenlosen Gruß zum viertenmal darbringen zu dürfen.

Am Mittag dieses selben Tages traf der Fremde im Buchenwald mit der schönen Frau zusammen. Er fragte sie nicht, wo sie gestern und vorgestern am späten Abend gewesen sei. Er sah ihr mit einem fast grausenden Erstaunen in die ruhigen Unschuldsaugen, und ehe er fortging, sagte er: »Ich komme heut abend zu dir, wenn es dunkel ist. Laß ein Fenster offen!«

»Heut nicht«, sagte sie sanft, »heut nicht.«

»Ich will aber, du.«

»Ein andermal, ja? Heut nicht, ich kann nicht.« »Heut abend komme ich, heut abend oder nie mehr. Tu, was du willst.«

Sie entwand sich ihm und ging davon.

Am Abend lag der Fremde am Strom auf der Lauer, bis es dunkelte. Es kam aber kein Boot. Da ging er zum Hause seiner Geliebten, verbarg sich im Gesträuch und hielt die Büchse übers Knie gelegt.

Es war still und warm, der Jasmin duftete stark, und der Himmel füllte sich hinter weißen Streifwölkchen mit kleinen, matten Sternen. Ein Vogel sang tief im Park, ein einziger Vogel.

Als es fast völlig dunkel war, kam leisen Schrittes ein Mann um die Ecke des Hauses, fast schleichend. Er hatte den Hut tief in die Stirne vorgerückt, doch war es so finster, daß es dessen nicht bedurft hätte. In der Rechten trug er einen Strauß weißer Rosen, die matt erschimmerten. Der Lauernde äugte scharf und spannte den Hahn.

Der Daherkommende schaute am Haus empor, in dem nirgends ein Licht mehr brannte. Dann ging er zur Türe, bückte sich und drückte einen Kuß auf den eisernen Griff des Schlosses.

In diesem Augenblick flammte es auf, krachte und hallte schwach im Parkinnern nach. Der Rosenträger brach in die Knie, stürzte rücklings in den Kies und blieb leise zuckend liegen.

Der Schütze wartete eine gute Weile im Versteck, doch kam kein Mensch, und auch im Hause blieb es still. Da trat er vorsichtig hinzu und beugte sich über den Erschossenen, dem der Hut vom Kopf gefallen war. Beklommen und verwundert erkannte er den Dichter Floribert.

»Auch der!« stöhnte er und ging davon.

Die Teerosen lagen verstreut am Boden, eine davon mitten im Blut des Gefallenen. Im Dorf schlug die Glocke eine Stunde. Der Himmel bezog sich dichter mit weißlichem Gewölk, gegen das der ungeheure Schloßturm sich wie ein im Stehen entschlafener Riese reckte. Der Rhein sang mild im langsamen Strömen, und im Innern des schwarzen Parkes sang der einsame Vogel noch bis nach Mitternacht.

(1906)

Ein Mensch mit Namen Ziegler

Einst wohnte in der Brauergasse ein junger Herr mit Namen Ziegler. Er gehörte zu denen, die uns jeden Tag und immer wieder auf der Straße begegnen und deren Gesicht wir uns nie recht merken können, weil sie alle miteinander dasselbe Gesicht haben: ein Kollektivgesicht.

Ziegler war alles und tat alles, was solche Leute immer sind und tun. Er war nicht unbegabt, aber auch nicht begabt, er liebte Geld und Vergnügen, zog sich gern hübsch an und war ebenso feige wie die meisten Menschen: sein Leben und Tun wurde weniger durch Triebe und Bestrebungen regiert als durch Verbote, durch die Furcht vor Strafen. Dabei hatte er manche honette Züge und war überhaupt alles in allem ein erfreulich normaler Mensch, dem seine eigene Person sehr lieb und wichtig war. Er hielt sich, wie jeder Mensch, für eine Persönlichkeit, während er nur ein Exemplar war, und sah in sich, in seinem Schicksal den Mittelpunkt der Welt, wie jeder Mensch es tut. Zweifel lagen ihm fern, und wenn Tatsachen seiner Weltanschauung widersprachen, schloß er mißbilligend die Augen.

Als moderner Mensch hatte er außer vor dem Geld noch vor einer zweiten Macht unbegrenzte Hochachtung: vor der Wissenschaft. Er hätte nicht zu sagen gewußt, was eigentlich Wissenschaft sei, er dachte dabei an etwas wie Statistik und auch ein wenig an Bakteriologie, und es war ihm wohlbekannt, wieviel Geld und Ehre der Staat für die Wissenschaft übrighabe. Besonders respektierte er die Krebsforschung, denn sein Vater war an Krebs gestorben, und Ziegler nahm an, die inzwischen so hoch entwickelte Wissenschaft werde nicht zulassen, daß ihm einst dasselbe geschähe.

Äußerlich zeichnete sich Ziegler durch das Bestreben aus, sich etwas über seine Mittel zu kleiden, stets im Einklang mit der Mode des Jahres. Denn die Moden des Quartals und des

Monats, welche seine Mittel allzusehr überstiegen hätten, verachtete er natürlich als dumme Afferei. Er hielt viel auf Charakter und trug keine Scheu, unter seinesgleichen und an sichern Orten über Vorgesetzte und Regierungen zu schimpfen. Ich verweile wohl zu lange bei dieser Schilderung. Aber Ziegler war wirklich ein reizender junger Mensch, und wir haben viel an ihm verloren. Denn er fand ein frühes und seltsames Ende, allen seinen Plänen und berechtigten Hoffnungen zuwider.

Bald nachdem er in unsre Stadt gekommen war, beschloß er einst, sich einen vergnügten Sonntag zu machen. Er hatte noch keinen rechten Anschluß gefunden und war aus Unentschiedenheit noch keinem Verein beigetreten. Vielleicht war dies sein Unglück. Es ist nicht gut, daß der Mensch allein sei.

So war er darauf angewiesen, sich um die Sehenswürdigkeiten der Stadt zu kümmern, die er denn gewissenhaft erfragte. Und nach reiflicher Prüfung entschied er sich für das historische Museum und den zoologischen Garten. Das Museum war an Sonntagvormittagen unentgeltlich, der Zoologische nachmittags zu ermäßigten Preisen zu besichtigen.

In seinem neuen Straßenanzug mit Tuchknöpfen, den er sehr liebte, ging Ziegler am Sonntag ins historische Museum. Er nahm seinen dünnen, eleganten Spazierstock mit, einen vierkantigen, rotlackierten Stock, der ihm Haltung und Glanz verlieh, der ihm aber zu seinem tiefen Mißvergnügen vor dem Eintritt in die Säle vom Türsteher abgenommen wurde.

In den hohen Räumen war vielerlei zu sehen, und der fromme Besucher pries im Herzen die allmächtige Wissenschaft, die auch hier ihre verdienstvolle Zuverlässigkeit erwies, wie Ziegler aus den sorgfältigen Aufschriften an den Schaukästen schloß. Alter Kram, wie rostige Torschlüssel, zerbrochene grünspanige Halsketten und dergleichen, gewann durch diese Aufschriften ein erstaunliches Interesse. Es war wunderbar, um was alles diese Wissenschaft sich kümmerte, wie sie alles beherrschte, alles zu beherrschen wußte – o nein, gewiß würde sie schon bald den Krebs abschaffen und vielleicht das Sterben überhaupt.

Im zweiten Saale fand er einen Glasschrank, dessen Scheibe so vorzüglich spiegelte, daß er in einer stillen Minute seinen Anzug, Frisur und Kragen, Hosenfalte und Krawattensitz mit Sorgfalt und Befriedigung kontrollieren konnte. Froh aufatmend schritt er weiter und würdigte einige Erzeugnisse alter Holzschnitzer seiner Aufmerksamkeit. Tüchtige Kerle, wenn auch reichlich naiv, dachte er wohlwollend. Und auch eine alte Standuhr mit elfenbeinernen, beim Stundenschlag Menuett tanzenden Figürchen betrachtete und billigte er geduldig. Dann begann die Sache ihn etwas zu langweilen, er gähnte und zog häufig seine Taschenuhr, die er wohl zeigen durfte, sie war schwer golden und ein Erbstück von seinem Vater.

Es blieb ihm, wie er bedauernd sah, noch viel Zeit bis zum Mittagessen übrig, und so trat er in einen andern Raum, der seine Neugierde wieder zu fesseln vermochte. Er enthielt Gegenstände des mittelalterlichen Aberglaubens, Zauberbücher, Amulette, Hexenstaat und in einer Ecke eine ganze alchimistische Werkstatt mit Esse, Mörsern, bauchigen Gläsern, dürren Schweinsblasen, Blasebälgen und so weiter. Diese Ecke war durch ein wollenes Seil abgetrennt, eine Tafel verbot das Berühren der Gegenstände. Man liest ja aber solche Tafeln nie sehr genau, und Ziegler war ganz allein in dem Raum.

So streckte er unbedenklich den Arm über das Seil hinweg und betastete einige der komischen Sachen. Von diesem Mittelalter und seinem drolligen Aberglauben hatte er schon gehört und gelesen; es war ihm unbegreiflich, wie die Leute sich damals mit so kindischem Zeug befassen konnten, und daß man den ganzen Hexenschwindel und all das Zeug nicht einfach verbot. Hingegen die Alchimie mochte immerhin entschuldigt werden können, da aus ihr die so nützliche Chemie hervorgegangen war. Mein Gott, wenn man so daran dachte, daß diese Goldmachertiegel und all der dumme Zauberkram vielleicht doch notwendig gewesen waren, weil es sonst heute kein Aspirin und keine Gasbomben gäbe!

Achtlos nahm er ein kleines dunkles Kügelchen, etwas wie eine Arzneipille, in die Hand, ein vertrocknetes Ding ohne Gewicht, drehte es zwischen den Fingern und wollte es eben wieder hinlegen, als er Schritte hinter sich hörte. Er wandte sich um, ein Besucher war eingetreten. Es genierte Ziegler, daß er das Kügelchen in der Hand hatte, denn er hatte die Verbotstafel natürlich doch gelesen. Darum schloß er die Hand, steckte sie in die Tasche und ging hinaus.

Erst auf der Straße fiel ihm die Pille wieder ein. Er zog sie heraus und dachte, sie wegzuwerfen, vorher aber führte er sie an die Nase und roch daran. Das Ding hatte einen schwachen, harzartigen Geruch, der ihm Spaß machte, so daß er das Kügelchen wieder einsteckte.

Er ging nun ins Restaurant, bestellte sich Essen, schnüffelte in einigen Zeitungen, fingerte an seiner Krawatte und warf den Gästen teils achtungsvolle, teils hochmütige Blicke zu, je nachdem sie gekleidet waren. Als aber das Essen eine Weile auf sich warten ließ, zog Herr Ziegler seine aus Versehen gestohlene Alchimistenpille hervor und roch an ihr. Dann kratzte er sie mit dem Zeigefingernagel, und endlich folgte er naiv einem kindlichen Gelüste und führte das Ding zum Mund; es löste sich im Munde rasch auf, ohne unangenehm zu schmekken, so daß er es mit einem Schluck Bier hinabspülte. Gleich darauf kam auch sein Essen.

Um zwei Uhr sprang der junge Mann vom Straßenbahnwagen, betrat den Vorhof des zoologischen Gartens und nahm eine Sonntagskarte.

Freundlich lächelnd ging er ins Affenhaus und faßte vor dem großen Käfig der Schimpansen Stand. Der große Affe blinzelte ihn an, nickte ihm gutmütig zu und sprach mit tiefer Stimme die Worte: »Wie geht's, Bruderherz?«

Angewidert und wunderlich erschrocken wandte sich der Besucher schnell hinweg und hörte im Fortgehen den Affen hinter sich her schimpfen: »Auch noch stolz ist der Kerl! Plattfuß, dummer!«

Rasch trat Ziegler zu den Meerkatzen hinüber. Die tanzten ausgelassen und schrien: »Gib Zucker her, Kamerad!« und als er keinen Zucker hatte, wurden sie bös, ahmten ihn nach, nannten ihn Hungerleider und bleckten die Zähne gegen ihn. Das ertrug er nicht; bestürzt und verwirrt floh er hinaus und lenkte seine Schritte zu den Hirschen und Rehen, von denen er ein hübscheres Betragen erwartete.

Ein großer herrlicher Elch stand nahe beim Gitter und blickte den Besucher an. Da erschrak Ziegler bis ins Herz. Denn seit er die alte Zauberpille geschluckt hatte, verstand er die Sprache der Tiere. Und der Elch sprach mit seinen Augen, zwei großen braunen Augen. Sein stiller Blick redete Hoheit, Ergebung und Trauer, und gegen den Beschauer drückte er eine überlegen-ernste Verachtung aus, eine furchtbare Verachtung. Für diesen stillen majestätischen Blick, so las Ziegler, war er samt Hut und Stock, Uhr und Sonntagsanzug nichts als ein Geschmeiß, ein lächerliches und widerliches Vieh.

Vom Elch entfloh Ziegler zum Steinbock, von da zu den Gemsen, zum Lama, zum Gnu, zu den Wildsäuen und Bären, Insultiert wurde er von diesen allen nicht, aber er wurde von allen verachtet. Er hörte ihnen zu und erfuhr aus ihren Gesprächen, wie sie über die Menschen dachten. Es war schrecklich, wie sie über sie dachten. Namentlich wunderten sie sich darüber, daß ausgerechnet diese häßlichen, stinkenden, würdelosen Zweibeiner in ihren geckenhaften Verkleidungen frei umherlaufen durften.

Er hörte einen Puma mit seinem Jungen reden, ein Gespräch voll Würde und sachlicher Weisheit, wie man es unter Menschen selten hört. Er hörte einen schönen Panther sich kurz und gemessen in aristokratischen Ausdrücken über das Pack der Sonntagsbesucher äußern. Er sah dem blonden Löwen ins Auge und erfuhr, wie weit und wunderbar die wilde Welt ist, wo es keine Käfige und keine Menschen gibt. Er sah einen Turmfalken trüb und stolz in erstarrter Schwermut auf dem toten Ast sitzen und sah die Häher ihre Gefangenschaft mit Anstand, Achselzucken und Humor ertragen.

Benommen und aus allen seinen Denkgewohnheiten gerissen, wandte sich Ziegler in seiner Verzweiflung den Menschen wieder zu. Er suchte ein Auge, das seine Not und Angst verstünde, er lauschte auf Gespräche, um irgend etwas Tröstliches, Verständliches, Wohltuendes zu hören, er beachtete die Gebärden der vielen Gäste, um auch bei ihnen irgendwo Würde, Natur, Adel, stille Überlegenheit zu finden.

Aber er wurde enttäuscht. Er hörte die Stimmen und Worte, sah die Bewegungen, Gebärden und Blicke, und da er jetzt alles wie durch ein Tierauge sah, fand er nichts als eine entartete, sich verstellende, lügende, unschöne Gesellschaft tierähnlicher Wesen, die von allen Tierarten ein geckenhaftes Gemisch zu sein schienen.

Verzweifelt irrte Ziegler umher, sich seiner selbst unbändig schämend. Das vierkantige Stöcklein hatte er längst ins Gebüsch geworfen, die Handschuhe hinterdrein. Aber als er jetzt seinen Hut von sich warf, die Stiefel auszog, die Krawatte abriß und schluchzend sich an das Gitter des Elchstalls drückte, ward er unter großem Aufsehen festgenommen und in ein Irrenhaus gebracht.

(1908)

Die Stadt

»Es geht vorwärts!« rief der Ingenieur, als auf der gestern neu-
gelegten Schienenstrecke schon der zweite Eisenbahnzug voll
Menschen, Kohlen, Werkzeuge und Lebensmittel ankam. Die
Prärie glühte leise im gelben Sonnenlicht, blaudunstig stand
am Horizont das hohe Waldgebirge. Wilde Hunde und erstaunte Präriebüffel sahen zu, wie in der Einöde Arbeit und
Getümmel anhob, wie im grünen Lande Flecken von Kohlen
und von Asche und von Papier und von Blech entstanden. Der
erste Hobel schrillte durch das erschrockene Land, der erste
Flintenschuß donnerte auf und verrollte am Gebirge hin, der
erste Amboß klang helltönig unter raschen Hammerschlägen
auf. Ein Haus aus Blech entstand, und am nächsten Tage eines
aus Holz, und andere, und täglich neue, und bald auch steinerne. Die wilden Hunde und Büffel blieben fern, die Gegend
wurde zahm und fruchtbar, es wehten schon im ersten Frühjahr
Ebenen voll grüner Feldfrucht, Höfe und Ställe und Schuppen
ragten daraus auf, Straßen schnitten durch die Wildnis.
 Der Bahnhof wurde fertig und eingeweiht, und das Regie-
rungsgebäude, und die Bank, mehrere kaum um Monate jüngere Schwesterstädte erwuchsen in der Nähe. Es kamen Arbeiter aus aller Welt, Bauern und Städter, es kamen Kaufleute
und Advokaten, Prediger und Lehrer, es wurde eine Schule
gegründet, drei religiöse Gemeinschaften, zwei Zeitungen. Im
Westen wurden Erdölquellen gefunden, es kam großer Wohl-
stand in die junge Stadt. Noch ein Jahr, da gab es schon Ta-
schendiebe, Zuhälter, Einbrecher, ein Warenhaus, einen Alko-
holgegnerbund, einen Pariser Schneider, eine bayerische
Bierhalle. Die Konkurrenz der Nebenstädte beschleunigte das
Tempo. Nichts fehlte mehr, von der Wahlrede bis zum Streik,
vom Kinotheater bis zum Spiritistenverein. Man konnte französischen Wein, norwegische Heringe, italienische Würste,
englische Kleiderstoffe, russischen Kaviar in der Stadt haben.

Es kamen schon Sänger, Tänzer und Musiker zweiten Ranges auf ihren Gastreisen in den Ort.

Und es kam auch langsam die Kultur. Die Stadt, die anfänglich nur eine Gründung gewesen war, begann eine Heimat zu werden. Es gab hier eine Art, sich zu grüßen, eine Art, sich im Begegnen zuzunicken, die sich von den Arten in andern Städten leicht und zart unterschied. Männer, die an der Gründung der Stadt teilgehabt hatten, genossen Achtung und Beliebtheit, ein kleiner Adel strahlte von ihnen aus. Ein junges Geschlecht wuchs auf, dem erschien die Stadt schon als eine alte, beinahe von Ewigkeit stammende Heimat. Die Zeit, da hier der erste Hammerschlag erschollen, der erste Mord geschehen, der erste Gottesdienst gehalten, die erste Zeitung gedruckt worden war, lag ferne in der Vergangenheit, war schon Geschichte.

Die Stadt hatte sich zur Beherrscherin der Nachbarstädte und zur Hauptstadt eines großen Bezirkes erhoben. An breiten, heiteren Straßen, wo einst neben Aschenhaufen und Pfützen die ersten Häuser aus Brettern und Wellblech gestanden hatten, erhoben sich ernst und ehrwürdig Amtshäuser und Banken, Theater und Kirchen, Studenten gingen schlendernd zur Universität und Bibliothek, Krankenwagen fuhren leise zu den Kliniken, der Wagen eines Abgeordneten wurde bemerkt und begrüßt, in zwanzig gewaltigen Schulhäusern aus Stein und Eisen wurde jedes Jahr der Gründungstag der ruhmreichen Stadt mit Gesang und Vorträgen gefeiert. Die ehemalige Prärie war von Feldern, Fabriken, Dörfern bedeckt und von zwanzig Eisenbahnlinien durchschnitten, das Gebirge war nahegerückt und durch eine Bergbahn bis ins Herz der Schluchten erschlossen. Dort, oder fern am Meer, hatten die Reichen ihre Sommerhäuser.

Ein Erdbeben warf, hundert Jahre nach ihrer Gründung, die Stadt bis auf kleine Teile zu Boden. Sie erhob sich von neuen, und alles Hölzerne ward nun Stein, alles Kleine groß, alles Enge weit. Der Bahnhof war der größte des Landes, die Börse die größte des ganzen Erdteils, Architekten und Künstler schmückten die verjüngte Stadt mit öffentlichen Bauten, Anlagen, Brunnen, Denkmälern. Im Laufe dieses neuen Jahrhunderts erwarb sich die Stadt den Ruf, die schönste und reichste des Landes und eine Sehenswürdigkeit zu sein. Politiker und Architekten, Techniker und Bürgermeister fremder Städte kamen gereist, um die Bauten, Wasserleitungen, die Verwaltung und andere Einrichtungen der berühmten Stadt zu studieren. Um jene Zeit begann der Bau des neuen Rathauses, eines der größten und herrlichsten Gebäude der Welt, und da diese Zeit beginnenden Reichtums und städtischen Stolzes glücklich mit einem Aufschwung des allgemeinen Geschmacks, der Baukunst und Bildhauerei vor allem, zusammentraf, ward die rasch wachsende Stadt ein keckes und wohlgefälliges Wunderwerk. Den innern Bezirk, dessen Bauten ohne Ausnahme aus einem edlen, hellgrauen Stein bestanden, umschloß ein breiter grüner Gürtel herrlicher Parkanlagen, und jenseits dieses Ringes verloren sich Straßenzüge und Häuser in weiter Ausdehnung langsam ins Freie und Ländliche. Viel besucht und bewundert wurde ein ungeheures Museum, in dessen hundert Sälen, Höfen und Hallen die Geschichte der Stadt von ihrer Entstehung bis zur letzten Entwicklung dargestellt war. Der erste, ungeheure Vorhof dieser Anlage stellte die ehemalige Prärie dar, mit wohlgepflegten Pflanzen und Tieren und genauen Modellen der frühesten elenden Behausungen, Gassen und Einrichtungen. Da lustwandelte die Jugend der Stadt und betrachtete den Gang ihrer Geschichte, vom Zelt und Bretterschuppen an, vom ersten unebenen Schienenpfad bis zum Glanz der großstädtischen Straßen. Und sie lernten daran, von ihren Lehrern geführt und unterwiesen, die herrlichen Gesetze der Entwicklung und des Fortschritts begreifen, wie aus dem Rohen das Feine, aus dem Tier der Mensch, aus dem Wilden der Gebildete, aus der Not der Überfluß, aus der Natur die Kultur entstehe.

Im folgenden Jahrhundert erreichte die Stadt den Höhepunkt ihres Glanzes, der sich in reicher Üppigkeit entfaltete und eilig steigerte, bis eine blutige Revolution der unteren Stände dem ein Ziel setzte. Der Pöbel begann damit, viele von den großen Erdölwerken, einige Meilen von der Stadt entfernt, anzuzünden, so daß ein großer Teil des Landes mit Fabriken, Höfen und Dörfern teils verbrannte, teils verödete. Die Stadt selbst erlebte zwar Gemetzel und Greuel jeder Art, blieb aber bestehen und erholte sich in nüchternen Jahrzehnten wieder langsam, ohne aber das frühere flotte Leben und Bauen je wieder zu vermögen. Es war während ihrer üblen Zeit ein fernes Land jenseits der Meere plötzlich aufgeblüht, das lieferte Korn und Eisen, Silber und andere Schätze mit der Fülle eines unerschöpften Bodens, der noch willig hergibt. Das neue Land zog die brachen Kräfte, das Streben und Wünschen der alten Welt gewaltsam an sich, Städte blühten dort über Nacht aus der Erde, Wälder verschwanden, Wasserfälle wurden gebändigt.

Die schöne Stadt begann langsam zu verarmen. Sie war nicht mehr Herz und Hirn einer Welt, nicht mehr Markt und Börse vieler Länder. Sie mußte damit zufrieden sein, sich am Leben zu erhalten und im Lärme neuer Zeiten nicht ganz zu erblassen. Die müßigen Kräfte, soweit sie nicht nach der fernen neuen Welt fortschwanden, hatten nichts mehr zu bauen und zu erobern und wenig mehr zu handeln und zu verdienen. Statt dessen keimte in dem nun alt gewordenen Kulturboden ein geistiges Leben, es gingen Gelehrte und Künstler von der still werdenden Stadt aus, Maler und Dichter. Die Nachkommen derer, welche einst auf dem jungen Boden die ersten Häuser erbaut hatten, brachten lächelnd ihre Tage in stiller, später Blüte geistiger Genüsse und Bestrebungen hin, sie malten die wehmütige Pracht alter moosiger Gärten mit verwitternden Statuen und grünen Wassern und sangen in zarten Versen vom fernen Getümmel der alten heldenhaften Zeit oder vom stillen Träumen müder Menschen in alten Palästen. Damit klangen der Name und Ruhm dieser Stadt noch einmal durch die Welt. Mochten draußen Kriege die Völker erschüttern und große Arbeiten sie beschäftigen, hier wußte man in verstummter Abgeschiedenheit den Frieden walten und den Glanz versunkener Zeiten leise nachdämmern: stille Straßen, von Blütenzweigen überhangen, wetterfarbene Fassaden mächtiger Bauwerke über lärmlosen Plätzen träumend, moosbewachsene Brunnenschalen in leiser Musik von spielenden Wassern überronnen.

Manche Jahrhunderte war die alte träumende Stadt für die jüngere Welt ein ehrwürdiger und geliebter Ort, von Dichtern besungen und von Liebenden besucht. Doch drängte das Leben der Menschheit immer mächtiger nach anderen Erdteilen hin. Und in der Stadt selbst begannen die Nachkommen der alten einheimischen Familien auszusterben oder zu verwahrlosen. Es hatte auch die letzte geistige Blüte ihr Ziel längst erreicht, und übrig blieb nur verwesendes Gewebe. Die kleineren Nachbarstädte waren seit längeren Zeiten ganz verschwunden, zu stillen Ruinenhaufen geworden, zuweilen von Zigeunern und entflohenen Verbrechern bewohnt.

Nach einem Erdbeben, das indessen die Stadt selbst verschonte, war der Lauf des Flusses verschoben und ein Teil des verödeten Landes zu Sumpf, ein anderer dürr geworden. Und von den Bergen her, wo die Reste uralter Steinbrüche und Landhäuser zerbröckelten, stieg der Wald, der alte Wald, langsam herab. Er sah die weite Gegend öde liegen und zog langsam ein Stück nach dem andern in seinen grünen Kreis, überflog hier einen Sumpf mit flüsterndem Grün, dort ein Steingeröll mit jungem, zähem Nadelholz.

In der Stadt hausten am Ende keine Bürger mehr, nur noch Gesindel, unholdes, wildes Volk, das in den schiefen, einsinkenden Palästen der Vorzeit Obdach nahm und in den ehemaligen Gärten und Straßen seine mageren Ziegen weidete. Auch diese letzte Bevölkerung starb allmählich in Krankheiten und Blödsinn aus, die ganze Landschaft war seit der Versumpfung von Fieber heimgesucht und der Verlassenheit anheimgefallen.

Die Reste des alten Rathauses, das einst der Stolz seiner Zeit gewesen war, standen noch immer sehr hoch und mächtig, in Liedern aller Sprachen besungen und ein Herd unzähliger Sagen der Nachbarvölker, deren Städte auch längst verwahrlost waren und deren Kultur entartete. In Kinder-Spukgeschichten und melancholischen Hirtenliedern tauchten entstellt und verzerrt noch die Namen der Stadt und der gewesenen Pracht gespenstisch auf, und Gelehrte ferner Völker, deren Zeit jetzt blühte, kamen zuweilen auf gefährlichen Forschungsreisen in die Trümmerstätte, über deren Geheimnisse die Schulknaben entfernter Länder sich begierig unterhielten. Es sollten Tore von reinem Gold und Grabmäler voll von Edelsteinen dort sein, und die wilden Nomadenstämme der Gegend sollten aus alten fabelhaften Zeiten her verschollene Reste einer tausendjährigen Zauberkunst bewahren.

Der Wald aber stieg weiter von den Bergen her in die Ebene, Seen und Flüsse enstanden und vergingen, und der Wald rückte vor und ergriff und verhüllte langsam das ganze Land, die Reste der alten Straßenmauern, der Paläste, Tempel, Museen, und Fuchs und Marder, Wolf und Bär bevölkerten die Einöde.

Über einem der gestürzten Paläste, von dem kein Stein mehr am Tage lag, stand eine junge Kiefer, die war vor einem Jahr noch der vorderste Bote und Vorläufer des heranwachsenden Waldes gewesen. Nun aber schaut auch sie schon wieder weit auf jungen Wuchs hinaus.

»Es geht vorwärts!«, rief ein Specht, der am Stamme hämmerte, und sah den wachsenden Wald und den herrlichen, grünenden Fortschritt auf Erden zufrieden an.

(1910)

Doktor Knölges Ende

Herr Doktor Knölge, ein ehemaliger Gymnasiallehrer, der sich früh zur Ruhe gesetzt und privaten philologischen Studien gewidmet hatte, wäre gewiß niemals in Verbindung mit den Vegetariern und dem Vegetarismus gekommen, wenn nicht eine Neigung zu Atemnot und Rheumatismen ihn einst zu einer vegetarischen Diätkur getrieben hätte. Der Erfolg war so ausgezeichnet, daß der Privatgelehrte von da an alljährlich einige Monate in irgendeiner vegetarischen Heilstätte oder Pension zubrachte, meist im Süden, und so trotz seiner Abneigung gegen alles Ungewöhnliche und Sonderbare in einen Verkehr mit Kreisen und Individuen geriet, die nicht zu ihm paßten und deren seltene, nicht ganz zu vermeidende Besuche in seiner Heimat er keineswegs liebte.

Manche Jahre hatte Doktor Knölge die Zeit des Frühlings und Frühsommers oder auch die Herbstmonate in einer der vielen freundlichen Vegetarierpensionen an der südfranzösischen Küste oder am Lago Maggiore hingebracht. Er hatte vielerlei Menschen an diesen Orten kennengelernt und sich an manches gewöhnt, an Barfußgehen und langhaarige Apostel, an Fanatiker des Fastens und an vegetarische Gourmands. Unter den letzteren hatte er manche Freunde gefunden, und er selbst, dem sein Leiden den Genuß schwerer Speisen immer mehr verbot, hatte sich zu einem bescheidenen Feinschmecker auf dem Gebiete der Gemüse und des Obstes ausgebildet. Er war keineswegs mit jedem Endiviensalat zufrieden und hätte niemals eine kalifornische Orange für eine italienische gegessen. Im übrigen kümmerte er sich wenig um den Vegetarismus, der für ihn nur ein Kurmittel war, und interessierte sich höchstens gelegentlich für alle die famosen sprachlichen Neubildungen auf diesem Gebiete, die ihm als einem Philologen merkwürdig waren. Da gab es Vegetarier, Vegetarianer, Vegetabilisten, Rohkostler, Frugivoren und Gemischtkostler!

Der Doktor selbst gehörte nach dem Sprachgebrauch der Eingeweihten zu den Gemischtkostlern, da er nicht nur Früchte und Ungekochtes, sondern auch gekochte Gemüse, ja auch Speisen aus Milch und Eiern zu sich nahm. Daß dies den wahren Vegetariern, vor allem den reinen Rohkostlern strenger Observanz, ein Greuel war, entging ihm nicht. Doch hielt er sich den fanatischen Bekenntnisstreitigkeiten dieser Brüder fern und gab seine Zugehörigkeit zur Klasse der Gemischtkostler nur durch die Tat zu erkennen, während manche Kollegen, namentlich Österreicher, sich ihres Standes auf den Visitenkarten rühmten.

Wie gesagt, Knölge paßte nicht recht zu diesen Leuten. Er sah schon mit seinem friedlichen, roten Gesicht und der breiten Figur ganz anders aus als die meist hageren, asketisch blickenden, oft phantastisch gekleideten Brüder vom reinen Vegetarismus, deren manche die Haare bis über die Schulter hinab wachsen ließen und deren jeder als Fanatiker, Bekenner und Märtyrer seines speziellen Ideals durchs Leben ging. Knölge war Philolog und Patriot, er teilte weder die Menschheitsgedanken und sozialen Reformideen noch die absonderliche Lebensweise seiner Mitvegetarier. Er sah so aus, daß an den Bahnhöfen und Schiffshaltestellen von Locarno oder Pallanza ihm die Diener der weltlichen Hotels, die sonst jeden »Kohlrabiapostel« von weitem rochen, vertrauensvoll ihre Gasthäuser empfahlen und ganz erstaunt waren, wenn der so anständig aussehende Mensch seinen Koffer dem Diener einer Thalysia oder Ceres oder dem Eselsführer des Monte Verità übergab.

Trotzdem fühlte er sich mit der Zeit in der ihm fremden Umgebung ganz wohl. Er war ein Optimist, ja beinahe ein Lebenskünstler, und allmählich fand er unter den Pflanzenessern aller Länder, die jene Orte besuchten, namentlich unter den Franzosen, manchen friedliebenden und rotwangigen Freund, an dessen Seite er seinen jungen Salat und seinen Pfirsich ungestört in behaglichen Tischgesprächen verzehren konnte, ohne daß ihm ein Fanatiker der strengen Observanz seine Gemischtkostlerei oder ein reiskauender Buddhist seine religiöse Indifferenz vorwarf.

Da geschah es, daß Doktor Knölge erst durch die Zeitungen, dann durch direkte Mitteilungen aus dem Kreise seiner Bekannten von der großen Gründung der Internationalen Vegetarier-Gesellschaft hörte, die ein gewaltiges Stück Land in Kleinasien erworben hatte und alle Brüder der Welt bei mäßigsten Preisen einlud, sich dort besuchsweise oder dauernd niederzulassen. Es war eine Unternehmung jener idealistischen Gruppe deutscher, holländischer und österreichischer Pflanzenesser, deren Bestrebungen eine Art von vegetarischem Zionismus waren und dahin zielten, den Anhängern und Bekennern ihres Glaubens ein eigenes Land mit eigener Verwaltung irgendwo in der Welt zu erwerben, wo die natürlichen Bedingungen zu einem Leben vorhanden wären, wie es ihnen als Ideal vor Augen stand. Ein Anfang dazu war diese Gründung in Kleinasien. Ihre Aufrufe wandten sich »an alle Freunde der vegetarischen und vegetabilistischen Lebensweise, der Nacktkultur und Lebensreform«, und sie versprachen so viel und klangen so schön, daß auch Herr Knölge dem sehnsüchtigen Ton aus dem Paradiese nicht widerstand und sich für den kommenden Herbst als Gast dort anmeldete.

Das Land sollte Obst und Gemüse in wundervoller Zartheit und Fülle liefern, die Küche des großen Zentralhauses wurde vom Verfasser der »Wege zum Paradiese« geleitet, und als besonders angenehm empfanden viele den Umstand, daß es sich dort ganz ungestört ohne den Hohn der argen Welt würde leben lassen. Jede Art von Vegetarismus und von Kleidungsreformbestrebung war zugelassen, und es gab kein Verbot als das des Genusses von Fleisch und Alkohol.

Und aus allen Teilen der Welt kamen flüchtige Sonderlinge, teils um dort in Kleinasien endlich Ruhe und Behagen in einem ihrer Natur gemäßen Leben zu finden, teils um von den dort zusammenströmenden Heilsbegierigen ihren Vorteil und Unterhalt zu ziehen. Da kamen flüchtiggegangene Priester und Lehrer aller Kirchen, falsche Hindus, Okkultisten, Sprachlehrer, Masseure, Magnetopathen, Zauberer, Gesundbeter. Dieses ganze kleine Volk exzentrischer Existenzen bestand weniger aus Schwindlern und bösen Menschen als aus harmlosen Betrügern im kleinen, denn große Vorteile waren nicht zu gewinnen, und die meisten suchten denn auch nichts anderes als ihren Lebensunterhalt, der für einen Pflanzenesser in südlichen Ländern sehr wohlfeil ist.

Die meisten dieser in Europa und Amerika entgleisten Menschen trugen als einziges Laster die so vielen Vegetariern eigene Arbeitsscheu mit sich. Sie wollten nicht Gold und Genuß, Macht und Vergnügen, sondern sie wollten vor allem ohne Arbeit und Belästigung ihr bescheidenes Leben führen können. Mancher von ihnen hatte zu Fuß ganz Europa wiederholt durchmessen als bescheidener Türklinkenputzer bei wohlhabenden Gesinnungsgenossen oder als predigender Prophet oder als Wunderdoktor, und Knölge fand bei seinem Eintreffen in Quisisana manchen alten Bekannten, der ihn je und je in Leipzig als harmloser Bettler besucht hatte.

Vor allem aber traf er Größen und Helden aus allen Lagern des Vegetariertums. Sonnenbraune Männer mit lang wallenden Haaren und Bärten schritten alttestamentlich in weißen Burnussen auf Sandalen einher, andere trugen Sportkleider aus heller Leinwand. Einige ehrwürdige Männer gingen nackt mit Lendentüchern aus Bastgeflecht eigener Arbeit. Es hatten sich Gruppen und sogar organisierte Vereine gebildet, an gewissen Orten trafen sich die Frugivoren, an anderen die asketischen Hungerer, an anderen die Theosophen oder Lichtanbeter. Ein Tempel war von Verehrern des amerikanischen Propheten Davis erbaut, eine Halle diente dem Gottesdienst der Neoswedenborgisten.

In diesem merkwürdigen Gewimmel bewegte sich Doktor Knölge anfangs nicht ohne Befangenheit. Er besuchte die Vorträge eines früheren badischen Lehrers namens Klauber, der in reinem Alemannisch die Völker der Erde über die Geschehnisse des Landes Atlantis unterrichtete, und bestaunte den Yogi Vishinanda, der eigentlich Beppo Cinari hieß und es in jahrzehntelangem Streben dahin gebracht hatte, die Zahl seiner Herzschläge willkürlich um etwa ein Drittel vermindern zu können.

In Europa zwischen den Erscheinungen des gewerblichen und politischen Lebens hätte diese Kolonie den Eindruck eines Narrenhauses oder einer phantastischen Komödie gemacht. Hier in Kleinasien sah das alles ziemlich verständig und gar nicht unmöglich aus. Man sah zuweilen neue Ankömmlinge in Verzückung über diese Erfüllung ihrer Lieblingsträume mit geisterhaft leuchtenden Gesichtern oder in hellen Freudentränen umhergehen, Blumen in den Händen, und jeden Begegnenden mit dem Friedenskuß begrüßend.

Die auffallendste Gruppe war jedoch die der reinen Frugivoren. Diese hatten auf Tempel und Haus und Organisation jeder Art verzichtet und zeigten kein anderes Streben als das, immer natürlicher zu werden und, wie sie sich ausdrückten, »der Erde näherzukommen«. Sie wohnten unter freiem Himmel und aßen nichts, als was von Baum oder Strauch zu brechen war. Sie verachteten alle anderen Vegetarier unmäßig, und einer von ihnen erklärte dem Doktor Knölge ins Gesicht, das Essen von Reis und Brot sei genau dieselbe Schweinerei wie der Fleischgenuß, und zwischen einem sogenannten Vegetarier, der Milch zu sich nehme, und irgendeinem Säufer und Schnapsbruder könne er keinen Unterschied finden.

Unter den Frugivoren ragte der verehrungswürdige Bruder Jonas hervor, der konsequenteste und erfolgreichste Vertreter dieser Richtung. Er trug zwar ein Lendentuch, doch war es kaum von seinem behaarten braunen Körper zu unterscheiden, und er lebte in einem kleinen Gehölz, in dessen Geäste man ihn mit gewandter Hurtigkeit sich bewegen sah. Seine Daumen und großen Zehen waren in einer wunderbaren Rückbildung begriffen, und sein ganzes Wesen und Leben stellte die beharrlichste und gelungenste Rückkehr zur Natur vor, die man sich denken konnte. Wenige Spötter nannten ihn unter sich den Gorilla, im übrigen genoß Jonas die Bewunderung und Verehrung der ganzen Provinz.

52

Auf den Gebrauch der Sprache hatte der große Rohkostler Verzicht getan. Wenn Brüder oder Schwestern sich am Rande seines Gehölzes unterhielten, saß er zuweilen auf einem Ast zu ihren Häupten, grinste ermunternd oder lachte mißbilligend, gab aber keine Worte von sich und suchte durch Gebärden anzudeuten, seine Sprache sei die unfehlbare der Natur und werde später die Weltsprache aller Vegetarier und Naturmenschen sein. Seine nächsten Freunde waren täglich bei ihm, genossen seinen Unterricht in der Kunst des Kauens und Nüsseschälens und sahen einer fortschreitenden Vervollkommnung mit Ehrfurcht zu, doch hegten sie die Besorgnis, ihn bald zu verlieren, da er vermutlich binnen kurzem, ganz eins mit der Natur, sich in die heimatliche Wildnis der Gebirge zurückziehen werde.

Einige Schwärmer schlugen vor, diesem wundersamen Wesen, das den Kreislauf des Lebens vollendet und den Weg zum Ausgangspunkt der Menschwerdung zurückgefunden hatte, göttliche Ehren zu erweisen. Als sie jedoch eines Morgens bei Aufgang der Sonne in dieser Absicht das Gehölz aufsuchten und ihren Kult mit Gesang begannen, erschien der Gefeierte auf seinem großen Lieblingsaste, schwang sein gelöstes Lendentuch höhnisch in Lüften und bewarf die Anbeter mit harten Pinienzapfen.

Dieser Jonas der Vollendete, dieser »Gorilla«, war unserem Doktor Knölge im Innersten seiner bescheidenen Seele zuwider. Alles, was er in seinem Herzen je gegen die Auswüchse vegetarischer Weltanschauung und fanatisch-tollen Wesens schweigend bewegt hatte, trat ihm in dieser Gestalt schreckhaft entgegen und schien sogar sein eigenes maßvolles Vegetariertum grell zu verhöhnen. In der Brust des anspruchslosen Privatgelehrten erhob sich gekränkt die Würde des Menschen, und er, der so viele Andersmeinende gelassen und duldsam ertragen hatte, konnte an dem Wohnort des Vollkommenen nicht vorübergehen, ohne Haß und Wut gegen ihn zu empfinden. Und der Gorilla, der auf seinem Aste alle Arten von Gesinnungsgenossen, Verehrern und Kritikern mit Gleichmut betrachtet hatte, fühlte ebenfalls wider diesen Menschen, dessen Haß sein Instinkt wohl witterte, eine zunehmende tierische Erbitterung. Sooft der Doktor vorüberkam, maß er den Baumbewohner mit vorwurfsvoll beleidigten Blicken, die dieser mit Zähnefletschen und zornigem Fauchen erwiderte.

Schon hatte Knölge beschlossen, im nächsten Monat die Provinz zu verlassen und nach seiner Heimat zurückzukehren, da führte ihn, beinahe wider seinen Willen in einer strahlenden Vollmondnacht ein Spaziergang in die Nähe des Gehölzes. Mit Wehmut dachte er früherer Zeiten, da er noch in voller Gesundheit als ein Fleischesser und gewöhnlicher Mensch unter seinesgleichen gelebt hatte, und im Gedächtnis schönerer Jahre begann er unwillkürlich ein altes Studentenlied vor sich hin zu pfeifen.

Da brach krachend aus dem Gebüsch der Waldmensch hervor, durch die Töne erregt und wild gemacht. Bedrohlich stellte er sich vor dem Spaziergänger auf, eine ungefüge Keule schwingend. Aber der überraschte Doktor war so erbittert und erzürnt, daß er nicht die Flucht ergriff, sondern die Stunde gekommen fühlte, da er sich mit seinem Feinde auseinandersetzen müsse. Grimmig lächelnd verbeugte er sich und sagte mit so viel Hohn und Beleidigung in der Stimme, als er aufzubringen vermochte: Sie erlauben, daß ich mich vorstelle, Doktor Knölge.

Da warf der Gorilla mit einem Wutschrei seine Keule fort, stürzte sich auf den Schwachen und hatte ihn im Augenblick mit seinen furchtbaren Händen erdrosselt. Man fand ihn am Morgen, manche ahnten den Zusammenhang, doch wagte niemand, etwas gegen den Affen Jonas zu tun, der gleichmütig im Geäste seine Nüsse schälte. Die wenigen Freunde, die sich der Fremde während seines Aufenthaltes im Paradies erworben hatte, begruben ihn in der Nähe und steckten auf sein Grab eine einfache Tafel mit der kurzen Inschrift: Dr. Knölge, Gemischtkostler aus Deutschland.

(ca. 1910)

Der schöne Traum

Als der Gymnasiast Martin Haberland im Alter von siebzehn Jahren an einer Lungenentzündung starb, sprach jedermann von ihm und seinen reichen Talenten mit Bedauern und hielt ihn für sehr unglücklich, daß er gestorben war, ehe er aus diesen Talenten hatte Erfolge und Zinsen und bares Geld lösen können.

Es ist wahr, der Tod des hübschen, begabten Jünglings hat auch mir leid getan, und ich dachte mir mit einem gewissen Bedauern: wie unheimlich viel Talent muß es doch in der Welt geben, daß die Natur damit so um sich werfen kann! Aber es ist der Natur einerlei, was wir über sie denken, und was das Talent angeht, so ist es ja tatsächlich in solchem Überfluß vorhanden, daß unsre Künstler bald nur noch Kollegen und gar kein Publikum mehr haben werden.

Indessen kann ich den Tod des jungen Mannes nicht in dem Sinne bedauern, als sei ihm selbst dadurch ein Schaden zugefügt und sei er des Besten und Schönsten grausam beraubt worden, das noch für ihn bestimmt gewesen wäre.

Wer mit Glück und in Gesundheit siebzehn Jahre alt geworden ist und gute Eltern hatte, der hat ohnehin in gar vielen Fällen gewiß den schöneren Teil des Lebens hinter sich, und wenn sein Leben so früh endet und aus Mangel an großem Schmerz und grellem Erlebnis und wilder Lebensweite kein Beethovensches Symphoniestück geworden ist, so kann es doch eine kleine Haydnsche Kammermusik gewesen sein, und das kann man nicht von vielen Menschenleben sagen.

Im Falle Haberland bin ich meiner Sache ganz sicher. Der junge Mensch hat tatsächlich das Schönste erlebt, was ihm zu erleben möglich war, er hat ein paar Takte von so unirdischer Musik geschlürft, daß sein Tod notwendig war, weil kein Leben daraufhin etwas anderes als einen Mißklang ergeben hätte. Daß der Schüler sein Glück nur im Traum erlebt hat, ist gewiß keine

Abschwächung, denn die meisten Menschen erleben ihre Träume viel heftiger als ihr Leben.

Am zweiten Tag seiner Krankheit, drei Tage vor seinem Tode, hatte der Gymnasiast bei schon beginnendem Fieber folgenden Traum:

Sein Vater legte ihm die Hand auf die Schulter und sagte: »Ich begreife ganz gut, daß du bei uns nicht mehr viel lernen kannst. Du mußt ein großer und guter Mann werden und ein besonderes Glück gewinnen, das findet man nicht daheim im Nest. Paß auf: du mußt jetzt zuerst auf den Berg der Erkenntnis steigen, dann mußt du Taten tun, und dann mußt du die Liebe finden und glücklich werden.«

Während der Vater die letzten Worte sagte, schien sein Bart länger und sein Auge größer, er sah für einen Augenblick wie ein greiser König aus. Dann gab er dem Sohn einen Kuß auf die Stirne und hieß ihn gehen, und der Sohn ging eine breite schöne Treppe hinab wie aus einem Palast, und als er über die Straße ging und gerade das Städtlein verlassen wollte, begegnete ihm seine Mutter und rief ihn an: »Ja Martin, willst du denn fortgehen und mir nicht einmal adieu sagen?« Bestürzt sah er sie an und schämte sich, zu sagen, er habe gemeint, sie sei schon lang gestorben, denn er sah sie ja lebend vor sich stehen, und sie war schöner und jünger, als er sie in Erinnerung gehabt hatte, ja sie hatte fast etwas Mädchenhaftes an sich, so daß er, als sie ihn küßte, rot wurde und sie nicht wieder zu küssen wagte. Sie sah ihm in die Augen mit einem hellen, blauen Blick, der wie ein Licht in ihn überging, und nickte ihm zu, als er verwirrt und in Hast davonging.

Vor der Stadt fand er ohne Erstaunen statt der Landstraße und dem Tal mit der Eschenallee einen Meerhafen liegen, wo ein großes altmodisches Schiff mit bräunlichen Segeln bis in den goldenen Himmel ragte, wie auf seinem Lieblingsbilde von Claude Lorrain, und wo er sich alsbald nach dem Berge der Erkenntnis einschiffte.

Das Schiff und der goldene Himmel entschwanden jedoch unvermerkt wieder aus der Sichtbarkeit, und nach einer Weile fand sich der Schüler Haberland doch auf der Landstraße wandern, schon weit von daheim, und einem Berge entgegengehen, der in der Ferne abendrot glühte und nicht näher zu kommen schien, solange er auch wanderte. Zum Glück schritt neben ihm der Professor Seidler und sagte väterlich: »Hier ist keine andere Konstruktion am Platze als der *Ablativus absolutus;* nur mit seiner Benutzung kommen Sie plötzlich *medias in res.*« Er folgte alsbald, und es fiel ihm ein *Ablativus absolutus* ein, der gewissermaßen die ganze Vergangenheit seiner selbst und der Welt in sich begriff und mit jeder Art von Vergangenheit so gründlich aufräumte, daß alles hell voll Gegenwart und Zukunft wurde. Und damit stand er plötzlich auf dem Berge, aber neben ihm auch der Professor Seidler, und dieser sagte auf einmal du zu ihm, und Haberland duzte auch den Professor, und der vertraute ihm an, er sei eigentlich sein Vater, und, indem er sprach, wurde er dem Vater immer ähnlicher, und die Liebe zum Vater und die Liebe zur Wissenschaft wurde in dem Schüler eins, und beide wurden stärker und schöner, und während er saß und sann und von lauter ahnender Verwunderung umgeben war, sagte sein Vater neben ihm: »So, jetzt sieh um dich!«

Da war eine unsägliche Klarheit ringsumher, und alles auf der Welt war in bester Ordnung und sonnenklar; er begriff vollkommen, warum seine Mutter gestorben war und doch noch lebte; er begriff bis ins Innerste, warum die Menschen an Aussehen, Gebräuchen und Sprachen so verschieden und doch aus *einem* Wesen und nahe Brüder waren; er begriff Not und Leid und Häßlichkeit so sehr als notwendig und von Gott gewollt oder gemußt, daß sie schön und hell wurden und laut von der Ordnung und Freude der Welt sprachen. Und ehe er noch ganz klar darüber war, daß er nun auf dem Berg der Erkenntnis gewesen und weise geworden sei, fühlte er sich zu einer Tat berufen, und obwohl er seit zwei Jahren immerzu über verschiedene Berufe nachgedacht und sich nie für einen entschieden hatte, wußte er jetzt ganz genau und fest, daß er ein Baumeister war, und es war herrlich, das zu wissen und nicht den kleinsten Zweifel mehr zu haben.

Alsbald lag da weißer und grauer Stein, lagen Balken und standen Maschinen, viele Menschen standen umher und wußten nicht, was tun; er aber wies mit den Händen und erklärte und befahl, hielt Pläne in Händen und brauchte nur zu winken und zu deuten, so liefen die Menschen und waren glücklich, eine verständige Arbeit zu tun, hoben Steine und schoben Karren, richteten Stangen auf und meißelten an Blöcken, und in allen Händen und in jedem Auge war der Wille des Baumeisters tätig. Das Haus aber entstand und wurde ein Palast, der mit Giebelfeldern und Vorhallen, mit Höfen und Bogenfenstern eine ganz selbstverständliche, einfache, freudige Schönheit verkündigte, und es war klar, daß man nur noch einige solche Sachen zu bauen brauchte, damit Leid und Not, Unzufriedenheit und Verdruß von der Erde verschwänden.

Mit der Vollendung des Bauwerks war Martin schläfrig geworden und hatte nicht mehr genau auf alles acht, er hörte etwas wie Musik und Festlichkeit um sich tosen und gab sich mit Ernsthaftigkeit und seltsamer Befriedigung einer tiefen, schönen Müdigkeit hin. Aus ihr tauchte sein Bewußtsein erst dann empor, als wieder seine Mutter vor ihm stand und ihn an der Hand nahm. Da wußte er, daß sie nun mit ihm in das Land der Liebe gehen wolle, und er wurde still und erwartungsvoll und vergaß alles, was er auf dieser Reise schon erlebt und getan hatte; nur glänzte ihm vom Berge der Erkenntnis und von seinem Palastbau her eine Helligkeit und ein bis in den Grund hinab gereinigtes Gewissen nach.

Die Mutter lächelte und hielt ihn an der Hand, sie ging bergabwärts in eine abendliche Landschaft hinein, ihr Kleid war blau, und im wohligen Gehen entschwand sie ihm, und was ihr blaues Kleid gewesen war, das war das Blau der tiefen Talferne, und indem er das erkannte und nimmer wußte, war die Mutter wirklich bei ihm gewesen oder nicht, befiel ihn eine Traurigkeit, er setzte sich in die Wiese und begann zu weinen, ohne Schmerzen, hingegeben und ernsthaft wie er vorher im Schaffensdrang gebaut und in der Müdigkeit geruht hatte. In seinen Tränen fühlte er, daß ihm nun das Süßeste begegnen solle, was ein Mensch erleben kann, und wenn er darüber nachzusinnen versuchte, wußte er zwar wohl, daß das die Liebe sei, aber er konnte sie sich nicht recht vorstellen und endete mit dem Gefühl, die Liebe sei wie der Tod, sie sei eine Erfüllung und ein Abend, auf welchen nichts mehr folgen dürfe.

Er hatte es noch nicht zu Ende gedacht, da war wieder alles anders, es spielte unten im blauen Tal eine köstliche ferne Musik, und es kam über die Wiese her Fräulein Voßler gegangen, die Tochter des Stadtschultheißen, und plötzlich wußte er, daß er diese liebhabe. Sie hatte dasselbe Gesicht wie immer, aber sie trug ein ganz einfaches, edles Kleid wie eine Griechin, und kaum war sie da, so war es Nacht, und man sah nichts mehr als einen Himmel voll großer, heller Sterne.

Das Mädchen blieb vor Martin stehen und lächelte. »So, bist du da?« sagte sie freundlich, als habe sie ihn erwartet.

»Ja«, sagte er, »die Mutter hat mir den Weg gezeigt. Ich bin jetzt mit allem fertig, auch mit dem großen Haus, das ich bauen mußte. Da mußt du drin wohnen.«

Sie lächelte aber nur und sah fast mütterlich aus, überlegen und ein wenig traurig, wie eine Erwachsene.

»Was soll ich jetzt tun?« fragte Martin und legte seine Hände auf die Schultern des Mädchens. Sie neigte sich vor und sah ihm aus solcher Nähe in die Augen, daß er ein wenig erschrak, und er sah jetzt nichts mehr als ihre großen ruhigen Augen, und darüber in einem Goldnebel die vielen Sterne. Sein Herz schlug heftig und tat weh.

Das schöne Mädchen legte seinen Mund auf Martins Mund, und indessen sein Wesen schmolz und aller Wille von ihm wich, begannen oben in der blauen Finsternis die Sterne leise zu tönen, und während Martin fühlte, daß er jetzt die Liebe und den Tod und das Süßeste koste, was ein Mensch erleben kann, hörte er die Welt um ihn her in einem feinen Reigen klingen und sich bewegen, und ohne seine Lippen vom Mund des Mädchens zu lösen, und ohne mehr irgend etwas in der Welt zu wollen und zu begehren, fühlte er sich und sie und alles in den Reigen genommen, er schloß die Augen und flog mit sanftem Schwindel eine tönende, ewig vorbestimmte Straße dahin, auf welcher keine Erkenntnis und keine Tat und nichts Zeitliches mehr auf ihn wartete.

(1911)

Flötentraum

»Hier«, sagte mein Vater, und übergab mir eine kleine, beinerne Flöte, »nimm das und vergiß deinen alten Vater nicht, wenn du in fernen Ländern die Leute mit deinem Spiel erfreust. Es ist hohe Zeit, daß du die Welt siehst und etwas lernst. Ich habe dir diese Flöte machen lassen, weil du doch keine andre Arbeit tun und immer nur singen magst. Nur denke auch daran, daß du immer hübsche und liebenswürdige Lieder vorträgst, sonst wäre es schade um die Gabe, die Gott dir verliehen hat.«

Mein lieber Vater verstand wenig von der Musik, er war ein Gelehrter; er dachte, ich brauchte nur in das hübsche Flötchen zu blasen, so werde es schon gut sein. Ich wollte ihm seinen Glauben nicht nehmen, darum bedankte ich mich, steckte die Flöte ein und nahm Abschied.

Unser Tal war mir bis zur großen Hofmühle bekannt; dahinter fing denn also die Welt an, und sie gefiel mir sehr wohl. Eine müdgeflogene Biene hatte sich auf meinen Ärmel gesetzt, die trug ich mit mir fort, damit ich später bei meiner ersten Rast gleich einen Boten hätte, um Grüße in die Heimat zurückzusenden.

Wälder und Wiesen begleiteten meinen Weg, und der Fluß lief rüstig mit; ich sah, die Welt war von der Heimat wenig verschieden. Die Bäume und Blumen, die Kornähren und Haselbüsche sprachen mich an, ich sang ihre Lieder mit, und sie verstanden mich, gerade wie daheim; darüber wachte auch meine Biene wieder auf, sie kroch langsam bis auf meine Schulter, flog ab und umkreiste mich zweimal mit ihrem tiefen süßen Gebrumme, dann steuerte sie geradeaus rückwärts der Heimat zu.

Da kam aus dem Walde hervor ein junges Mädchen gegangen, das trug einen Korb am Arm und einen breiten, schattigen Strohhut auf dem blonden Kopf.

»Grüß Gott«, sagte ich zu ihr, »wo willst denn du hin?«

»Ich muß den Schnittern das Essen bringen«, sagte sie und ging neben mir. »Und wo willst du heut noch hinaus?«

»Ich gehe in die Welt, mein Vater hat mich geschickt. Er meint, ich solle den Leuten auf der Flöte vorblasen, aber das kann ich noch nicht richtig, ich muß es erst lernen.«

»So so. Ja, und was kannst du denn eigentlich? Etwas muß man doch können.«

»Nichts Besonderes. Ich kann Lieder singen.«

»Was für Lieder denn?«

»Allerhand Lieder, weißt du, für den Morgen und für den Abend und für alle Bäume und Tiere und Blumen. Jetzt könnte ich zum Beispiel ein hübsches Lied singen von einem jungen Mädchen, das kommt aus dem Wald heraus und bringt den Schnittern ihr Essen.«

»Kannst du das? Dann sing's einmal!«

»Ja, aber wie heißt du eigentlich?«

»Brigitte.«

Da sang ich das Lied von der hübschen Brigitte mit dem Strohhut, und was sie im Korbe hat, und wie die Blumen ihr nachschauen, und die blaue Winde vom Gartenzaun langt nach ihr, und alles was dazugehörte. Sie paßte ernsthaft auf und sagte, es wäre gut. Und als ich ihr erzählte, daß ich hungrig sei, da tat sie den Deckel von ihrem Korb und holte mir ein Stück Brot heraus. Als ich da hineinbiß und tüchtig dazu weitermarschierte, sagte sie aber: »Man muß nicht im Laufen essen. Eins nach dem andern.« Und wir setzten uns ins Gras, und ich aß mein Brot, und sie schlang die braunen Hände um ihre Knie und sah mir zu.

»Willst du mir noch etwas singen?« fragte sie dann, als ich fertig war.

»Ich will schon. Was soll es sein?«

»Von einem Mädchen, dem ist sein Schatz davongelaufen, und es ist traurig.«

»Nein, das kann ich nicht. Ich weiß ja nicht, wie das ist, und man soll auch nicht so traurig sein. Ich soll immer nur artige und liebenswürdige Lieder vortragen, hat mein Vater gesagt.

Ich singe dir vom Kuckucksvogel oder vom Schmetterling.«
»Und von der Liebe weißt du gar nichts?« fragte sie dann.
»Von der Liebe? O doch, das ist ja das Allerschönste.«

Alsbald fing ich an und sang von dem Sonnenstrahl, der die roten Mohnblumen liebhat, und wie er mit ihnen spielt und voller Freude ist. Und vom Finkenweibchen, wenn es auf den Finken wartet, und wenn er kommt, dann fliegt es weg und tut erschrocken. Und sang weiter von dem Mädchen mit den braunen Augen und von dem Jüngling, der daherkommt und singt und ein Brot dafür geschenkt bekommt; aber nun will er kein Brot mehr haben, er will einen Kuß von der Jungfer und will in ihre braunen Augen sehen, und er singt so lange fort und hört nicht auf, bis sie anfängt zu lächeln und bis sie ihm den Mund mit ihren Lippen schließt.

Da neigte Brigitte sich herüber und schloß mir den Mund mit ihren Lippen und tat die Augen zu und tat sie wieder auf, und ich sah in die nahen braungoldenen Sterne, darin war ich selber gespiegelt und ein paar weiße Wiesenblumen.

»Die Welt ist sehr schön«, sagte ich, »mein Vater hat recht gehabt. Jetzt will ich dir aber tragen helfen, daß wir zu deinen Leuten kommen.«

Ich nahm ihren Korb, und wir gingen weiter, ihr Schritt klang mit meinem Schritt und ihre Fröhlichkeit mit meiner gut zusammen, und der Wald sprach fein und kühl vom Berg herunter; ich war noch nie so vergnügt gewandert. Eine ganze Weile sang ich munter zu, bis ich aufhören mußte vor lauter Fülle; es war allzu vieles, was vom Tal und vom Berg und aus Gras und Laub und Fluß und Gebüschen zusammenrauschte und erzählte.

Da mußte ich denken: wenn ich alle diese tausend Lieder der Welt zugleich verstehen und singen könnte, von Gräsern und Blumen und Menschen und Wolken und allem, vom Laubwald und vom Föhrenwald und auch von allen Tieren, und dazu noch alle Lieder der fernen Meere und Gebirge, und die der Sterne und Monde, und wenn das alles zugleich in mir innen tönen und singen könnte, dann wäre ich der liebe Gott, und jedes neue Lied müßte als ein Stern am Himmel stehen.

Aber wie ich eben so dachte und davon ganz still und wunderlich wurde, weil mir das früher noch nie in den Sinn gekommen war, da blieb Brigitte stehen und hielt mich an dem Korbhenkel fest.

»Jetzt muß ich da hinauf«, sagte sie, »da droben sind unsere Leute im Feld. Und du, wo gehst du hin? Kommst du mit?«

»Nein, mitkommen kann ich nicht. Ich muß in die Welt. Schönen Dank für das Brot, Brigitte, und für den Kuß; ich will an dich denken.«

Sie nahm ihren Eßkorb, und über dem Korb neigten sich ihre Augen im braunen Schatten noch einmal mir zu, und ihre Lippen hingen an meinen, und ihr Kuß war so gut und lieb, daß ich vor lauter Wohlsein beinah traurig werden wollte. Da rief ich schnell Lebewohl und marschierte eilig die Straße hinunter.

Das Mädchen stieg langsam den Berg hinan, und unter dem herabhängenden Buchenlaub am Waldrand blieb sie stehen und sah herab und mir nach, und als ich ihr winkte und den Hut überm Kopf schwang, da nickte sie noch einmal und verschwand still wie ein Bild in den Buchenschatten hinein.

Ich aber ging ruhig meine Straße und war in Gedanken, bis der Weg um eine Ecke bog.

Da stand eine Mühle, und bei der Mühle lag ein Schiff auf dem Wasser, darin saß ein Mann allein und schien nur auf mich zu warten, denn als ich den Hut zog und zu ihm in das Schiff hinüberstieg, da fing das Schiff sogleich zu fahren an und lief den Fluß hinunter. Ich saß in der Mitte des Schiffs, und der Mann saß hinten am Steuer, und als ich ihn fragte, wohin wir führen, da blickte er auf und sah mich aus verschleierten grauen Augen an.

»Wohin du magst«, sagte er mit einer gedämpften Stimme. »Den Fluß hinunter und ins Meer, oder zu den großen Städten, du hast die Wahl. Es gehört alles mir.«

»Es gehört alles dir? Dann bist du der König?«

»Vielleicht«, sagte er. »Und du bist ein Dichter, wie mir scheint? Dann singe mir ein Lied zum Fahren!«

Ich nahm mich zusammen, es war mir bange vor dem ernsten grauen Mann, und unser Schiff schwamm so schnell und lautlos den Fluß hinab. Ich sang vom Fluß, der die Schiffe trägt und die Sonne spiegelt und am Felsenufer stärker aufrauscht und freudig seine Wanderung vollendet.

Des Mannes Gesicht blieb unbeweglich, und als ich aufhörte, nickte er still wie ein Träumender. Und alsdann begann er zu meinem Erstaunen selber zu singen, und auch er sang vom Fluß und von des Flusses Reise durch die Täler, und sein Lied war schöner und mächtiger als meines, aber es klang alles ganz anders.

Der Fluß, wie er ihn sang, kam als ein taumelnder Zerstörer von den Bergen herab, finster und wild; knirschend fühlte er sich von den Mühlen gebändigt, von den Brücken überspannt, er haßte jedes Schiff, das er tragen mußte, und in seinen Wellen und langen grünen Wasserpflanzen wiegte er lächelnd die weißen Leiber der Ertrunkenen.

Das alles gefiel mir nicht und war doch so schön und geheimnisvoll von Klang, daß ich ganz irre wurde und beklommen schwieg. Wenn das richtig war, was dieser alte, feine und kluge Sänger mit seiner gedämpften Stimme sang, dann waren alle meine Lieder nur Torheit und schlechte Knabenspiele gewesen. Dann war die Welt auf ihrem Grund nicht gut und licht wie Gottes Herz, sondern dunkel und leidend, böse und finster, und wenn die Wälder rauschten, so war es nicht aus Lust, sondern aus Qual.

Wir fuhren dahin, und die Schatten wurden lang, und jedesmal, wenn ich zu singen anfing, tönte es weniger hell, und meine Stimme wurde leiser, und jedesmal erwiderte der fremde Sänger mir ein Lied, das die Welt noch rätselhafter und schmerzlicher machte und mich noch befangener und trauriger.

Mir tat die Seele weh, und ich bedauerte, daß ich nicht am Lande und bei den Blumen geblieben war oder bei der schönen Brigitte, und um mich in der wachsenden Dämmerung zu trösten, fing ich mit lauter Stimme wieder an und sang durch den roten Abendschein das Lied von Brigitte und ihren Küssen.

Da begann die Dämmerung, und ich verstummte, und der Mann am Steuer sang, und auch er sang von der Liebe und Liebeslust, von braunen und von blauen Augen, von roten feuchten Lippen, und es war schön und ergreifend, was er leidvoll über dem dunkelnden Fluß sang, aber in seinem Lied war auch die Liebe finster und bang und ein tödliches Geheimnis geworden, an dem die Menschen irr und wund in ihrer Not und Sehnsucht tasteten, und mit dem sie einander quälten und töteten.

Ich hörte zu und wurde so müde und betrübt, als sei ich schon Jahre unterwegs und sei durch lauter Jammer und Elend gereist. Von dem Fremden her fühlte ich immerzu einen leisen, kühlen Strom von Trauer und Seelenangst zu mir herüber und in mein Herz schleichen.

»Also ist denn nicht das Leben das Höchste und Schönste«, rief ich endlich bitter, »sondern der Tod. Dann bitte ich dich, du trauriger König, singe mir ein Lied vom Tode!«

Der Mann am Steuer sang nun vom Tode, und er sang schöner, als ich je hatte singen hören. Aber auch der Tod war nicht das Schönste und Höchste, es war auch bei ihm kein Trost. Der Tod war Leben, und das Leben war Tod, und sie waren ineinander verschlungen in einem ewigen rasenden Liebeskampf, und dies war das Letzte und der Sinn der Welt, und von dorther kam ein Schein, der alles Elend noch zu preisen vermochte, und von dorther kam ein Schatten, der alle Lust und alle Schönheit trübte und mit Finsternis umgab. Aber aus der Finsternis brannte die Lust inniger und schöner, und die Liebe glühte tiefer in dieser Nacht.

Ich hörte zu und war ganz still geworden, ich hatte keinen Willen mehr in mir als den des fremden Mannes. Sein Blick ruhte auf mir, still und mit einer gewissen traurigen Güte, und seine grauen Augen waren voll vom Weh und von der Schönheit der Welt. Er lächelte mich an, und da faßte ich mir ein Herz und bat in meiner Not: »Ach, laß uns umkehren, du! Mir ist angst hier in der Nacht, und ich möchte zurück und dahin gehen, wo ich Brigitte finden kann, oder heim zu meinem Vater.«

Der Mann stand auf und deutete in die Nacht, und seine Laterne schien hell auf sein mageres und festes Gesicht. »Zurück geht kein Weg«, sagte er ernst und freundlich, »man muß immer vorwärts gehen, wenn man die Welt ergründen will. Und von dem Mädchen mit den braunen Augen hast du das Beste und Schönste gehabt, und je weiter du von ihr bist, desto besser und schöner wird es werden. Aber fahre du immerhin, wohin du magst, ich will dir meinen Platz am Steuer geben!«

Ich war zu Tod betrübt und sah doch, daß er recht hatte. Voll Heimweh dachte ich an Brigitte und an die Heimat und an alles, was eben noch nahe und licht und mein gewesen war, und was ich nun verloren hatte. Aber jetzt wollte ich den Platz des Fremden nehmen und das Steuer führen. So mußte es sein.

Darum stand ich schweigend auf und ging durch das Schiff zum Steuersitz, und der Mann kam mir schweigend entgegen, und als wir beieinander waren, sah er mir fest ins Gesicht und gab mir seine Laterne.

Aber als ich nun am Steuer saß und die Laterne neben mir stehen hatte, da war ich allein im Schiff, ich erkannte es mit einem tiefen Schauder, der Mann war verschwunden, und doch war ich nicht erschrocken, ich hatte es geahnt. Mir schien, es sei der schöne Wandertag und Brigitte und mein Vater und die Heimat nur ein Traum gewesen, und ich sei alt und betrübt und sei schon immer und immer auf diesem nächtlichen Fluß gefahren.

Ich begriff, daß ich den Mann nicht rufen dürfte, und die Erkenntnis der Wahrheit überlief mich wie ein Frost.

Um zu wissen, was ich schon ahnte, beugte ich mich über das Wasser hinaus und hob die Laterne, und aus dem schwarzen Wasserspiegel sah mir ein scharfes und ernstes Gesicht mit grauen Augen entgegen, ein altes, wissendes Gesicht, und das war ich.

Und da kein Weg zurückführte, fuhr ich auf dem dunkeln Wasser weiter durch die Nacht.

(1913)

Augustus

In der Mostackerstraße wohnte eine junge Frau, die hatte durch ein Unglück bald nach der Hochzeit ihren Mann verloren, und jetzt saß sie arm und verlassen in ihrer kleinen Stube und wartete auf ihr Kind, das keinen Vater haben sollte. Und weil sie so ganz allein war, so verweilten immer alle ihre Gedanken bei dem erwarteten Kinde, und es gab nichts Schönes und Herrliches und Beneidenswertes, was sie nicht für dieses Kind ausgedacht und gewünscht und geträumt hätte. Ein steinernes Haus mit Spiegelscheiben und einem Springbrunnen im Garten schien ihr für den Kleinen gerade gut genug, und was seine Zukunft anging, so mußte er mindestens ein Professor oder König werden.

Neben der armen Frau Elisabeth wohnte ein alter Mann, den man nur selten ausgehen sah, und dann war er ein kleines, graues Kerlchen mit einer Troddelmütze und einem grünen Regenschirm, dessen Stangen noch aus Fischbein gemacht waren wie in der alten Zeit. Die Kinder hatten Angst vor ihm, und die Großen meinten, er werde schon seine Gründe haben, sich so sehr zurückzuziehen. Oft wurde er lange Zeit von niemand gesehen, aber am Abend hörte man zuweilen aus seinem kleinen, baufälligen Hause eine feine Musik wie von sehr vielen kleinen, zarten Instrumenten erklingen. Dann fragten Kinder, wenn sie dort vorübergingen, ihre Mütter, ob da drinnen die Engel oder vielleicht die Nixen sängen, aber die Mütter wußten nichts davon und sagten: »Nein, nein, das muß eine Spieldose sein.«

Dieser kleine Mann, welcher von den Nachbarn als Herr Binßwanger angeredet wurde, hatte mit der Frau Elisabeth eine sonderbare Art von Freundschaft. Sie sprachen nämlich nie miteinander, aber der kleine, alte Herr Binßwanger grüßte jedesmal auf das freundlichste, wenn er am Fenster seiner Nachbarin vorüberkam, und sie nickte ihm wieder dankbar zu und hatte ihn gern, und beide dachten: Wenn es mir einmal ganz elend gehen sollte, dann will ich gewiß im Nachbarhaus um Rat vorsprechen. Und wenn es dunkel zu werden anfing und die Frau Elisabeth allein an ihrem Fenster saß und um ihren toten Liebsten trauerte oder an ihr kleines Kindlein dachte und ins Träumen geriet, dann machte der Herr Binßwanger leise einen Fensterflügel auf, und aus seiner dunkeln Stube kam leis und silbern eine tröstliche Musik geflossen wie Mondlicht aus einem Wolkenspalt. Hinwieder hatte der Nachbar an seinem hintern Fenster einige alte Geranienstöcke stehen, die er immer zu gießen vergaß und welche doch immer grün und voll Blumen waren und nie ein welkes Blatt zeigten, weil sie jeden Tag in aller Frühe von Frau Elisabeth gegossen und gepflegt wurden.

Als es nun gegen den Herbst ging und einmal ein rauher, windiger Regenabend und kein Mensch in der Mostackerstraße zu sehen war, da merkte die arme Frau, daß ihre Stunde gekommen sei, und es wurde ihr angst, weil sie ganz allein war. Beim Einbruch der Nacht aber kam eine alte Frau mit einer Handlaterne gegangen, trat in das Haus und kochte Wasser und legte Leinwand zurecht und tat alles, was getan werden muß, wenn ein Kind zur Welt kommen soll. Frau Elisabeth ließ alles still geschehen, und erst als das Kindlein da war und in neuen feinen Windeln seinen ersten Erdenschlaf zu schlummern begann, fragte sie die alte Frau, woher sie denn käme.

»Der Herr Binßwanger hat mich geschickt«, sagte die Alte, und darüber schlief die müde Frau ein, und als sie am Morgen wieder erwachte, da war Milch für sie gekocht und stand bereit, und alles in der Stube war sauber aufgeräumt, und neben ihr lag der kleine Sohn und schrie, weil er Hunger hatte; aber die alte Frau war fort. Die Mutter nahm ihren Kleinen an die Brust und freute sich, daß er so hübsch und kräftig war. Sie dachte an seinen toten Vater, der ihn nicht mehr hatte sehen können, und bekam Tränen in die Augen, und sie herzte das kleine Waisenkind und mußte wieder lächeln, und darüber schlief sie samt dem Büblein wieder ein, und als sie aufwachte, war wieder

Milch und eine Suppe gekocht und das Kind in neue Windeln gebunden.

Bald aber war die Mutter wieder gesund und stark und konnte für sich und den kleinen Augustus selber sorgen, und da kam ihr der Gedanke, daß nun der Sohn getauft werden müsse und daß sie keinen Paten für ihn habe. Da ging sie gegen Abend, als es dämmerte und aus dem Nachbarhäuschen wieder die süße Musik klang, zu dem Herrn Binßwanger hinüber. Sie klopfte schüchtern an die dunkle Türe, da rief er freundlich »herein!« und kam ihr entgegen, die Musik aber war plötzlich zu Ende, und im Zimmer stand eine kleine alte Tischlampe vor einem Buch, und alles war wie bei andern Leuten.

»Ich bin zu Euch gekommen«, sagte Frau Elisabeth, »um Euch zu danken, weil Ihr mir die gute Frau geschickt habt. Ich will sie auch gerne bezahlen, wenn ich nur erst wieder arbeiten und etwas verdienen kann. Aber jetzt habe ich eine andere Sorge. Der Bub muß getauft werden und soll Augustus heißen, wie sein Vater geheißen hat; aber ich kenne niemand und weiß keinen Paten für ihn.«

»Ja, das habe ich auch gedacht«, sagte der Nachbar und strich an seinem grauen Bart herum. »Es wäre schon gut, wenn er einen guten und reichen Paten bekäme, der für ihn sorgen kann, wenn es Euch einmal schlechtgehen sollte. Aber ich bin auch nur ein alter, einsamer Mann und habe wenig Freunde, darum kann ich Euch niemand raten, wenn Ihr nicht etwa mich selber zum Paten nehmen wollet.«

Darüber war die arme Mutter froh und dankte dem kleinen Mann und nahm ihn zum Paten. Am nächsten Sonntag trugen sie den Kleinen in die Kirche und ließen ihn taufen, und dabei erschien auch die alte Frau wieder und schenkte ihm einen Taler, und als die Mutter das nicht annehmen wollte, da sagte die alte Frau: »Nehmet nur, ich bin alt und habe, was ich brauche. Vielleicht bringt ihm der Taler Glück. Dem Herrn Binßwanger habe ich gern einmal einen Gefallen getan, wir sind alte Freunde.«

Da gingen sie miteinander heim, und Frau Elisabeth kochte

für ihre Gäste Kaffee, und der Nachbar hatte einen Kuchen mitgebracht, daß es ein richtiger Taufschmaus wurde. Als sie aber getrunken und gegessen hatten und das Kindlein längst eingeschlafen war, da sagte Herr Binßwanger bescheiden: »Jetzt bin ich also der Pate des kleinen Augustus und möchte ihm gern ein Königsschloß und einen Sack voll Goldstücke schenken, aber das habe ich nicht, ich kann ihm nur einen Taler neben den der Frau Gevatterin legen. Indessen, was ich für ihn tun kann, das soll geschehen. Frau Elisabeth, Ihr habt Eurem Buben gewiß schon viel Schönes und Gutes gewünscht. Besinnt Euch jetzt, was Euch das Beste für ihn zu sein scheint, so will ich dafür sorgen, daß es wahr werde. Ihr habt einen Wunsch für Euren Jungen frei, welchen Ihr wollt, aber nur einen, überlegt Euch den wohl, und wenn Ihr heut abend meine kleine Spieldose spielen hört, dann müßt Ihr den Wunsch Eurem Kleinen ins linke Ohr sagen, so wird er in Erfüllung gehen.«

Damit nahm er schnell Abschied, und die Gevatterin ging mit ihm weg, und Frau Elisabeth blieb allein und ganz verwundert zurück, und wenn die beiden Taler nicht in der Wiege gelegen und der Kuchen auf dem Tisch gestanden wäre, so hätte sie alles für einen Traum gehalten. Da setzte sie sich neben die Wiege und wiegte ihr Kind und sann und dachte sich schöne Wünsche aus. Zuerst wollte sie ihn reich werden lassen, oder schön, oder gewaltig stark, oder gescheit und klug, aber überall war ein Bedenken dabei, und schließlich dachte sie: Ach, es ist ja doch nur ein Scherz von dem alten Männlein gewesen.

Es war schon dunkel geworden, und sie wäre beinahe sitzend bei der Wiege eingeschlafen, müde von der Bewirtung und von den Sorgen und den vielen Wünschen, da klang vom Nachbarhause herüber eine feine, sanfte Musik, so zart und köstlich, wie sie noch von keiner Spieldose gehört worden ist. Bei diesem Klang besann sich Frau Elisabeth und kam zu sich, und jetzt glaubte sie wieder an den Nachbar Binßwanger und sein Patengeschenk, und je mehr sie sich besann und je mehr sie wünschen wollte, desto mehr geriet ihr alles in den Gedanken durcheinander, daß sie sich für nichts entscheiden konnte. Sie wurde ganz bekümmert und hatte Tränen in den Augen, da klang die Musik leiser und schwächer, und sie dachte, wenn sie jetzt im Augenblick ihren Wunsch nicht täte, so wäre es zu spät und alles verloren.

Da seufzte sie auf und bog sich zu ihrem Knaben hinunter und flüsterte ihm ins linke Ohr: »Mein Söhnlein, ich wünsche dir – wünsche dir –«, und als die schöne Musik schon ganz am Verklingen war, erschrak sie und sagte schnell: »Ich wünsche dir, daß alle Menschen dich liebhaben müssen.«

Die Töne waren jetzt verklungen, und es war totenstill in dem dunklen Zimmer. Sie aber warf sich über die Wiege und weinte und war voll Angst und Bangigkeit und rief: »Ach, nun habe ich dir das Beste gewünscht, was ich weiß, und doch ist es vielleicht nicht das Richtige gewesen. Und wenn auch alle, alle Menschen dich liebhaben werden, so kann doch niemand mehr dich so liebhaben wie deine Mutter.«

Augustus wuchs nun heran wie andre Kinder, er war ein hübscher, blonder Knabe mit hellen, mutigen Augen, den die Mutter verwöhnte und der überall wohlgelitten war. Frau Elisabeth merkte schon bald, daß ihr Tauftagswunsch sich an dem Kind erfülle, denn kaum war der Kleine so alt, daß er gehen konnte und auf die Gasse und zu andern Leuten kam, so fand ihn jedermann hübsch und keck und klug wie selten ein Kind, und jedermann gab ihm die Hand, sah ihm in die Augen und zeigte ihm seine Gunst. Junge Mütter lächelten ihm zu, und alte Weiblein schenkten ihm Äpfel, und wenn er irgendwo eine Unart verübte, glaubte niemand, daß er es gewesen sei, oder wenn es nicht zu leugnen war, zuckte man die Achseln und sagte: »Man kann dem netten Kerlchen wahrhaftig nichts übelnehmen.«

Es kamen Leute, die auf den schönen Knaben aufmerksam geworden waren, zu seiner Muter, und sie, die niemand gekannt und früher nur wenig Näharbeit ins Haus bekommen hatte, wurde jetzt als die Mutter des Augustus wohlbekannt und hatte mehr Gönner, als sie sich je gewünscht hätte. Es ging ihr gut und dem Jungen auch, und wohin sie miteinander kamen, da freute sich die Nachbarschaft, grüßte und sah den Glücklichen nach.

Das Schönste hatte Augustus nebenan bei seinem Paten; der rief ihn zuweilen am Abend in sein Häuschen, da war es dunkel, und nur im schwarzen Kaminloch brannte eine kleine, rote Flamme, und der kleine, alte Mann zog das Kind zu sich auf ein Fell am Boden und sah mit ihm in die stille Flamme und erzählte ihm lange Geschichten. Aber manchmal, wenn so eine lange Geschichte zu Ende und der Kleine ganz schläfrig geworden war und in der dunklen Stille mit halboffenen Augen nach dem Feuer schaute, dann kam aus der Dunkelheit eine süße, vielstimmige Musik hervorgeklungen, und wenn die beiden ihr lange und verschwiegen zugehört hatten, dann geschah es oft, daß unversehens die ganze Stube voll kleiner glänzender Kinder war, die flogen mit hellen, goldenen Flügeln in Kreisen hin und wieder und wie in schönen Tänzen kunstvoll umeinander und in Paaren. Und dazu sangen sie, und es klang hundertfach voll Freude und heiterer Schönheit zusammen. Das war das Schönste, was Augustus je gehört und gesehen hatte, und wenn er später an seine Kindheit dachte, so war es die stille, finstere Stube des alten Paten und die rote Flamme im Kamin mit der Musik und mit dem festlichen, goldenen Zauberflug der Engelwesen, die ihm in der Erinnerung wieder emporstieg und Heimweh machte.

Indessen wurde der Knabe größer, und jetzt gab es für seine Mutter zuweilen Stunden, wo sie traurig war und an jene Taufnacht zurückdenken mußte. Augustus lief fröhlich in den Nachbargassen umher und war überall willkommen, er bekam Nüsse und Birnen, Kuchen und Spielsachen geschenkt, man gab ihm zu essen und zu trinken, ließ ihn auf dem Knie reiten und in den Gärten Blumen pflücken, und oft kam er erst spät am Abend wieder heim und schob die Suppe der Mutter widerwillig beiseite. Wenn sie dann betrübt war und weinte, fand er es langweilig und ging mürrisch in sein Bettlein; und wenn sie ihn einmal schalt und strafte, schrie er heftig und beklagte sich, daß alle Leute lieb und nett mit ihm seien, bloß seine Mutter nicht. Da hatte sie oft betrübte Stunden, und manchmal erzürnte sie sich ernstlich über ihren Jungen, aber wenn er nachher schlafend in seinen Kissen lag und auf dem unschuldigen Kindergesicht ihr Kerzenlicht schimmerte, dann verging alle Härte in ihrem Herzen und sie küßte ihn vorsichtig, daß er nicht erwache. Es war ihre eigene Schuld, daß alle Leute den Augustus gern hatten, und sie dachte manchmal mit Trauer und beinahe mit einem Schrecken, daß es vielleicht besser gewesen wäre, sie hätte jenen Wunsch niemals getan.

Einmal stand sie gerade beim Geranienfenster des Herrn Binßwanger und schnitt mit einer kleinen Schere die verwelkten Blumen aus den Stöcken, da hörte sie in dem Hof, der hinter den beiden Häusern war, die Stimme ihres Jungen, und sie bog sich vor, um hinüberzusehen. Sie sah ihn an der Mauer lehnen, mit seinem hübschen und ein wenig stolzen Gesicht, und vor ihm stand ein Mädchen, größer als er, das sah ihn bittend an und sagte: »Gelt, du bist lieb und gibst mir einen Kuß?«

»Ich mag nicht«, sagte Augustus und steckte die Hände in die Taschen.

»O doch, bitte«, sagte sie wieder. »Ich will dir ja auch etwas Schönes schenken.«

»Was denn?« fragte der Junge.

»Ich habe zwei Äpfel«, sagte sie schüchtern.

Aber er drehte sich um und schnitt eine Grimasse.

»Äpfel mag ich keine«, sagte er verächtlich und wollte weglaufen.

Das Mädchen hielt ihn aber fest und sagte schmeichelnd: »Du, ich habe auch einen schönen Fingerring.«

»Zeig ihn her!« sagte Augustus.

Sie zeigte ihm ihren Fingerring her, und er sah ihn genau an, dann zog er ihn von ihrem Finger und tat ihn auf seine eigenen, hielt ihn ans Licht und fand Gefallen daran.

»Also, dann kannst du ja einen Kuß haben«, sagte er obenhin und gab dem Mädchen einen flüchtigen Kuß auf den Mund.

»Willst du jetzt mit mir spielen kommen?« fragte sie zutraulich und hing sich an seinen Arm.

Aber er stieß sie weg und rief heftig: »Laß mich jetzt doch endlich in Ruhe! Ich habe andre Kinder, mit denen ich spielen kann.«

Während das Mädchen zu weinen begann und vom Hofe schlich, schnitt er ein gelangweiltes und ärgerliches Gesicht; dann drehte er seinen Ring um den Finger und beschaute ihn, und dann fing er an zu pfeifen und ging langsam davon.

Seine Mutter aber stand mit der Blumenschere in der Hand und war erschrocken über die Härte und Verächtlichkeit, mit welcher ihr Kind die Liebe der andern hinnahm. Sie ließ die Blumen stehen und stand kopfschüttelnd und sagte immer wieder vor sich hin: »Er ist ja böse, er hat ja gar kein Herz.«

Aber bald darauf, als Augustus heimkam und sie ihn zur Rede stellte, da schaute er sie lachend aus blauen Augen an und hatte kein Gefühl einer Schuld, und dann fing er an zu singen und ihr zu schmeicheln und war so drollig und nett und zärtlich mit ihr, daß sie lachen mußte und wohl sah, man dürfe bei Kindern nicht alles gleich so ernst nehmen.

Indessen gingen dem Jungen seine Übeltaten nicht ohne alle Strafe hin. Der Pate Binßwanger war der einzige, vor dem er Ehrfurcht hatte, und wenn er am Abend zu ihm in die Stube kam und der Pate sagte: »Heute brennt kein Feuer im Kamin, und es gibt keine Musik, die kleinen Engelkinder sind traurig, weil du so böse warst«, dann ging er schweigend hinaus und heim und warf sich auf sein Bett und weinte, und nachher gab er sich manchen Tag lang Mühe, gut und lieb zu sein.

Jedoch das Feuer im Kamin brannte seltener und seltener, und der Pate war nicht mit Tränen und nicht mit Liebkosungen zu bestechen. Als Augustus zwölf Jahre alt war, da war ihm der zauberische Engelflug in der Patenstube schon ein ferner Traum geworden, und wenn er ihn einmal in der Nacht geträumt hatte, dann war er am nächsten Tag doppelt wild und laut und kommandierte seine vielen Kameraden als Feldherr über alle Hecken weg.

Seine Mutter war es längst müde, von allen Leuten das Lob ihres Knaben zu hören, und wie fein und herzig er sei, sie hatte nur noch Sorgen um ihn. Und als eines Tages sein Lehrer zu ihr kam und ihr erzählte, er wisse jemand, der erbötig sei, den Knaben in fremde Schulen zu schicken und studieren zu lassen, da hatte sie eine Besprechung mit dem Nachbar, und bald darauf, an einem Frühlingsmorgen, kam ein Wagen gefahren, und Augustus in einem neuen, schönen Kleide stieg hinein und sagte seiner Mutter und dem Paten und den Nachbarsleuten Lebewohl, weil er in die Hauptstadt reisen und studieren durfte. Seine Mutter hatte ihm zum letzten Male die blonden Haare schön gescheitelt und den Segen über ihn gesprochen, und nun zogen die Pferde an, und Augustus reiste in die fremde Welt.

Nach manchen Jahren, als der junge Augustus ein Student geworden war und rote Mützen und einen Schnurrbart trug, da kam er einmal wieder in seine Heimat gefahren, weil der Pate ihm geschrieben hatte, seine Mutter sei so krank, daß sie nicht mehr lange leben könne. Der Jüngling kam am Abend an, und die Leute sahen mit Bewunderung zu, wie er aus dem Wagen stieg und wie der Kutscher ihm einen großen ledernen Koffer in das Häuschen nachtrug. Die Mutter aber lag sterbend in dem alten, niederen Zimmer, und als der schöne Student in weißen Kissen ein weißes, welkes Gesicht liegen sah, das ihn nur noch mit stillen Augen begrüßen konnte, da sank er weinend an der Bettstatt nieder und küßte seiner Mutter kühle Hände und kniete bei ihr die ganze Nacht, bis die Hände kalt und die Augen erloschen waren.

Und als sie die Mutter begraben hatten, da nahm ihn der Pate Binßwanger am Arm und ging mit ihm in sein Häuschen, das schien dem jungen Menschen noch niedriger und dunkler geworden, und als sie lange beisammengesessen waren und nur die kleinen Fenster noch schwach in der Dunkelheit schimmerten, da strich der kleine alte Mann mit hageren Fingern über seinen grauen Bart und sagte zu Augustus: »Ich will ein Feuer im Kamin anmachen, dann brauchen wir die Lampe nicht. Ich weiß, du mußt morgen wieder davonreisen, und jetzt, wo deine

Mutter tot ist, wird man dich ja so bald nicht wiedersehen.«

Indem er das sagte, zündete er ein kleines Feuer im Kamin an und rückte seinen Sessel näher hinzu, und der Student den seinen, und dann saßen sie wieder eine lange Weile und blickten auf die verglühenden Scheiter, bis die Funken spärlicher flogen, und da sagte der Alte sanft: »Lebe wohl, Augustus, ich wünsche dir Gutes. Du hast eine brave Mutter gehabt, und sie hat mehr an dir getan, als du weißt. Gern hätte ich dir noch einmal Musik gemacht und die kleinen Seligen gezeigt, aber du weißt, das geht nicht mehr. Indessen sollst du sie nicht vergessen und sollst wissen, daß sie noch immer singen und daß auch du sie vielleicht einmal wieder hören kannst, wenn du einst mit einem einsamen und sehnsüchtigen Herzen nach ihnen verlangst. Gib mir jetzt die Hand, mein Junge, ich bin alt und muß schlafen gehen.«

Augustus gab ihm die Hand und konnte nichts sagen, er ging traurig in das verödete Häuschen hinüber und legte sich zum letzten Male in der alten Heimat schlafen, und ehe er einschlief, meinte er von drüben ganz fern und leise die süße Musik seiner Kindheit wieder zu hören. Am nächsten Morgen ging er davon, und man hörte lange nichts mehr von ihm.

Bald vergaß er auch den Paten Binßwanger und seine Engel. Das reiche Leben schwoll rings um ihn, und er fuhr auf seinen Wellen mit. Niemand konnte so wie er durch schallende Gassen reiten und die aufschauenden Mädchen mit spöttischen Blicken grüßen, niemand verstand so leicht und hinreißend zu tanzen, so flott und fein im Wagen zu kutschieren, so laut und prangend eine Sommernacht im Garten zu verzechen. Die reiche Witwe, deren Geliebter er war, gab ihm Geld und Kleider und Pferde und alles, was er brauchte und haben wollte, mit ihr reiste er nach Paris und Rom und schlief in ihrem seidenen Bett. Seine Liebe aber war eine sanfte, blonde Bürgerstochter, die er nachts mit Gefahr in ihres Vaters Garten besuchte und die ihm lange, heiße Briefe schrieb, wenn er auf Reisen war.

Aber einmal kam er nicht wieder. Er hatte Freunde in Paris gefunden, und weil die reiche Geliebte ihm langweilig geworden und das Studium ihm längst verdrießlich war, blieb er im fernen Land und lebte wie die große Welt, hielt Pferde, Hunde, Weiber, verlor Geld und gewann Geld in großen Goldrollen, und überall waren Menschen, die ihm nachliefen und sich ihm zu eigen gaben und ihm dienten, und er lächelte und nahm es hin, wie er einst als Knabe den Ring des kleinen Mädchens hingenommen hatte. Der Wunschzauber lag in seinen Augen und auf seinen Lippen, Frauen umgaben ihn mit Zärtlichkeit und Freunde schwärmten für ihn, und niemand sah – er selber fühlte es kaum –, wie sein Herz leer und habgierig geworden war und seine Seele krank und leidend war. Zuweilen wurde er es müde, so von allen geliebt zu sein, und ging allein verkleidet durch fremde Städte, und überall fand er die Menschen töricht und allzu leicht zu gewinnen, und überall schien ihm die Liebe lächerlich, die ihm so eifrig nachlief und mit so wenigem zufrieden war. Frauen und Männer wurden ihm oft zum Ekel, daß sie nicht stolzer waren, und ganze Tage brachte er allein mit seinen Hunden hin oder in schönen Jagdgebieten im Gebirge, und ein Hirsch, den er beschlichen und geschossen hatte, machte ihn froher als die Werbung einer schönen und verwöhnten Frau.

Da sah er einstmals auf einer Seereise die junge Frau eines Gesandten, eine strenge, schlanke Dame aus nordländischem Adel, die stand zwischen vielen andern vornehmen Frauen und weltmännischen Menschen wundervoll abgesondert, stolz und schweigsam, als wäre niemand ihresgleichen, und als er sie sah und beobachtete und wie ihr Blick auch ihn nur flüchtig und gleichgültig zu streifen schien, war ihm so, als erfahre er jetzt zum allerersten Male, was Liebe sei, und er nahm sich vor, ihre Liebe zu gewinnen, und war von da an zu jeder Stunde des Tages in ihrer Nähe und unter ihren Augen, und weil er selbst immerzu von Frauen und Männern umgeben war, die ihn bewunderten und seinen Umgang suchten, stand er mit der schönen Strengen inmitten der Reisegesellschaft wie ein Fürst mit seiner Fürstin, und auch der Mann der Blonden zeichnete ihn aus und bemühte sich, ihm zu gefallen.

Nie war es ihm möglich, mit der Fremden allein zu sein, bis

in einer Hafenstadt des Südens die ganze Reisegesellschaft vom Schiffe ging, um ein paar Stunden in der fremden Stadt umherzugehen und wieder eine Weile Erde unter den Sohlen zu fühlen. Da wich er nicht von der Geliebten, bis es ihm gelang, sie im Gewühl eines bunten Marktplatzes im Gespräch zurückzuhalten. Unendlich viele kleine, finstere Gassen mündeten auf diesen Platz, in eine solche Gasse führte er sie, die ihm vertraute, und da sie plötzlich sich mit ihm allein fühlte und scheu wurde und ihre Gesellschaft nicht mehr sah, wandte er sich ihr leuchtend zu, nahm ihre zögernden Hände in seine und bat sie flehend, hier mit ihm am Lande zu bleiben und zu fliehen.

Die Fremde war bleich geworden und hielt den Blick zu Boden gewendet. »Oh, das ist nicht ritterlich«, sagte sie leise. »Lassen Sie mich vergessen, was Sie da gesagt haben!«

»Ich bin kein Ritter«, rief Augustus, »ich bin ein Liebender, und ein Liebender weiß nichts anderes als die Geliebte, und hat keinen Gedanken, als bei ihr zu sein. Ach, du Schöne, komm mit, wir werden glücklich sein.«

Sie sah ihn aus ihren hellblauen Augen ernst und strafend an: »Woher konnten Sie denn wissen«, flüsterte sie klagend, »daß ich Sie liebe? Ich kann nicht lügen: ich habe Sie lieb und habe oft gewünscht, Sie möchten mein Mann sein. Denn Sie sind der erste, den ich von Herzen geliebt habe. Ach, wie kann Liebe sich so weit verirren! Ich hätte niemals gedacht, daß es mir möglich wäre, einen Menschen zu lieben, der nicht rein und gut ist. Aber tausendmal lieber will ich bei meinem Manne bleiben, den ich wenig liebe, der aber ein Ritter und voll Ehre und Adel ist, welche Sie nicht kennen. Und nun reden Sie kein Wort mehr zu mir und bringen Sie mich an das Schiff zurück, sonst rufe ich fremde Menschen um Hilfe gegen Ihre Frechheit an.«

Und ob er bat und ob er knirschte, sie wandte sich von ihm und wäre allein gegangen, wenn er nicht schweigend sich zu ihr gesellt und sie zum Schiff begleitet hätte. Dort ließ er seine Koffer an Land bringen und nahm von niemand Abschied.

Von da an neigte sich das Glück des Vielgeliebten. Tugend und Ehrbarkeit waren ihm verhaßt geworden, er trat sie mit Füßen, und es wurde sein Vergnügen, tugendhafte Frauen mit allen Künsten seines Zaubers zu verführen und arglose Menschen, die er rasch zu Freunden gewann, auszubeuten und dann mit Hohn zu verlassen. Er machte Frauen und Mädchen arm, die er dann alsbald verleugnete, und er suchte sich Jünglinge aus edlen Häusern aus, die er verführte und verdarb. Kein Genuß, den er nicht suchte und erschöpfte; kein Laster, das er nicht lernte und wieder wegwarf. Aber es war keine Freude mehr in seinem Herzen, und von der Liebe, die ihm überall entgegenkam, klang nichts in seiner Seele wider.

In einem schönen Landhaus am Meer wohnte er finster und verdrossen und quälte die Frauen und die Freunde, die ihn dort besuchten, mit den tollsten Launen und Bosheiten. Er sehnte sich danach, die Menschen zu erniedrigen und ihnen alle Verachtung zu zeigen; er war es satt und überdrüssig, von unerbetener, unverlangter, unverdienter Liebe umgeben zu sein; er fühlte den Unwert seines vergeudeten und zerstörten Lebens, das nie gegeben und immer nur genommen hatte. Manchmal hungerte er eine Zeit, nur um doch wieder einmal ein rechtes Begehren zu fühlen und ein Verlangen stillen zu können.

Es verbreitete sich unter seinen Freunden die Nachricht, er sei krank und bedürfe der Ruhe und Einsamkeit. Es kamen Briefe, die er niemals las, und besorgte Menschen fragten bei der Dienerschaft nach seinem Befinden. Er aber saß allein und tief vergrämt im Saal über dem Meere, sein Leben lag leer und verwüstet hinter ihm, unfruchtbar und ohne Spur der Liebe wie die graue wogende Salzflut. Er sah häßlich aus, wie er da im Sessel am hohen Fenster kauerte und mit sich selber Abrechnung hielt. Die weißen Möwen trieben im Strandwinde vorüber, er folgte ihnen mit leeren Blicken, aus denen jede Freude und jede Teilnahme verschwunden war. Nur seine Lippen lächelten hart und böse, als er mit seinen Gedanken zu Ende war und dem Kammerdiener schellte. Und nun ließ er alle seine Freunde auf einen bestimmten Tag zu einem Fest einladen; seine Absicht aber war, die Ankommenden durch den Anblick eines leeren Hauses und seiner eigenen Leiche zu erschrecken und zu verhöhnen. Denn er war entschlossen, sich vorher mit Gift das Leben zu nehmen.

Am Abend nun vor dem vermeintlichen Fest sandte er seine ganze Dienerschaft aus dem Hause, daß es still in den großen Räumen wurde, und begab sich in sein Schlafzimmer, mischte ein starkes Gift in ein Glas Zyperwein und setzte es an die Lippen.

Als er eben trinken wollte, wurde an seine Türe gepocht, und da er nicht Antwort gab, ging die Tür auf, und es trat ein kleiner alter Mann herein. Der ging auf Augustus zu, nahm ihm sorglich das volle Glas aus den Händen und sagte mit einer wohlbekannten Stimme: »Guten Abend, Augustus, wie geht es dir?«

Der Überraschte, ärgerlich und beschämt, lächelte voll Spott und sagte: »Herr Binßwanger, leben Sie auch noch? Es ist lange her, und Sie scheinen wahrhaftig nicht älter geworden zu sein. Aber im Augenblick stören Sie hier, lieber Mann, ich bin müde und will eben einen Schlaftrunk nehmen.«

»Das sehe ich«, antwortete der Pate ruhig. »Du willst einen Schlaftrunk nehmen, und du hast recht, es ist dies der letzte Wein, der dir noch helfen kann. Zuvor aber wollen wir einen Augenblick plaudern, mein Junge, und da ich einen weiten Weg hinter mir habe, wirst du nicht böse sein, wenn ich mich mit einem kleinen Schluck erfrische.«

Damit nahm er das Glas und setzte es an den Mund, und ehe Augustus ihn zurückhalten konnte, hob er es hoch und trank es in einem raschen Zuge aus.

Augustus war todesbleich geworden. Er stürzte auf den Paten los, schüttelte ihn an den Schultern und schrie gellend: »Alter Mann, weißt du, was du da getrunken hast?«

Herr Binßwanger nickte mit dem klugen grauen Kopf und lächelte: »Es ist Zyperwein, wie ich sehe, und er ist nicht schlecht. Mangel scheinst du nicht zu leiden. Aber ich habe wenig Zeit und will dich nicht lange belästigen, wenn du mich anhören magst.«

Der verstörte Mensch sah dem Paten mit Entsetzen in die hellen Augen und erwartete von Augenblick zu Augenblick, ihn niedersinken zu sehen.

Der Pate setzte sich indessen mit Behagen auf einen Stuhl und nickte seinem jungen Freunde gütig zu.

»Hast du Sorge, der Schluck Wein könnte mir schaden? Da sei nur ruhig! Es ist freundlich von dir, daß du Sorge um mich hast, ich hätte es gar nicht vermutet. Aber jetzt laß uns einmal reden wie in der alten Zeit! Mir scheint, du hast das leichte Leben satt bekommen? Das kann ich verstehen, und wenn ich weggehe, kannst du ja dein Glas wieder vollmachen und austrinken. Aber vorher muß ich dir etwas erzählen.«

Augustus lehnte sich an die Wand und horchte auf die gute, wohlige Stimme des uralten Männleins, die ihm von Kinderzeiten her vertraut war und die Schatten der Vergangenheit in seiner Seele wachrief. Eine tiefe Scham und Trauer ergriff ihn, als sähe er seiner eigenen unschuldigen Kindheit in die Augen.

»Dein Gift habe ich ausgetrunken«, fuhr der Alte fort, »weil ich es bin, der an deinem Elend schuldig ist. Deine Mutter hat bei deiner Taufe einen Wunsch für dich getan, und ich habe ihr den Wunsch erfüllt, obwohl er töricht war. Du brauchst ihn nicht zu kennen, er ist ein Fluch geworden, wie du ja selber gespürt hast. Es tut mir leid, daß es so gegangen ist, und es möchte mich wohl freuen, wenn ich es noch erlebte, daß du einmal wieder bei mir daheim vor dem Kamin sitzest und die Englein singen hörst. Das ist nicht leicht, und im Augenblick scheint es dir vielleicht unmöglich, daß dein Herz je wieder gesund und rein und heiter werden könne. Es ist aber möglich, und ich möchte dich bitten, es zu versuchen. Der Wunsch deiner armen Mutter ist dir schlecht bekommen, Augustus. Wie wäre es nun, wenn du mir erlaubtest, auch dir noch einen Wunsch zu erfüllen, irgendeinen? Du wirst wohl nicht Geld und Gut begehren, und auch nicht Macht und Frauenliebe, davon du genug gehabt hast. Besinne dich, und wenn du meinst, einen

Zauber zu wissen, der dein verdorbenes Leben wieder schöner und besser und dich wieder einmal froh machen könnte, dann wünsche ihn dir!«

In tiefen Gedanken saß Augustus und schwieg, er war aber zu müde und hoffnungslos, und so sagte er nach einer Weile: »Ich danke dir, Pate Binßwanger, aber ich glaube, mein Leben läßt sich mit keinem Kamm wieder glattstreichen. Es ist besser, ich tue, was ich zu tun gedachte, als du hereinkamst. Aber ich danke dir doch, daß du gekommen bist.«

»Ja«, sagte der Alte bedächtig, »ich kann mir denken, daß es dir nicht leichtfällt. Aber vielleicht kannst du dich noch einmal besinnen, Augustus, vielleicht fällt dir das ein, was dir bis jetzt am meisten gefehlt hat, oder vielleicht kannst du dich an die früheren Zeiten erinnern, wo die Mutter noch lebte, und wo du manchmal am Abend zu mir gekommen bist. Da bist du doch zuweilen glücklich gewesen, nicht?«

»Ja, damals«, nickte Augustus, und das Bild seiner strahlenden Lebensfrühe sah ihm fern und bleich wie aus einem uralten Spiegel entgegen. »Aber das kann nicht wiederkommen. Ich kann nicht wünschen, wieder ein Kind zu sein. Ach, da finge doch alles wieder von vorne an!«

»Nein, das hätte keinen Sinn, da hast du recht. Aber denke noch einmal an die Zeit bei uns daheim und an das arme Mädchen, das du als Student bei Nacht in ihres Vaters Garten besucht hast, und denke auch an die schöne blonde Frau, mit der du einmal auf dem Meerschiff gefahren bist, und denke an alle Augenblicke, wo du einmal glücklich gewesen bist und wo das Leben dir gut und wertvoll erschien. Vielleicht kannst du das erkennen, was dich damals glücklich gemacht hat, und kannst dir das wünschen. Tu es, mir zuliebe, mein Junge!«

Augustus schloß die Augen und sah auf sein Leben zurück, wie man aus einem dunklen Gange nach jenem fernen Lichtpunkt sieht, von dem man hergekommen ist, und er sah wieder, wie es einst hell und schön um ihn gewesen und dann langsam dunkler und dunkler geworden war, bis er ganz im Finstern stand und nichts ihn mehr erfreuen konnte. Und je mehr er nachdachte und sich erinnerte, desto schöner und liebenswerter und begehrenswerter blickte der ferne kleine Lichtschein herüber, und schließlich erkannte er ihn, und Tränen stürzten aus seinen Augen.

»Ich will es versuchen«, sagte er zu seinem Paten. »Nimm den alten Zauber von mir, der mir nicht geholfen hat, und gib mir dafür, daß ich die Menschen liebhaben kann!«

Weinend kniete er vor seinem alten Freunde und fühlte schon im Niedersinken, wie die Liebe zu diesem alten Manne in ihm brannte und nach vergessenen Worten und Gebärden rang. Der Pate aber nahm ihn sanft, der kleine Mann, auf seine Arme und trug ihn zum Lager, da legte er ihn nieder und strich ihm die Haare aus der heißen Stirn.

»Es ist gut«, flüsterte er ihm leise zu, »es ist gut, mein Kind, es wird alles gut werden.«

Darüber fühlte Augustus sich von einer schweren Müdigkeit überfallen, als sei er im Augenblick um viele Jahre gealtert, er fiel in einen tiefen Schlaf, und der alte Mann ging still aus dem verlassenen Hause.

Augustus erwachte von einem wilden Lärm, der das hallende Haus erfüllte, und als er sich erhob und die nächste Tür öffnete, fand er den Saal und alle Räume voll von seinen ehemaligen Freunden, die zu dem Fest gekommen waren und das Haus leer gefunden hatten. Sie waren erbost und enttäuscht, und er ging ihnen entgegen, um sie alle wie sonst mit einem Lächeln und einem Scherzwort zurückzugewinnen; aber er fühlte plötzlich, daß diese Macht von ihm gewichen war. Kaum sahen sie ihn, so begannen sie alle zugleich auf ihn einzuschreien, und als er hilflos lächelte und abwehrend die Hände ausstreckte, fielen sie wütend über ihn her.

»Du Gauner«, schrie einer, »wo ist das Geld, das du mir schuldig bist?« Und ein anderer: »Und das Pferd, das du mir geliehen habe?« Und eine hübsche, zornige Frau: »Alle Welt weiß meine Geheimnisse, die du ausgeplaudert hast. O wie ich dich hasse, du Scheusal!« Und ein hohläugiger junger Mensch schrie mit verzerrtem Gesicht: »Weißt du, was du aus mir gemacht hast, du Satan, du Jugendverderber?«

Und so ging es weiter, und jeder häufte Schmach und Schimpf auf ihn, und jeder hatte recht, und viele schlugen ihn, und als sie gingen und im Gehen die Spiegel zerschlugen und viele von den Kostbarkeiten mitnahmen, erhob sich Augustus vom Boden, geschlagen und verunehrt, und als er in sein Schlafzimmer trat und in den Spiegel blickte, um sich zu waschen, da schaute sein Gesicht ihm welk und häßlich entgegen, die roten Augen tränten, und von der Stirne tropfte Blut.

»Das ist die Vergeltung«, sagte er zu sich selber und wusch das Blut von seinem Gesicht, und kaum hatte er sich ein wenig besonnen, da drang von neuem Lärm ins Haus und Menschen kamen die Treppen heraufgestürmt: Geldleiher, denen er sein Haus verpfändet hatte, und ein Gatte, dessen Frau er verführt hatte, und Väter, deren Söhne durch ihn verlockt ins Laster und Elend gekommen waren, und entlassene Diener und Mägde, Polizei und Advokaten, und eine Stunde später saß er gefesselt in einem Wagen und wurde ins Gefängnis geführt. Hinterher schrie das Volk und sang Spottlieder, und ein Gassenjunge warf durchs Fenster dem Davongeführten eine Handvoll Kot ins Gesicht.

Da war die Stadt voll von den Schandtaten dieses Menschen, den so viele gekannt und geliebt hatten. Kein Laster, dessen er nicht angeklagt war, und keines, das er verleugnete. Menschen, die er lange vergessen hatte, standen vor den Richtern und sagten Dinge aus, die er vor Jahren getan hatte; Diener die er beschenkt und die ihn bestohlen, erzählten die Geheimnisse seiner Laster, und jedes Gesicht war voll von Abscheu und Haß, und keiner war da, der für ihn sprach, der ihn lobte, der ihn entschuldigte, der sich an Gutes von ihm erinnerte.

Er ließ alles geschehen, ließ sich in die Zelle und aus der Zelle vor die Richter und vor die Zeugen führen, er blickte verwundert und traurig aus kranken Augen in die vielen bösen, entrüsteten, gehässigen Gesichter, und in jedem sah er unter der Rinde von Haß und Entstellung einen heimlichen Liebreiz und Schein des Herzens glimmen. Alle diese hatten ihn einst geliebt, und er keinen von ihnen, nun tat er allen Abbitte und suchte bei jedem sich an etwas Gutes zu erinnern.

Am Ende wurde er in ein Gefängnis gesteckt, und niemand durfte zu ihm kommen, da sprach er in Fieberträumen mit seiner Mutter und mit seiner ersten Geliebten, mit dem Paten Binßwanger und mit der nordischen Dame vom Schiff, und wenn er erwachte und furchtbare Tage einsam und verloren saß, dann litt er alle Pein der Sehnsucht und Verlassenheit und schmachtete nach dem Anblick von Menschen, wie er nie nach irgendeinem Genusse oder nach irgendeinem Besitz geschmachtet hate.

Und als er aus dem Gefängnis kam, da war er krank und alt, und niemand kannte ihn mehr. Die Welt ging ihren Gang, man fuhr und ritt und promenierte in den Gassen, Früchte und Blumen, Spielzeug und Zeitungen wurden feilgeboten, nur an Augustus wandte sich niemand. Schöne Frauen, die er einst bei Musik und Champagner in seinen Armen gehalten hatten, fuhren in Equipagen an ihm vorbei, und hinter ihren Wagen schlug der Staub über Augustus zusammen.

Die furchtbare Leere und Einsamkeit aber, in welcher er mitten in seinem prächtigen Leben erstickt war, die hatte ihn ganz verlassen. Wenn er in ein Haustor trat, um sich für Augenblicke vor der Sonnenglut zu schützen, oder wenn er im Hof eines Hinterhauses um einen Schluck Wasser bat, dann wunderte er sich darüber, wie mürrisch und feindselig ihn die Menschen anhörten, dieselben, die ihm früher auf stolze und lieblose Worte dankbar und mit leuchtenden Augen geantwortet hatten. Ihn aber freute und ergriff und rührte jetzt der Anblick jedes Menschen, er liebte die Kinder, die er spielen und zur Schule gehen sah, und er liebte die alten Leute, die vor ihrem Häuschen auf der Bank saßen und die welken Hände an der Sonne wärmten. Wenn er einen jungen Burschen sah, der ein Mädchen mit sehnsüchtigen Blicken verfolgte, oder einen Arbeiter, der heimkehrend am Feierabend seine Kinder auf die Arme nahm, oder einen feinen, klugen Arzt, der still und eilig im Wagen dahinfuhr und an seine Kranken dachte, oder auch eine arme, schlechtgekleidete Dirne, die am Abend in der Vorstadt bei einer Laterne wartete und sogar ihm, dem Verstoßenen, ihre Liebe anbot, dann waren alle diese seine Brüder und Schwestern, und jeder trug die Erinnerung an eine geliebte Mutter und an eine bessere Herkunft oder das heimliche Zeichen einer schöneren und edleren Bestimmung an sich und jeder war ihm lieb und merkwürdig und gab ihm Anlaß zum Nachdenken, und keiner war schlechter, als er selbst sich fühlte.

Augustus beschloß, durch die Welt zu wandern und einen Ort zu suchen, wo es ihm möglich wäre, den Menschen irgendwie zu nützen und ihnen seine Liebe zu zeigen. Er mußte sich daran gewöhnen, daß sein Anblick niemanden mehr froh machte; sein Gesicht war eingefallen, seine Kleider und Schuhe waren die eines Bettlers, auch seine Stimme und sein Gang hatten nichts mehr von dem, was einst die Leute erfreut und bezaubert hatte. Die Kinder fürchteten ihn, weil sein struppiger grauer Bart lang herunterhing, die Wohlgekleideten scheuten seine Nähe, in der sie sich unwohl und beschmutzt fühlten, und die Armen mißtrauten ihm als einem Fremden, der ihnen ihre paar Bissen wegschnappen wollte. So hatte er Mühe, den Menschen zu dienen. Aber er lernte und ließ sich nichts verdrießen. Er sah ein kleines Kind sich nach der Türklinke des Bäckerladens strecken und sie mit dem Händchen nicht erreichen. Dem konnte er helfen, und manchmal fand sich auch einer, der noch ärmer war als er selbst, ein Blinder oder Gelähmter, dem er ein wenig auf seinem Wege helfen und wohltun konnte. Und wo er das nicht konnte, da gab er doch freudig das wenige, was er hatte, einen hellen, gütigen Blick und einen brüderlichen Gruß, eine Gebärde des Verstehens und des Mitleidens. Er lernte es auf seinen Wegen den Leuten ansehen, was sie von ihm erwarteten, woran sie Freude haben würden: der eine an einem lauten, frischen Gruß, der andere an einem stillen Blick und wieder einer daran, daß man ihm auswich und ihn nicht störte. Er wunderte sich täglich, wieviel Elend es auf der Welt gäbe, und wie vergnügt doch die Menschen

sein können, und er fand es herrlich und begeisternd, immer
wieder zu sehen, wie neben jedem Leid ein frohes Lachen,
neben jedem Totengeläut ein Kindergesang, neben jeder Not
und Gemeinheit eine Artigkeit, ein Witz, ein Trost, ein Lächeln
zu finden war.

Das Menschenleben schien ihm vorzüglich eingerichtet. Wenn
er um die Ecke bog, und es kam ihm eine Horde Schulbuben
entgegengesprungen, wie blitzte da Mut und Lebenslust und
junge Schönheit aus allen Augen, und wenn sie ihn ein wenig
hänselten und plagten, so war das nicht so schlimm: es war
sogar zu begreifen, er fand sich selber, wenn er sich in einem
Schaufenster oder beim Trinken im Brunnen gespiegelt sah,
recht welk und dürftig von Ansehen. Nein, für ihn konnte es
sich nicht mehr darum handeln, den Leuten zu gefallen oder
Macht auszuüben, davon hatte er genug gehabt. Für ihn war
es jetzt schön und erbaulich, andere auf jenen Bahnen streben
und sich fühlen zu sehen, die er einst gegangen war, und wie
alle Menschen so eifrig und mit soviel Kraft und Stolz und
Freude ihren Zielen nachgingen, das war ihm ein wunderbares
Schauspiel.

Indessen wurde es Winter und wieder Sommer, Augustus lag
lange Zeit in einem Armenspital krank, und hier genoß er still
und dankbar das Glück, arme, niedergeworfene Menschen mit
hundert zähen Kräften und Wünschen am Leben hängen und
den Tod überwinden zu sehen. Herrlich war es, in den Zügen
der Schwerkranken die Geduld und in den Augen der Gene-
senden die helle Lebenslust gedeihen zu sehen, und schön waren auch die stillen, würdigen Gesichter der Gestorbenen, und
schöner als dies alles war die Liebe und Geduld der hübschen,
reinlichen Pflegerinnen. Aber auch diese Zeit ging zu Ende,
der Herbstwind blies, und Augustus wanderte weiter, dem
Winter entgegen, und eine seltsame Ungeduld ergriff ihn, als
er sah, wie unendlich langsam er vorwärts kam, da er doch
noch überall hinkommen und noch so vielen, vielen Menschen
in die Augen sehen wollte. Sein Haar war grau geworden, und
seine Augen lächelten blöde hinter roten, kranken Lidern, und

allmählich war auch sein Gedächtnis trübe geworden, so daß ihm schien, er habe die Welt niemals anders gesehen als heute; aber er war zufrieden und fand die Welt durchaus herrlich und liebenswert.

So kam er mit dem Einbruch des Winters in eine Stadt; der Schnee trieb durch die dunkeln Straßen, und ein paar späte Gassenbuben warfen dem Wanderer Schneeballen nach, sonst aber war alles schon abendlich still. Augustus war sehr müde, da kam er in eine schmale Gasse, die schien ihm wohlbekannt, und wieder in eine, und da stand seiner Mutter Haus und das Haus des Paten Binßwanger, klein und alt im kalten Schneetreiben, und beim Paten war ein Fenster hell, das schimmerte rot und friedlich durch die Winternacht.

Augustus ging hinein und pochte an die Stubentür, und der kleine Mann kam ihm entgegen und führte ihn schweigend in seine Stube, da war es warm und still und ein kleines, helles Feuer brannte im Kamin.

»Bist du hungrig?« fragte der Pate. Aber Augustus war nicht hungrig, er lächelte nur und schüttelte den Kopf.

»Aber müde wirst du sein?« fragte der Pate wieder, und er breitete sein altes Fell auf dem Boden aus, und da kauerten die beiden alten Leute nebeneinander und sahen ins Feuer.

»Du hast einen weiten Weg gehabt«, sagte der Pate.

»Oh, es war sehr schön, ich bin nur ein wenig müde geworden. Darf ich bei dir schlafen? Dann will ich morgen weitergehen.«

»Ja, das kannst du. Und willst du nicht auch die Engel wieder tanzen sehen?«

»Die Engel? O ja, das will ich wohl, wenn ich einmal wieder ein Kind sein werde.«

»Wir haben uns lange nicht mehr gesehen«, fing der Pate wieder an. »Du bist so hübsch geworden, deine Augen sind wieder so gut und sanft wie in der alten Zeit, wo deine Mutter noch am Leben war. Es war freundlich von dir, mich zu besuchen.«

Der Wanderer in seinen zerrissenen Kleidern saß zusammengesunken neben seinem Freunde. Er war noch nie so müde

89

gewesen, und die schöne Wärme und der Feuerschein machten ihn verwirrt, so daß er zwischen heute und damals nicht mehr deutlich unterscheiden konnte.

»Pate Binßwanger«, sagte er, »ich bin wieder unartig gewesen, und die Mutter hat daheim geweint. Du mußt mit ihr reden und ihr sagen, daß ich wieder gut sein will. Willst du?«

»Ich will«, sagte der Pate, »sei nur ruhig, sie hat dich ja lieb.«

Nun war das Feuer kleingebrannt, und Augustus starrte mit denselben großen schläfrigen Augen in die schwache Röte, wie einstmals in seiner früheren Kindheit, und der Pate nahm seinen Kopf auf den Schoß, eine feine, frohe Musik klang zart und selig durch die finstere Stube, und tausend kleine, strahlende Geister kamen geschwebt und kreisten frohmütig in kunstvollen Verschlingungen umeinander und in Paaren durch die Luft. Und Augustus schaute und lauschte und tat alle seine zarten Kindersinne weit dem wiedergefundenen Paradiese auf.

Einmal war ihm, als habe ihn seine Mutter gerufen; aber er war zu müde, und der Pate hatte ihm ja versprochen, mit ihr zu reden. Und als er eingeschlafen war, legte ihm der Pate die Hände zusammen und lauschte an seinem still gewordenen Herzen, bis es in der Stube völlig Nacht geworden war.

(1913)

Der Dichter

Es wird erzählt, daß der chinesische Dichter Han Fook in seiner Jugend von einem wunderbaren Drang beseelt war, alles zu lernen und sich in allem zu vervollkommnen, was zur Dichtkunst irgend gehört. Er war damals, da er noch in seiner Heimat am Gelben Flusse lebte, auf seinen Wunsch und mit Hilfe seiner Eltern, die ihn zärtlich liebten, mit einem Fräulein aus gutem Hause verlobt worden, und die Hochzeit sollte nun bald auf einen glückverheißenden Tag festgesetzt werden. Han Fook war damals etwa zwanzig Jahre alt und ein hübscher Jüngling, bescheiden und von angenehmen Umgangsformen, in den Wissenschaften unterrichtet und trotz seiner Jugend schon durch manche vorzügliche Gedichte unter den Literaten seiner Heimat bekannt. Ohne gerade reich zu sein, hatte er doch ein auskömmliches Vermögen zu erwarten, das durch die Mitgift seiner Braut noch erhöht wurde, und da diese Braut außerdem sehr schön und tugendhaft war, schien an dem Glücke des Jünglings nichts mehr zu fehlen. Dennoch war er nicht ganz zufrieden, denn sein Herz war von dem Ehrgeiz erfüllt, ein vollkommener Dichter zu werden.

Da geschah es an einem Abend, da ein Lampenfest auf dem Flusse begangen wurde, daß Han Fook allein am jenseitigen Ufer des Flusses wandelte. Er lehnte sich an den Stamm eines Baumes, der sich über das Wasser neigte, und sah im Spiegel des Flusses tausend Lichter schwimmen und zittern, er sah auf den Booten und Flößen Männer und Frauen und junge Mädchen einander begrüßen und in festlichen Gewändern wie schöne Blumen glänzen, er hörte das schwache Gemurmel der beleuchteten Wasser, den Gesang der Sängerinnen, das Schwirren der Zither und die süßen Töne der Flötenbläser, und über dem allen sah er die bläuliche Nacht wie das Gewölbe eines Tempels schweben. Dem Jünglinge schlug das Herz, da er als einsamer Zuschauer, seiner Laune folgend, alle diese

Schönheit betrachtete. Aber so sehr ihn verlangte, hinüberzu-
gehen und dabeizusein und in der Nähe seiner Braut und seiner
Freunde das Fest zu genießen, so begehrte er dennoch weit
sehnlicher, dies alles als ein feiner Zuschauer aufzunehmen und
in einem ganz vollkommenen Gedichte widerzuspiegeln: die
Bläue der Nacht und das Lichterspiel des Wassers sowohl wie
die Lust der Festgäste und die Sehnsucht des stillen Zuschauers,
der am Stamm des Baumes über dem Ufer lehnt. Er empfand,
daß ihm bei allen Festen und aller Lust dieser Erde doch niemals ganz und gar wohl und heiter ums Herz sein könnte, daß
er auch inmitten des Lebens ein Einsamer und gewissermaßen
ein Zuschauer und Fremdling bleiben würde, und er empfand,
daß seine Seele unter vielen anderen allein so beschaffen sei,
daß er zugleich die Schönheit der Erde und das heimliche Verlangen des Fremdlings fühlen mußte. Darüber wurde er traurig
und sann dieser Sache nach, und das Ziel seiner Gedanken
war dieses, daß ihm ein wahres Glück und eine tiefe Sättigung
nur dann zuteil werden könnte, wenn es ihm einmal gelänge,
die Welt so vollkommen in Gedichten zu spiegeln, daß er in
diesen Spiegelbildern die Welt selbst geläutert und verewigt
besäße.

Kaum wußte Han Fook, ob er noch wache oder eingeschlummert sei, als er ein leises Geräusch vernahm und neben dem
Baumstamm einen Unbekannten stehen sah, einen alten Mann
in einem violetten Gewande und mit ehrwürdigen Mienen. Er
richtete sich auf und begrüßte ihn mit dem Gruß, der den Greisen und Vornehmen zukommt, der Fremde aber lächelte und
sprach einige Verse, in denen war alles, was der junge Mann
soeben empfunden hatte, so vollkommen und schön und nach
den Regeln der großen Dichter ausgedrückt, daß dem Jüngling
vor Staunen das Herz stillstand.

»Oh, wer bist du«, rief er, indem er sich tief verneigte, »der
du in meine Seele sehen kannst und schönere Verse sprichst,
als ich je von allen meinen Lehrern vernommen habe?«

Der Fremde lächelte abermals mit dem Lächeln der Vollen-
deten und sagte: »Wenn du ein Dichter werden willst, so komm

92

zu mir. Du findest meine Hütte bei der Quelle des großen Flusses in den nordwestlichen Bergen. Mein Name ist Meister des vollkommenen Wortes.«

Damit trat der alte Mann in den schmalen Schatten des Baumes und war alsbald verschwunden, und Han Fook, der ihn vergebens suchte und keine Spur von ihm mehr fand, glaubte nun fest, daß alles ein Traum der Müdigkeit gewesen sei. Er eilte zu den Booten hinüber und wohnte dem Feste bei, aber zwischen Gespräch und Flötenklang vernahm er immerzu die geheimnisvolle Stimme des Fremden, und seine Seele schien mit jenem dahingegangen, denn er saß fremd und mit träumenden Augen unter den Fröhlichen, die ihn mit seiner Verliebtheit neckten.

Wenige Tage später wollte Han Fooks Vater seine Freunde und Verwandten berufen, um den Tag der Vermählung zu bestimmen. Da widersetzte sich der Bräutigam und sagte: »Verzeihe mir, wenn ich gegen den Gehorsam zu verstoßen scheine, den der Sohn dem Vater schuldet. Aber du weißt, wie sehr es mein Verlangen ist, in der Kunst der Dichter mich auszuzeichnen, und wenn auch einige meiner Freunde meine Gedichte loben, so weiß ich doch wohl, daß ich noch ein Anfänger und noch auf den ersten Stufen des Weges bin. Darum bitte ich dich, laß mich noch eine Weile in die Einsamkeit gehen und meinen Studien nachhängen, denn mir scheint, wenn ich erst eine Frau und ein Haus zu regieren habe, wird dies mich von jenen Dingen abhalten. Jetzt aber bin ich noch jung und ohne andere Pflichten und möchte noch eine Zeit allein für meine Dichtkunst leben, von der ich Freude und Ruhm erhoffe.«

Die Rede setzte den Vater in Erstaunen, und er sagte: »Diese Kunst muß dir wohl über alles lieb sein, da du ihretwegen sogar deine Hochzeit verschieben willst. Oder ist etwas zwischen dich und deine Braut gekommen, so sage es mir, daß ich dir helfen kann, sie zu versöhnen oder dir eine andere zu verschaffen.«

Der Sohn schwur aber, daß er seine Braut nicht weniger liebe als gestern und immer und daß nicht der Schatten eines Streites zwischen ihn und sie gefallen sei. Und zugleich erzählte er seinem Vater, daß ihm durch einen Traum am Tag des Lampenfestes ein Meister kundgeworden sei, dessen Schüler zu werden er sehnlicher wünsche als alles Glück der Welt.

»Wohl«, sprach der Vater, »so gebe ich dir ein Jahr. In dieser Zeit magst du deinem Traum nachgehen, der vielleicht von einem Gott zu dir gesandt worden ist.«

»Es mögen auch zwei Jahre werden«, sagte Han Fook zögernd, »wer will das wissen?«

Da ließ ihn der Vater gehen und war betrübt, der Jüngling aber schrieb seiner Braut einen Brief, verabschiedete sich und zog davon.

Als er sehr lange gewandert war, erreichte er die Quelle des Flusses und fand in großer Einsamkeit eine Bambushütte stehen, und vor der Hütte saß auf einer geflochtenen Matte der alte Mann, den er am Ufer bei dem Baumstamm gesehen hatte. Er saß und spielte die Laute, und als er den Gast sich mit Ehrfurcht nähern sah, erhob er sich nicht, noch grüßte er ihn, sondern lächelte nur und ließ die zarten Finger über die Saiten laufen, und eine zauberhafte Musik floß wie eine silberne Wolke durch das Tal, daß der Jüngling stand und sich verwunderte und in süßem Erstaunen alles andere vergaß, bis der Meister des vollkommenen Wortes seine kleine Laute beiseite legte und in die Hütte trat. Da folgte ihm Han Fook mit Ehrfurcht und blieb bei ihm als sein Diener und Schüler.

Ein Monat verging, da hatte er gelernt, alle Lieder, die er zuvor gedichtet hatte, zu verachten, und er tilgte sie aus seinem Gedächtnisse. Und wieder nach Monaten tilgte er auch die Lieder, die er daheim von seinen Lehrern gelernt hatte, aus seinem Gedächtnis. Der Meister sprach kaum ein Wort mit ihm, er lehrte ihn schweigend die Kunst des Lautenspieles, bis das Wesen des Schülers ganz von Musik durchflossen war. Einst machte Han Fook ein kleines Gedicht, worin er den Flug zweier Vögel am herbstlichen Himmel beschrieb und das ihm wohlgefiel. Er wagte nicht, es dem Meister zu zeigen, aber er sang es eines Abends abseits von der Hütte, und der Meister hörte es wohl. Er sagte jedoch kein Wort. Er spielte nur leise auf seiner Laute, und alsbald ward die Luft kühl und die Dämmerung beschleunigt, ein scharfer Wind erhob sich, obwohl es mitten im Sommer war, und über den grau gewordenen Himmel flogen zwei Reiher in mächtiger Wandersehnsucht, und alles dies war so viel schöner und vollkommener als des Schülers Verse, daß dieser traurig wurde und schwieg und sich wertlos fühlte. Und so tat der Alte jedesmal, und als ein Jahr vergangen war, da hatte Han Fook das Lautenspiel beinahe vollkommen erlernt, die Kunst der Dichtung aber sah er immer schwerer und erhabener stehen.

Als zwei Jahre vergangen waren, spürte der Jüngling ein heftiges Heimweh nach den Seinigen, nach der Heimat und nach seiner Braut, und er bat den Meister, ihn reisen zu lassen.

Der Meister lächelte und nickte. »Du bist frei«, sagte er, »und kannst gehen, wohin du willst. Du magst wiederkommen, du magst wegbleiben, ganz wie es dir gefällt.«

Da machte sich der Schüler auf die Reise und wanderte rastlos, bis er eines Morgens in der Dämmerung am heimatlichen Ufer stand und über die gewölbte Brücke nach seiner Vaterstadt hinübersah. Er schlich verstohlen in seines Vaters Garten und hörte durchs Fenster des Schlafzimmers seines Vaters Atem gehen, der noch schlief, und er stahl sich in den Baumgarten beim Hause seiner Braut und sah vom Wipfel eines Birnbaumes, den er erstieg, seine Braut in der Kammer stehen und ihre Haare kämmen. Und indem er dies alles, wie er es mit seinen Augen sah, mit dem Bilde verglich, das er in seinem Heimweh davon gemalt hatte, ward es ihm deutlich, daß er doch zum Dichter bestimmt sei, und er sah, daß in den Träumen der Dichter eine Schönheit und Anmut wohnt, die man in den Dingen der Wirklichkeit vergeblich sucht. Und er stieg von dem Baume herab und floh aus dem Garten und über die Brücke aus seiner Vaterstadt und kehrte in das hohe Tal im Gebirge zurück. Da saß wie einstmals der alte Meister vor seiner Hütte auf der bescheidenen Matte und schlug mit seinen Fingern die Laute, und statt der Begrüßung sprach er zwei

Verse von den Beglückungen der Kunst, bei deren Tiefe und Wohllaut dem Jünger die Augen voll Tränen wurden.

Wieder blieb Han Fook bei dem Meister des vollkommenen Wortes, der ihn nun, da er die Laute beherrschte, auf der Zither unterrichtete, und die Monate schwanden hinweg wie Schnee im Westwinde. Noch zweimal geschah es, daß ihn das Heimweh übermannte. Das eine Mal lief er heimlich in der Nacht davon, aber noch ehe er die letzte Krümmung des Tales erreicht hatte, lief der Nachtwind über die Zither, die in der Tür der Hütte hing, und die Töne flohen ihm nach und riefen ihn zurück, daß er nicht widerstehen konnte. Das andere Mal aber träumte ihm, er pflanze einen jungen Baum in seinen Garten, und sein Weib stünde dabei, und seine Kinder begössen den Baum mit Wein und Milch. Als er erwachte, schien der Mond in seine Kammer, und er erhob sich verstört und sah nebenan den Meister im Schlummer liegen und seinen greisen Bart sachte zittern; da überfiel ihn ein bitterer Haß gegen diesen Menschen, der, wie ihm schien, sein Leben zerstört und ihn um seine Zukunft betrogen habe. Er wollte sich über ihn stürzen und ihn ermorden, da schlug der Greis die Augen auf und begann alsbald mit einer feinen, traurigen Sanftmut zu lächeln, die den Schüler entwaffnete.

»Erinnere dich, Han Fook«, sagte der Alte leise, »du bist frei, zu tun, was dir beliebt. Du magst in deine Heimat gehen und Bäume pflanzen, du magst mich hassen und erschlagen, es ist wenig daran gelegen.«

»Ach, wie könnte ich dich hassen«, rief der Dichter in heftiger Bewegung. »Das ist, als ob ich den Himmel selbst hassen wollte.«

Und er blieb und lernte die Zither spielen, und danach die Flöte, und später begann er unter des Meisters Anweisung Gedichte zu machen, und er lernte langsam jene heimliche Kunst, scheinbar nur das Einfache und Schlichte zu sagen, damit aber in des Zuhörers Seele zu wühlen wie der Wind in einem Wasserspiegel. Er beschrieb das Kommen der Sonne, wie sie am Rand des Gebirges zögert, und das lautlose Huschen der Fische, wenn sie wie Schatten unter dem Wasser hinfliehen, oder das Wiegen einer jungen Weide im Frühlingswind, und wenn man es hörte, so war es nicht die Sonne und das Spiel der Fische und das Flüstern der Weide allein, sondern es schien der Himmel und die Welt jedesmal für einen Augenblick in vollkommener Musik zusammenzuklingen, und jeder Hörer dachte dabei mit Lust oder Schmerzen an das, was er liebte oder haßte, der Knabe ans Spiel, der Jüngling an die Geliebte und der Alte an den Tod.

Han Fook wußte nicht mehr, wie viele Jahre er bei dem Meister an der Quelle des großen Flusses verweilt habe; oft schien es ihm, als sei er erst gestern abend in dieses Tal getreten und vom Saitenspiel des Alten empfangen worden, oft auch war ihm, als seien hinter ihm alle Menschenalter und Zeiten hinabgefallen und wesenlos geworden.

Da erwachte er eines Morgens allein in der Hütte, und wo er auch suchte und rief, der Meister war verschwunden. Über Nacht schien plötzlich der Herbst gekommen, ein rauher Winter rüttelte an der alten Hütte, und über den Grat des Gebirges flogen große Scharen von Zugvögeln, obwohl es noch nicht ihre Zeit war.

Da nahm Han Fook die kleine Laute mit sich und stieg in das Land seiner Heimat hinab, und wo er zu Menschen kam, begrüßten sie ihn mit dem Gruß, der den Alten und Vornehmen zukommt, und als er in seine Vaterstadt kam, da waren sein Vater und seine Braut und seine Verwandtschaft gestorben, und andere Menschen wohnten in ihren Häusern. Am Abend aber wurde das Lampenfest auf dem Flusse gefeiert, und der Dichter Han Fook stand jenseits auf dem dunkleren Ufer, an den Stamm eines alten Baumes gelehnt, und als er auf seiner kleinen Laute zu spielen begann, da seufzten die Frauen und blickten entzückt und beklommen in die Nacht, und die jungen Mädchen riefen nach dem Lautenspieler, den sie nirgends finden konnten, und riefen laut, daß noch keiner von ihnen jemals solche Töne einer Laute gehört habe. Han Fook aber lächelte. Er schaute in den Fluß, wo die Spiegelbilder der tausend Lampen schwammen; und wie er die Spiegelbilder nicht mehr von den wirklichen zu unterscheiden wußte, so fand er in seiner Seele keinen Unterschied zwischen diesem Feste und jenem ersten, da er hier als ein Jüngling gestanden war und die Worte des fremden Meisters vernommen hatte.

(1913)

Der Waldmensch

Im Anfang der ersten Zeitalter, noch ehe die junge Menschheit sich über die Erde verbreitet hatte, waren die Waldmenschen. Diese lebten eng und scheu in der Dämmerung der tropischen Urwälder, stets im Streit mit ihren Verwandten, den Affen, und über ihrem Tun und Sein stand als einzige Gottheit und einziges Gesetz: der Wald. Der Wald war Heimat, Schutzort, Wiege, Nest und Grab, und außerhalb des Waldes vermochte man sich kein Leben zu denken. Man vermied es, bis an seine Ränder vorzudringen, und wer je durch besondere Schicksale auf Jagd oder Flucht dorthin verschlagen worden war, der erzählte zitternd und geängstigt von der weißen Leere draußen, wo man das furchtbare Nichts im tödlichen Sonnenbrande gleißen sähe. Es lebte ein alter Waldmann, der war vor Jahrzehnten, durch wilde Tiere verfolgt, über den äußersten Rand des Waldes hinaus geflohen und alsbald blind geworden. Er war jetzt eine Art Priester und Heiliger und hieß mata dalam (der das Auge inwendig hat); er hatte das heilige Waldlied gedichtet, das bei großen Gewittern gesungen wurde, und auf ihn hörten die Waldleute. Daß er die Sonne mit Augen gesehen hatte, ohne daran zu sterben, das war sein Ruhm und sein Geheimnis.

Die Waldmenschen waren klein und braun und stark behaart, sie gingen vorgebückt und hatten scheue Wildaugen. Sie konnten wie Menschen und wie Affen gehen und fühlten sich hoch im Geäst des Waldes ebenso sicher wie am Boden. Häuser und Hütten kannten sie noch nicht, wohl aber mancherlei Waffen und Gerätschaften, auch Schmuck. Sie verstanden Bogen, Pfeile, Lanzen und Streitkolben aus harten Hölzern zu machen, Halsbänder aus Bast und mit getrockneten Beeren oder Nüssen behängt, auch trugen sie um den Hals oder im Haar ihre Kostbarkeiten: Eberzahn, Tigerkralle, Papageienfeder, Flußmuschel. Mitten durch den unendlichen Wald floß der große Strom, die Waldmenschen wagten sein Ufer aber nur in dunkler

Nacht zu betreten, und viele hatten ihn nie gesehen. Die Mutigeren schlichen zuweilen des Nachts aus dem Dickicht hervor, scheu und lauernd, dann sahen sie im schwachen Schimmer die Elefanten baden, blickten durch die überhängenden Baumwipfel und sahen erschrocken im Netzwerk der vielarmigen Mangrovebäume die glänzenden Sterne hängen. Die Sonne sahen sie niemals, und es galt schon für äußerst gefährlich, ihr Spiegelbild im Sommer zu erblicken.

Zu jenem Stamme von Waldleuten, welchem der blinde mata dalam vorstand, gehörte auch der Jüngling Kubu, und er war der Führer und Vertreter der Jungen und Unzufriedenen. Es gab nämlich Unzufriedene, seit mata dalam älter und herrschsüchtiger geworden war. Bisher war es sein Vorrecht gewesen, daß er, der Blinde, von den andern mit Speise versorgt wurde, auch fragte man ihn um Rat und sang sein Waldlied. Allmählich aber führte er allerlei neue und lästige Bräuche ein, welche ihm, wie er sagte, von der Gottheit des Waldes im Traum waren geoffenbart worden. Ein paar Junge und Zweifler aber behaupteten, der Alte sei ein Betrüger und suche nur seinen eigenen Vorteil.

Das Neueste, was mata dalam eingeführt hatte, war eine Neumondfeier, wobei er in der Mitte eines Kreises saß und die Rindentrommel schlug. Die anderen Waldleute aber mußten so lange im Kreise tanzen und das Lied golo elah dazu singen, bis sie todmüde waren und in die Knie sanken. Dann mußte ein jeder sich das linke Ohr mit einem Dorn durchbohren, und die jungen Weiber mußten zu dem Priester geführt werden, und er durchbohrte einer jeden das Ohr mit einem Dorn.

Dieser Sitte hatte sich Kubu samt einigen seiner Altersgenossen entzogen, und ihr Bestreben war, auch die jungen Mädchen zum Widerstand zu überreden. Einmal hatten sie Aussicht, zu siegen und die Macht des Priesters zu brechen. Der Alte nämlich hielt wieder Neumondfest und durchbohrte den Weibchen das linke Ohr. Ein kräftiger Junge aber schrie dabei furchtbar und leistete Widerstand, und darüber passierte es dem Blinden, daß er mit dem Dorn ins Auge stach, und das Auge lief aus.

Jetzt schrie das Mädchen so verzweifelt, daß alle herbeiliefen, und als man sah, was geschehen war, schwieg man betroffen und unwillig. Als aber nun die Jungen sich triumphierend dareinmischten und als der Kubu den Priester an der Schulter zu packen wagte, da stand der Alte vor seiner Trommel auf und sagte mit krähend höhnischer Stimme einen so grauenhaften Fluch, daß alle entsetzt zurückflohen und dem Jüngling selber das Herz vor Entsetzen gefror. Der alte Priester sagte Worte, deren genauen Sinn niemand verstehen konnte, deren Art und Ton aber wild und grausig an die gefürchteten heiligen Worte der Gottesdienste anklang. Und er verfluchte des Jünglings Augen, die er dem Geier zum Fraße zusprach, und verfluchte seine Eingeweide, von welchen er prophezeite, sie werden eines Tages im freien Felde in der Sonne rösten. Dann aber befahl der Priester, der im Augenblick mehr Macht hatte als jemals, das junge Mädchen nochmals zu sich und stieß ihr den Dorn auch ins zweite Auge, und jedermann sah es mit Entsetzen, und niemand wagte zu atmen.

»Du wirst draußen sterben«, hatte der Alte dem Kubu geflucht, und seither mied man den Jüngling als einen Hoffnungslosen. »Draußen« – das hieß: außerhalb der Heimat, außerhalb des dämmernden Waldes! »Draußen«, das bedeutete Schrecken, Sonnenbrand und glühende, tödliche Leere.

Entsetzt war Kubu weit hinweg geflohen und als er sah, daß jedermann vor ihm zurückwich, da verbarg er sich in einem hohlen Stamme und gab sich verloren. Tage und Nächte lag er, wechselnd zwischen Todesangst und Trotz, und ungewiß, ob nun die Leute seines Stammes kommen würden, ihn zu erschlagen, oder ob die Sonne selbst durch den Wald brechen, ihn belagern und erjagen und erlegen werde. Es kam aber weder Pfeil noch Lanze, weder Sonne noch Blitzstrahl, es kam nichts als eine tiefe Erschlaffung und die brüllende Stimme des Hungers.

Da stand Kubu wieder auf und kroch aus dem Baume, nüchtern und beinahe mit einem Gefühl von Enttäuschung.

»Es ist nichts mit dem Fluch des Priesters«, dachte er verwundert, und dann suchte er sich Speise, und als er gegessen hatte und wieder das Leben durch seine Glieder kreisen fühlte, da kam Stolz und Haß in seine Seele zurück. Jetzt wollte er nicht mehr zu den Seinen zurückkehren. Jetzt wollte er ein Einsamer und Ausgestoßener sein, einer, den man haßte und dem der Priester, das blinde Vieh, ohmächtige Verfluchungen nachrief. Er wollte allein sein und allein bleiben, zuvor aber wollte er seine Rache nehmen.

Und er ging und sann. Er dachte über alles nach, was ihm jemals Zweifel erweckt hatte und als Trug erschienen war, und vor allem über die Trommel des Priesters und seine Feste, und je mehr er dachte und je länger er allein war, desto klarer konnte er sehen: ja, es war Trug, es war alles nur Trug und Lüge. Und da er schon so weit war, dachte er noch weiter und richtete sein wachsam gewordenes Mißtrauen vollends auf alles, was als wahr und heilig galt. Wie stand es zum Beispiel mit dem Waldgotte und mit dem heiligen Waldliede? Oh, auch damit war es nichts, auch das war Schwindel! Und ein heimliches Entsetzen überwindend, stimmte er das Waldlied an, höhnisch mit verächtlicher Stimme und alle Worte verdrehend, und er rief dreimal den Namen der Waldgottheit, den außer dem Priester niemand bei Todesstrafe nennen durfte, und es blieb alles ruhig, und kein Sturm brach los, und kein Blitz zuckte nieder!

Manche Tage und Wochen irrte der Vereinsamte so umher, Falten über den Augen und mit stechendem Blick. Er ging auch, was noch niemand gewagt hatte, bei Vollmond an das Ufer des Stromes. Dort blickte er erst dem Spiegelbild des Mondes und dann dem Vollmond selber und allen Sternen lang und kühn in die Augen, und es geschah ihm kein Leid. Ganze Mondnächte saß er am Ufer, schwelgte im verbotenen Lichtrausch und pflegte seine Gedanken. Viele kühne und schreckliche Pläne stiegen in seiner Seele auf. Der Mond ist mein Freund, dachte er, und der Stern ist mein Freund, aber der alte Blinde ist mein Feind. Also ist das »Draußen« vielleicht besser als unser Drinnen, und vielleicht ist die ganze Heiligkeit des Waldes auch nur ein Gerede! Und er kam, um Generationen vor allen Menschen voraus, eines Nachts auf die verwegene und fabelhafte Idee, man könne ganz wohl einige Baumäste mit Bast zusammenbinden, sich darauf setzen und den Strom hinunterschwimmen. Seine Augen funkelten, und sein Herz schlug gewaltig. Aber es war nichts damit; der Strom war voll von Krokodilen.

Dann gab es also keinen anderen Weg in die Zukunft als den, den Wald an seinem Rande zu verlassen, falls es überhaupt ein Ende des Waldes gab, und sich alsdann der glühenden Leere, dem bösen »Draußen« anzuvertrauen. Jenes Ungeheuer, die Sonne mußte aufgesucht und bestanden werden. Denn – wer weiß? – am Ende war auch die uralte Lehre von der Furchtbarkeit der Sonne nur so eine Lüge!

Dieser Gedanke, der letzte in einer kühnen, fiebrig-wilden Reihe, machte den Kubu erzittern. Das hatte in allen Weltaltern noch niemals ein Waldmensch gewagt, freiwillig den Wald zu verlassen und sich der schrecklichen Sonne auszusetzen. Und wieder ging er Tage um Tage, seinen Gedanken tragend. Und endlich faßte er Mut. Er schlich mit Zittern am hellen Mittag gegen den Fluß, näherte sich lauernd dem glitzernden Ufer und suchte mit bangen Augen das Bildnis der Sonne im Wasser. Der Glanz schmerzte heftig in den geblendeten Augen, er mußte sie rasch wieder schließen, aber nach einer Weile wagte er es wieder und dann nochmals, und es gelang. Es war möglich, es war zu ertragen, und es machte sogar froh und mutig. Kubu hatte Vertrauen zur Sonne gefaßt. Er liebte sie, auch wenn sie ihn töten sollte, und er haßte den alten, finstern, faulen Wald, wo die Priester quäkten und wo er, der Junge und Mutige, verfemt und ausgestoßen worden war.

Jetzt war sein Entschluß reif geworden, und er pflückte die Tat wie eine süße Frucht. Mit einem neuen, zügigen Hammer aus Eisenholz, dem er einen ganz dünnen und leichten Stiel gegeben hatte, ging er in der nächsten Morgenfrühe dem mata dalam nach, fand seine Spur und fand ihn selbst, schlug ihm den Hammer auf den Kopf und sah seine Seele aus dem gekrümmten Maul entfliehen. Er legte ihm seine Waffe auf die Brust, damit man wisse, durch wen der Alte gestorben sei, und auf die glatte Fläche des Hammers hatte er mit einer Muschelscheibe mühsam eine Schilderung geritzt, einen Kreis mit mehreren geraden Strahlen: das Bildnis der Sonne.

Mutig trat er seine Wanderschaft nach dem fernen »Draußen« an und ging vom Morgen bis zur Nacht in gerader Richtung und schlief nachts im Gezweige und setzte in der Frühe sein Wandern fort, viele Tage lang, über Bäche und schwarze Sümpfe, und schließlich über ansteigendes Land und moosige Steinbänke, wie er sie nie gesehen hatte, und endlich steiler hinan, von Schluchten aufgehalten, ins Gebirge hinein, immer durch den ewigen Wald, so daß er am Ende zweifelhaft und traurig wurde und den Gedanken erwog, vielleicht möchte es doch den Geschöpfen des Waldes von einem Gotte verboten sein, ihre Heimat zu verlassen.

Und da kam er eines Abends, nachdem er seit langem immerzu gestiegen und in immer höhere, trockenere, leichtere Lüfte gekommen war, unversehens an ein Ende. Der Wald hörte auf, aber mit ihm auch der Erdboden, es stürzte hier der Wald ins Leere der Luft hinab, als wäre an dieser Stelle die Welt entzweigebrochen. Zu sehen war nichts als eine ferne schwache Röte und oben einige Sterne, denn die Nacht hatte schon begonnen.

Kubu setzte sich an den Rand der Welt und band sich an den Schlingpflanzen fest, daß er nicht hinunterfalle. In Grauen und wilder Erregung verbrachte er kauernd die Nacht, ohne ein Auge zu schließen, und beim ersten Grauen der Frühe sprang er ungeduldig auf seine Füße und wartete, über das Leere gebeugt, auf den Tag.

Gelbe Streifen schönen Lichts erglommen in der Ferne, und der Himmel schien in Erwartung zu zittern, wie Kubu zitterte, der noch niemals das Werden des Tages im weiten Luftraum gesehen hatte. Und gelbe Lichtbündel flammten auf, und plötzlich sprang jenseits der ungeheuren Weltenschlucht die Sonne groß und rot in den Himmel. Sie sprang empor aus einem endlosen grauen Nichts, welches alsbald blauschwarz wurde: das Meer.

Und vor dem zitternden Waldmann lag entschleiert das »Draußen«. Vor seinen Füßen stürzte der Berg hinab bis in unkenntliche rauchende Tiefen, gegenüber sprang rosig und juwelenhaft ein Felsgebirge empor, zur Seite lag fern und riesig das dunkle Meer, und die Küste lief weiß und schaumig mit kleinen nickenden Bäumen darum her. Und über dies alles, über diese tausend neuen, fremden gewaltigen Formen zog die Sonne herauf und wälzte einen glühenden Strom von Licht über die Welt, die in lachenden Farben entbrannte.

Kubu vermochte nicht, der Sonne ins Gesicht zu sehen. Aber er sah ihr Licht in farbigen Fluten um die Berge und Felsen und Küsten und fernen blauen Inseln strömen, und er sank nieder und neigte sein Gesicht zur Erde vor den Göttern dieser strahlenden Welt. Ach, wer war er, Kubu?! Er war ein kleines schmutziges Tier, das sein ganzes dumpfes Leben im dämmerigen Sumpfloch des dicken Waldes hingebracht hatte, scheu und finster und niederträchtigen Winkelgottheiten untertan. Aber hier war die Welt, und ihr oberster Gott war die Sonne, und der lange schmähliche Traum seines Waldlebens lag dahinten und begann schon jetzt in seiner Seele zu erlöschen wie das fahle Bild des toten Priesters. Auf Händen und Füßen kletterte Kubu den steilen Abgrund hinab, dem Licht und dem Meere entgegen, und über seine Seele zitterte in flüchtigem Glücksrausch die traumhafte Ahnung einer hellen, von der Sonne regierten Erde, auf welcher helle, befreite Wesen im Lichte lebten und niemand untertan wären als der Sonne.

(1914)

Merkwürdige Nachricht
von einem andern Stern

In einer der Südprovinzen unseres schönen Sterns war ein gräßliches Unglück geschehen. Ein von furchtbaren Gewitterstürmen und Überschwemmungen begleitetes Erdbeben hatte drei große Dörfer und alle ihre Gärten, Felder, Wälder und Pflanzungen beschädigt. Eine Menge von Menschen und Tieren war umgekommen, und, was am meisten traurig war, es fehlte durchaus an der notwendigen Menge von Blumen, um die Toten einzuhüllen und ihre Ruhestätten geziemend zu schmücken.

Für alles andere war natürlich sofort gesorgt worden. Boten mit dem großen Liebesruf hatten alsbald nach der schrecklichen Stunde die benachbarten Gegenden durcheilt, und von allen Türmen der ganzen Provinz hörte man die Vorsänger jenen rührenden und herzbewegenden Vers singen, der seit alters als der Gruß an die Göttin des Mitleids bekannt ist und dessen Tönen niemand widerstehen konnte. Es kamen aus allen Städten und Gemeinden her alsbald Züge von Mitleidigen und Hilfsbereiten herbei, und die Unglücklichen, welche das Dach über dem Haupte verloren hatten, wurden mit freundlichen Einladungen und Bitten überhäuft, hier und dort bei Verwandten, bei Freunden, bei Fremden Wohnung zu nehmen. Speise und Kleider, Wagen und Pferde, Werkzeuge, Steine und Holz und viele andere Dinge wurden von allen Seiten her zu Hilfe gebracht, und während die Greise, Weiber und Kinder noch von mildtätigen Händen tröstlich und gastlich hinweggeführt wurden, während man die Verletzten sorgfältig wusch und verband und unter den Trümmern nach den Toten suchte, da waren andere schon darangegangen, eingestürzte Dächer abzuräumen, wankende Mauern mit Balken abzustützen und alles Notwendige für den raschen Neubau vorzubereiten. Und obwohl von dem Unglück her noch ein Hauch von Grauen in den Lüften hing und von allen den Toten eine Mahnung zu Trauer und ehrerbietigem Schweigen ausging, war dennoch in allen Gesichtern und Stimmen eine freudige Bereitschaft und eine gewisse zarte Festlichkeit zu verspüren; denn die Gemeinsamkeit eines fleißigen Tuns und die erquickende Gewißheit, etwas so ungemein Notwendiges, etwas so Schönes und Dankenswertes zu tun, strömte in alle Herzen über. Anfangs war alles noch in Scheu und Schweigen geschehen, bald aber wurde da und dort eine fröhliche Stimme, ein leise zur gemeinsamen Arbeit gesungenes Lied hörbar, und wie man sich denken kann, waren unter allem, was gesungen wurde, obenan die beiden alten Spruchverse: »Selig, Hilfe zu bringen dem frisch von der Not Überfallenen; trinkt nicht sein Herz die Wohltat wie ein dürrer Garten den ersten Regen, und gibt Antwort in Blumen der Dankbarkeit?« Und jener andere: »Heiterkeit Gottes strömt aus gemeinsamem Handeln.«

Aber nun entstand ebenjener beklagenswerte Mangel an Blumen. Die Toten zwar, die man zuerst gefunden hatte, waren mit den Blumen und Zweigen geschmückt worden, welche man noch aus den zerstörten Gärten gesammelt hatte. Dann hatte man begonnen, aus den benachbarten Orten alle erreichbaren Blumen zu holen. Aber dies war eben das besondere Unglück, daß gerade die drei zerstörten Gemeinden die größten und schönsten Gärten für die Blumen dieser Jahreszeit besessen hatten. Hierher war man in jedem Jahre gekommen, um die Narzissen und die Krokus zu sehen, deren es nirgends sonst solche unabsehbare Mengen gab und so gepflegte, wunderbar gefärbte Arten; und das alles war nun zerstört und verdorben. So stand man bald ratlos und wußte nicht, wie man an allen diesen Toten das Gebot der Sitte erfüllen sollte, welches doch verlangt, daß jeder gestorbene Mensch und jedes gestorbene Tier festlich mit den Blumen der Jahreszeit geschmückt und daß seine Bestattung desto reicher und prangender begangen werde, je plötzlicher und trauriger einer ums Leben gekommen ist.

Der Älteste der Provinz, der als einer der ersten von den

Hilfebringenden in seinem Wagen erschienen war, fand sich bald so sehr von Fragen, Bitten und Klagen bestürmt, daß er Mühe hatte, seine Ruhe und Heiterkeit zu bewahren. Aber er hielt sein Herz in festen Händen, seine Augen blieben hell und freundlich, seine Stimme klar und höflich und seine Lippen unter dem weißen Barte vergaßen nicht einen Augenblick das stille und gütige Lächeln, das ihm als einem Weisen und Ratgeber anstand.

»Meine Freunde«, sagte er, »es ist ein Unglück über uns gekommen, mit welchem die Götter uns prüfen wollen. Alles, was hier vernichtet ist, werden wir unsern Brüdern bald wieder aufbauen und zurückgeben können, und ich danke den Göttern, daß ich im hohen Alter dieses noch erleben durfte, wie ihr alle gekommen seid und das Eure habet liegenlassen, um unsern Brüdern zu helfen. Wo aber nehmen wir nun die Blumen her, um alle diese Toten schön und anständig für das Fest ihrer Verwandlung zu schmücken? Denn es darf, solange wir dasind und leben, nicht geschehen, daß ein einziger von diesen müden Pilgern ohne sein richtiges Blumenopfer begraben werde. Dies ist ja wohl eure Meinung.«

»Ja«, riefen alle, »das ist auch unsere Meinung.« »Ich weiß es«, sagte der Älteste mit seiner väterlichen Stimme. »Ich will nun sagen, was wir tun müssen, ihr Freunde. Wir müssen alle jene Ermüdeten, welche wir heute nicht begraben können, in den großen Sommertempel hoch ins Gebirge bringen, wo jetzt noch der Schnee liegt. Dort sind sie sicher und werden sich nicht verändern, bis ihre Blumen herbeigeschafft sind. Aber da ist nur einer, der uns zu so vielen Blumen in dieser Jahreszeit verhelfen könnte. Das kann nur der König. Darum müssen wir einen von uns zum König senden, daß er ihn um Hilfe bitte.«

Und wieder nickten alle und riefen: »Ja, ja, zum König!«

»So ist es«, fuhr der Älteste fort, und unter dem weißen Bart sah jedermann mit Freude sein schönes Lächeln glänzen. »Wen aber sollen wir zum König schicken? Er muß jung und rüstig sein, denn der Weg ist weit, und wir müssen ihm unser bestes Pferd mitgeben. Er muß aber auch hübsch und guten Herzens sein und viel Glanz in den Augen haben, damit ihm das Herz des Königs nicht widerstehen kann. Worte braucht er nicht viele zu sagen, aber seine Augen müssen reden können. Am besten wäre es wohl, ein Kind zu senden, das hübscheste Kind aus der Gemeinde, aber wie könnte das eine solche Reise tun? Ihr müsset mir helfen, meine Freunde, und wenn einer da ist, der die Botschaft auf sich nehmen will, oder wenn jemand einen kennt und weiß, so bitte ich ihn, es zu sagen.«

Der Älteste schwieg und blickte mit seinen hellen Augen umher, es trat aber niemand vor, und keine Stimme meldete sich.

Als er seine Frage nochmals und zum drittenmal wiederholte, da kam ihm aus der Menge ein Jüngling entgegen, sechzehn Jahre alt und beinahe noch ein Knabe. Er schlug die Augen zu Boden und wurde rot, als er den Ältesten begrüßte.

Der Älteste sah ihn an und sah im Augenblick, daß dieser der rechte Bote sei. Aber er lächelte und sagte: »Das ist schön, daß du unser Bote sein willst. Aber wie kommt es denn, daß unter all diesen vielen gerade du es bist, der sich anbietet?«

Da hob der Jüngling seine Augen zu dem alten Manne auf und sagte: »Wenn kein andrer da ist, der gehen will, so lasset mich gehen.«

Einer aus der Menge aber rief: »Schicket ihn, Ältester, wir kennen ihn. Er stammt aus diesem Dorfe hier, und das Erdbeben hat seinen Blumengarten verwüstet, es war der schönste Blumengarten in unserm Ort.«

Freundlich blickte der Alte dem Knaben in die Augen und fragte: »Tut es dir so leid um deine Blumen?«

Der Jüngling gab ganz leise Antwort: »Es tut mir leid, aber nicht darum habe ich mich gemeldet. Ich habe einen lieben Freund gehabt, und auch ein junges schönes Lieblingspferd, die sind beide im Erdbeben umgekommen, und sie liegen in unsrer Halle, und es müssen Blumen dasein, damit sie begraben werden können.«

Der Älteste segnete ihn mit aufgelegten Händen, und alsbald wurde das beste Pferd für ihn ausgesucht, und er sprang augenblicklich auf den Rücken des Pferdes, klopfte ihm den Hals und nickte Abschied, dann sprengte er aus dem Dorfe und quer über die nassen und verwüsteten Felder hin von dannen.

Den ganzen Tag war der Jüngling geritten. Um schneller zu der fernen Hauptstadt und zum König zu kommen, schlug er den Weg über die Gebirge ein, und am Abend, als es zu dunkeln anfing, führte er sein Roß am Zügel einen steilen Weg durch Wald und Felsen hinan.

Ein großer dunkler Vogel, wie er noch keinen gesehen hatte, flog ihm voraus, und er folgte ihm, bis der Vogel sich auf dem Dache eines kleinen offenen Tempels niederließ. Der Jüngling ließ sein Roß im Waldgras stehen und trat zwischen den hölzernen Säulen in das einfache Heiligtum. Als Opferstein fand er nur einen Felsblock aufgestellt, einen Block aus schwarzem Gestein, wie man es in der Gegend nicht fand, und darauf das seltene Sinnbild einer Gottheit, die der Bote nicht kannte: ein Herz, an welchem ein wilder Vogel fraß.

Er bezeigte der Gottheit seine Ehrfurcht und brachte als Opfergabe eine blaue Glockenblume dar, die er am Fuß des Berges gepflückt und in sein Kleid gesteckt hatte. Alsdann legte er sich in einer Ecke nieder, denn er war sehr müde und gedachte zu schlafen.

Aber er konnte den Schlaf nicht finden, der sonst jeden Abend ungerufen an seinem Lager stand. Die Glockenblume auf dem Felsen, oder der schwarze Stein selbst, oder was es sonst war, strömte einen sonderbar tiefen und schmerzlichen Duft aus, das unheimliche Sinnbild des Gottes schimmerte geisterhaft in der finstern Halle, und auf dem Dache saß der fremde Vogel und schlug von Zeit zu Zeit gewaltig mit seinen ungeheuren Flügeln, daß es rauschte wie Sturm in den Bäumen.

So kam es, daß mitten in der Nacht sich der Jüngling erhob und aus dem Tempel trat und zu dem Vogel emporschaute. Der schlug mit den Flügeln und blickte den Jüngling an.

»Warum schläfst du nicht?« fragte der Vogel.

»Ich weiß nicht«, sagte der Jüngling. »Vielleicht, weil ich Leid erfahren habe.«

»Was für ein Leid hast du denn erfahren?«

110

»Mein Freund und mein Lieblingsroß sind beide umgekommen.«

»Ist denn Sterben so schlimm?« fragte der Vogel höhnend.

»Ach nein, großer Vogel, es ist nicht so schlimm, es ist nur ein Abschied, aber nicht darüber bin ich traurig. Schlimm ist, daß wir meinen Freund und mein schönes Pferd nicht begraben können, weil wir gar keine Blumen mehr haben.«

»Es gibt Schlimmeres als dies«, sagte der Vogel, und seine Flügel rauschten unwillig.

»Nein, Vogel, Schlimmeres gibt es gewiß nicht. Wer ohne Blumenopfer begraben wird, dem ist es verwehrt, nach seines Herzens Wunsche wiedergeboren zu werden. Und wer seine Toten begräbt und feiert nicht das Blumenfest dazu, der sieht die Schatten seiner Gestorbenen im Traum. Du siehst, schon kann ich nicht mehr schlafen, weil meine Toten noch ohne Blumen sind.«

Der Vogel schnarrte kreischend mit dem gebogenen Schnabel. »Junger Knabe, du weißt nichts von Leid, wenn du sonst nichts erfahren hast als dieses. Hast du denn nie von den großen Übeln reden hören? Vom Haß, vom Mord, von der Eifersucht?«

Der Jüngling, da er diese Worte aussprechen hörte, glaubte zu träumen. Dann besann er sich und sagte bescheiden: »Wohl, du Vogel, ich erinnere mich; davon steht in den alten Geschichten und Märchen geschrieben. Aber das ist ja außerhalb der Wirklichkeit, oder vielleicht war es einmal vor langer Zeit so auf der Welt, als es noch keine Blumen und noch keine guten Götter gab. Wer wird daran denken!«

Der Vogel lachte leise mit seiner scharfen Stimme. Dann reckte er sich höher und sagte zu dem Knaben: »Und nun willst du also zum König gehen, und ich soll dir den Weg zeigen?«

»Oh, du weißt es schon«, rief der Jüngling freudig. »Ja, wenn du mich führen willst, so bitte ich dich darum.«

Da senkte sich der große Vogel lautlos auf den Boden nieder, breitete seine Flügel lautlos auseinander und befahl dem Jüngling sein Pferd hier zurückzulassen und mit ihm zum König zu fahren.

Der Königsbote setzte sich und ritt auf dem Vogel. »Schließe die Augen!« befahl der Vogel, und er tat es, und sie flogen durch die Finsternis des Himmels lautlos und weich wie Eulenflug, nur die kalte Luft brauste an des Boten Ohren. Und sie flogen und flogen die ganze Nacht.

Als es früh am Morgen war, da hielten sie still, und der Vogel rief: »Tu deine Augen auf!« Und der Jüngling tat seine Augen auf. Da sah er, daß er am Rande eines Waldes stand, und unter ihm in der ersten Morgenhelle die glänzende Ebene, daß ihr Licht ihn blendete.

»Hier am Walde findest du mich wieder«, rief der Vogel. Er schoß in die Höhe wie ein Pfeil und war alsbald im Blauen verschwunden.

Seltsam war es dem jungen Boten, als er vom Walde in die weite Ebene hineinwanderte. Alles rings um ihn her war so verändert und verwandelt, daß er nicht wußte, ob er wach oder im Traume sei. Wiesen und Bäume standen ähnlich wie daheim, und Sonne schien, und Wind spielte in blühenden Gräsern, aber nicht Mensch noch Tier, nicht Haus noch Garten war zu sehen, sondern es schien hier gerade wie in des Jünglings Heimat ein Erdbeben gewütet zu haben; denn Trümmer von Gebäuden, zerbrochene Äste und umgerissene Bäume, zerstörte Zäune und verlorene Werkzeuge der Arbeit lagen am Boden verstreut, und plötzlich sah er da, mitten im Felde, einen toten Menschen liegen, der war nicht bestattet worden und lag grauenhaft in halber Verwesung. Der Jüngling fühlte bei diesem Anblick ein tiefes Grauen und einen Hauch von Ekel in sich aufsteigen, denn nie hatte er so etwas gesehen. Dem Toten war nicht einmal das Gesicht bedeckt, es schien von den Vögeln und von der Fäulnis schon halb zerstört, und der Jüngling brach mit abgewandten Blicken grüne Blätter und einige Blumen und deckte damit das Angesicht des Toten zu.

Ein namenlos scheußlicher und herzbeklemmender Geruch lag lau und zäh über der ganzen Ebene. Wieder lag ein Toter im Grase, von Rabenflug umkreist, und ein Pferd ohne Kopf, und Knochen von Menschen oder Tieren, und alle lagen verlassen in der Sonne, niemand schien an Blumenfest und Bestattung zu denken. Der Jüngling fürchtete, es möchte am Ende unausdenkliches Unglück alle und jeden Menschen in diesem Lande getötet haben, und es waren der Toten so manche, daß er aufhören mußte, ihnen Blumen zu brechen und das Gesicht zu bedecken. Ängstlich, mit halbgeschlossenen Augen wanderte er weiter, und von allen Seiten strömte Aasgestank und Blutgeruch, und von tausend Trümmerstätten und Leichenstätten her flutete eine immer mächtigere Woge von unsäglichem Jammer und Leid. Der Bote meinte in einem argen Traume befangen zu sein und fühlte darin eine Mahnung der Himmlischen, weil seine Toten noch ohne Blumenfest und ohne Begräbnis waren. Da kam ihm wieder in den Sinn, was heute nacht der dunkle Vogel auf dem Dach des Tempels gesprochen hatte, und er meinte wieder seine scharfe Stimme zu hören, wie er sagte: »Es gibt viel Schlimmeres.«

Nun erkannte er, daß der Vogel ihn auf einen anderen Stern gebracht habe und daß alles das, was seine Augen sahen, Wirklichkeit und Wahrheit sei. Er erinnerte sich an das Gefühl, mit dem er einigemal als Knabe schaurige Märchen aus der Urzeit hatte erzählen hören. Dieses nämliche Gefühl empfand er jetzt wieder: ein fröstelndes Grausen, und hinter dem Grausen einen stillen frohen Trost im Herzen, denn dies alles war ja unendlich fern und lang vergangen. Alles war hier wie ein Gruselmärchen, diese ganze seltsame Welt der Greuel und Leichen und Aasvögel schien ohne Sinn und ohne Zucht unverständlichen Regeln untertan, tollen Regeln, nach welchen immer das Schlechte, das Törichte, das Häßliche geschah statt des Schönen und Guten.

Indessen sah er nun einen lebendigen Menschen über das Feld gehen, einen Bauern oder Knecht, und er lief schnell zu ihm hinüber und rief ihn an. Als er ihn in der Nähe sah, erschrak der Jüngling, und sein Herz wurde von Mitleid überfallen, denn dieser Bauer sah furchtbar häßlich und kaum mehr wie ein Kind der Sonne aus. Er sah aus wie ein Mensch, der daran gewöhnt war, nur an sich selber zu denken, der daran gewöhnt war, daß überall stets das Falsche, das Häßliche und Schlimme geschah, wie ein Mensch, der immerfort in grauenvollen Angstträumen lebte. In seinen Augen und in seinem ganzen Gesicht und Wesen war nichts von Heiterkeit oder Güte, nichts von Dankbarkeit und Vertrauen, jede einfachste und selbstverständliche Tugend schien diesem Unglücklichen zu mangeln.

Aber der Jüngling nahm sich zusammen, er näherte sich dem Menschen mit großer Freundlichkeit, als einem vom Unglück Gezeichneten, grüßte ihn brüderlich und redete ihn mit Lächeln an. Der Häßliche stand wie erstarrt und blickte verwundert aus großen, trüben Augen. Seine Stimme war roh und ohne Musik wie das Gebrüll niederer Wesen; aber es war ihm doch nicht möglich, der Heiterkeit und dem demütigen Vertrauen in des Jünglings Blick zu widerstehen. Und als er eine Weile auf den Fremdling gestarrt hatte, brach aus seinem zerklüfteten und rohen Gesicht eine Art von Lächeln oder Grinsen – häßlich genug, aber sanft und erstaunt, wie das erste kleine Lächeln einer wiedergeborenen Seele, die soeben aus dem untersten Bezirk der Erde gekommen wäre.

»Was willst du von mir?« fragte der Mensch den fremden Jüngling.

Nach der heimatlichen Sitte gab der Jüngling Antwort: »Ich danke dir, Freund, und ich bitte dich, mir zu sagen, ob ich dir einen Dienst erweisen kann.«

Als der Bauer schwieg und staunte und verlegen lächelte, fragte ihn der Bote: »Sag mir, Freund, was ist das hier, dieses Entsetzliche und Furchtbare?« und wies mit der Hand ringsum.

Der Bauer bemühte sich, ihn zu verstehen, und als der Bote seine Frage wiederholt hatte, sagte er: »Hast du das nie gesehen? Das ist der Krieg. Das ist ein Schlachtfeld.« Er zeigte auf einen schwarzen Trümmerhaufen und rief: »Das da war mein Haus«, und als der Fremde ihm voll herzlicher Teilnahme in die unreinen Augen blickte, schlug er sie nieder und sah zu Boden.

»Habt ihr keinen König?« fragte nun der Jüngling weiter,

114

und als der Bauer bejahte, fragte er: »Wo ist er denn?« Der Mensch wies mit der Hand hinüber, wo ganz in der Weite ein Zeltlager klein und fern zu sehen war. Da nahm der Bote Abschied, indem er seine Hand auf des Menschen Stirn legte, und ging weiter. Der Bauer aber befühlte seine Stirn mit beiden Händen, schüttelte bekümmert den schweren Kopf und stand noch lange Zeit und starrte dem Fremden nach.

Der lief und lief über Schutt und Greuel hinweg, bis er an dem Zeltlager angekommen war. Da standen und liefen bewaffnete Männer überall, niemand wollte ihn sehen, und er ging zwischen den Menschen und Zelten hindurch, bis er das größte und schönste Zelt des Lagers fand, welches das Zelt des Königs war. Da ging er hinein.

Im Zelte saß auf einem einfachen niedern Lager der König, sein Mantel lag neben ihm, und hinten im tieferen Schatten hockte ein Diener, der war eingeschlafen. Der König saß gebeugt in tiefen Gedanken. Sein Gesicht war schön und traurig, ein Büschel grauen Haares hing über seine gebräunte Stirn, sein Schwert lag vor ihm am Boden.

Der Jüngling grüßte stumm in tiefer Ehrerbietung, wie er seinen eigenen König begrüßt hätte, und er blieb wartend mit auf der Brust gekreuzten Armen stehen, bis der König ihn erblickte.

»Wer bist du?« fragte er streng und zog die dunklen Brauen zusammen, aber sein Blick blieb an den reinen und heitern Zügen des Fremden hängen, und der Jüngling blickte ihn so vertrauensvoll und freundlich an, daß des Königs Stimme milder wurde.

»Ich habe dich schon einmal gesehen«, sagte er nachsinnend, »oder du gleichst jemand, den ich in meiner Kindheit kannte.«

»Ich bin ein Fremder«, sagte der Bote.

»Dann ist es ein Traum gewesen«, sagte leise der König. »Du erinnerst mich an meine Mutter. Sprich zu mir. Erzähle mir.«

Der Jüngling begann: »Ein Vogel hat mich hergebracht. In meinem Lande war ein Erdbeben, da wollten wir unsre Toten bestatten, und keine Blumen waren da.«

»Keine Blumen?« sagte der König.

»Nein, gar keine Blumen mehr. Und nicht wahr, es ist doch schlimm, wenn man einen Toten bestatten soll und kann ihm kein Blumenfest feiern; denn er soll doch in Pracht und Freuden zu seiner Verwandlung eingehen.«

Da fiel dem Boten plötzlich ein, wie viele noch nicht bestattete Toten draußen auf dem schrecklichen Felde lagen, und er hielt inne, und der König sah ihn an und nickte und seufzte schwer.

»Ich wollte zu unserm König gehen und ihn um viele Blumen bitten«, fuhr der Bote fort, »aber als ich im Tempel auf dem Gebirge war, da kam der große Vogel und sagte, er wolle mich zum König bringen, und er brachte mich durch die Lüfte zu dir. Oh, lieber König, es war der Tempel einer unbekannten Gottheit, auf dessen Dach der Vogel saß, und ein höchst seltsames Sinnbild hatte dieser Gott auf seinem Steine stehen: ein Herz, und an dem Herzen fraß ein wilder Vogel. Mit jenem großen Vogel aber hatte ich in der Nacht ein Gespräch, und erst jetzt kann ich seine Worte verstehen, denn er sagte, es gebe viel, viel mehr Leid und Schlimmes in der Welt, als ich wüßte. Und nun bin ich hier und bin über das große Feld hergekommen und habe in diesen Stunden unendliches Leid und Unglück gesehen, ach, viel mehr, als in unsren grausigsten Märchen steht. Da bin ich zu dir gekommen, o König, und ich möchte dich fragen, ob ich dir irgendeinen Dienst erweisen kann.«

Der König, welcher aufmerksam zugehört hatte, versuchte zu lächeln, aber sein schönes Gesicht war so ernst und so bitter traurig, daß er nicht lächeln konnte.

»Ich danke dir«, sagte er, »du kannst mir einen Dienst erweisen. Du hast mich an meine Mutter erinnert, dafür danke ich dir.«

Der Jüngling war betrübt darüber, daß der König nicht lächeln konnte. »Du bist so traurig«, sagte er zu ihm, »ist das wegen dieses Krieges?«

»Ja«, sagte der König.

Der Jüngling konnte sich nicht enthalten, diesem tiefbedrück-

116

ten und doch, wie er spürte, edlen Menschen gegenüber eine Regel der Höflichkeit zu verletzen, indem er ihn fragte: »Aber sage mir, ich bitte darum, warum ihr denn auf eurem Sterne solche Kriege führt? Wer hat denn Schuld daran? Hast du selbst eine Schuld daran?«

Der König starrte lange auf den Boten, er schien über die Dreistigkeit seiner Frage unwillig. Doch vermochte er nicht, seinen finstern Blick lange in dem hellen und arglosen Blick des Fremden zu spiegeln.

»Du bist ein Kind«, sagte der König, »und das sind Dinge, die du nicht verstehen könntest. Der Krieg ist niemandes Schuld, er kommt von selber wie Sturm und Blitz, und wir alle, die ihn kämpfen müssen, wir sind nicht seine Anstifter, wir sind nur seine Opfer.«

»Dann sterbet ihr wohl sehr leicht?« fragte der Jüngling. »Bei uns in der Heimat ist zwar der Tod nicht eben sehr gefürchtet, und die meisten gehen willig, und viele gehen freudig zur Verwandlung ein: doch würde niemals ein Mensch es wagen, einen andern zu töten. Auf eurem Stern muß das anders sein.«

Der König schüttelte den Kopf. »Bei uns wird zwar nicht selten getötet«, sagte er, »doch sehen wir das als das schwerste Verbrechen an. Einzig im Kriege ist es erlaubt, weil im Kriege keiner aus Haß oder Neid zum eignen Vorteil tötet, sondern alle nur das tun, was die Gemeinschaft von ihnen verlangt. Aber es ist ein Irrtum, wenn du glaubst, sie stürben leicht. Wenn du in die Gesichter unsrer Toten schaust, kannst du es sehen. Sie sterben schwer, sie sterben schwer und widerwillig.«

Der Jüngling hörte dies alles an und erstaunte über die Traurigkeit und Schwere des Lebens, das auf diesem Stern die Menschen zu führen schienen. Viele Fragen hätte er noch stellen mögen, aber er fühlte deutlich voraus, daß er den ganzen Zusammenhang dieser dunklen und schrecklichen Dinge nie begreifen würde, ja er fühlte in sich auch nicht den vollen Willen, sie zu verstehen. Entweder waren diese Beklagenswerten Wesen einer niedern Ordnung, waren noch ohne die lichten Götter und wurden von Dämonen regiert, oder aber, es war auf diesem

Sterne ein eignes Mißgeschick, ein Fehler und Irrtum waltend. Und es schien ihm allzu peinlich und grausam, diesen König weiter auszufragen und ihn zu Antworten und Bekenntnissen zu nötigen, deren jedes nur bitter und demütigend sein konnte. Diese Menschen, welche in dunkler Bangigkeit vor dem Tode lebten und dennoch einander in Menge erschlugen, diese Menschen, deren Gesichter einer so würdelosen Roheit fähig waren wie das des Bauern, und einer so tiefen und furchtbaren Trauer wie das des Königs, sie taten ihm leid und schienen ihm doch sonderbar und beinahe lächerlich, auf eine betrübende und beschämende Art lächerlich und töricht.

Aber eine Frage konnte er dennoch nicht unterdrücken. Wenn diese armen Wesen hier Zurückgebliebene waren, verspätete Kinder, Söhne eines späten friedlosen Sternes, wenn das Leben dieser Menschen so als ein zuckender Krampf verlief und in verzweifelten Totschlägen endete, wenn sie ihre Toten auf den Feldern liegenließen, ja sie vielleicht auffraßen – denn auch davon war in einigen jener Schreckensmärchen aus der Vorzeit die Rede –, so mußte doch immerhin eine Ahnung der Zukunft, ein Traum von den Göttern, etwas wie ein Keim von Seele in ihnen vorhanden sein. Sonst wäre diese ganze unschöne Welt ja nur ein Irrtum und ohne Sinn gewesen.

»Verzeihe, König«, sagte der Jüngling mit schmeichelnder Stimme, »verzeihe, wenn ich noch eine Frage an dich richte, ehe ich dein merkwürdiges Land wieder verlasse.«

»Frage nur!« lud der König ein, dem es mit diesem Fremdling sonderbar erging; denn er erschien ihm in vielen Dingen wie ein feiner, reifer und unübersehbar geweiteter Geist, in andern aber wie ein kleines Kind, das man schonen muß und nicht ganz ernst nimmt.

»Du fremder König«, war nun des Boten Rede, »du hast mich traurig gemacht. Sieh, ich komme aus einem andern Lande, und der große Vogel auf dem Dache des Tempels hat recht gehabt: es gibt hier bei euch unendlich viel mehr Jammer, als ich mir hätte erdenken können. Ein Traum der Angst scheint euer Leben zu sein, und ich weiß nicht, ob ihr von Göttern oder Dämonen regiert werdet. Sieh, König, bei uns ist eine Sage, und ich habe sie früher für Märchenwust und leeren Rauch gehalten, es ist eine Sage, daß einstmals auch bei uns solche Dinge bekannt gewesen seien wie Krieg und Mord und Verzweiflung. Diese schaudervollen Worte, welche unsre Sprache seit langem nicht mehr kennt, lesen wir in den alten Märchenbüchern, und sie klingen uns grausig und auch ein wenig lächerlich. Heute habe ich gelernt, daß dies alles Wirklichkeit ist, und ich sehe dich und die Deinigen das tun und erleiden, was ich nur aus den schrecklichen Sagen der Vorzeit gekannt hatte. Aber nun sage mir: Habt ihr nicht in eurer Seele eine Ahnung, daß ihr nicht das Richtige tuet? Habt ihr nicht eine Sehnsucht nach hellen, heitern Göttern, nach verständigen und fröhlichen Führern und Lenkern? Träumet ihr niemals im Schlaf von einem andern und schönern Leben, wo keiner will, was nicht alle wollen, wo Vernunft und Ordnung herrscht, wo die Menschen einander nicht anders begegnen als mit Heiterkeit und Schonung? Habt ihr niemals den Gedanken gedacht, es möchte die Welt ein Ganzes sein, und es möchte beglückend und heilend sein, das Ganze ahnend zu verehren und ihm in Liebe zu dienen? Wißt ihr denn nichts von dem, was wir bei uns Musik nennen, und Gottesdienst, und Seligkeit?«

Der König hatte beim Anhören dieser Worte sein Haupt gesenkt. Als er es nun erhob, da war sein Gesicht verwandelt und mit einem Schimmer von Lächeln umglänzt, obwohl ihm Tränen in den Augen standen.

»Schöner Knabe«, sagte der König, »ich weiß nicht recht, ob du ein Kind oder ein Weiser oder vielleicht eine Gottheit bist. Aber ich kann dir Antwort geben, daß wir das alles kennen und in der Seele tragen, wovon du sprachest. Wir ahnen Glück, wir ahnen Freiheit, wir ahnen Götter. Wir haben eine Sage von einem Weisen der Vorzeit, er habe die Einheit der Welt als einen harmonischen Zusammenklang der Himmelsräume vernommen. Genügt dir dies? Sieh, vielleicht bist du ein Seliger aus dem Jenseits, aber du magst Gott selber sein, so ist doch in deinem Herzen kein Glück, keine Macht, kein Wille, davon nicht eine Ahnung und ein Widerschein und ferner Schatten auch in unsern Herzen lebte.«

Und plötzlich richtete er sich in die Höhe, und der Jüngling stand überrascht, denn einen Augenblick war des Königs Gesicht in ein helles, schattenloses Lächeln getaucht wie in Morgenschein.

»Geh nun«, rief er dem Boten zu, »geh und laß uns kriegen und morden! Du hast mir das Herz weich gemacht, du hast mich an meine Mutter erinnert. Genug, genug davon, du lieber hübscher Knabe. Geh nun und fliehe, ehe die neue Schlacht beginnt! Ich werde an dich denken, wenn das Blut fließt und die Städte brennen, und ich werde daran denken, daß die Welt ein Ganzes ist, davon unsre Torheit und unser Zorn und unsre Wildheit uns doch nicht abtrennen kann. Leb wohl, und grüße mir deinen Stern, und grüße mir jene Gottheit, deren Sinnbild ein Herz ist, daran der Vogel frißt! Ich kenne dies Herz und kenne den Vogel wohl. Und merke dir, mein hübscher Freund aus der Ferne: Wenn du an deinen Freund, den armen König im Kriege denkst, so denke nicht an ihn, wie er auf dem Lager saß und in Trauer versunken war, sondern denke an ihn, wie er mit den Tränen im Auge und mit dem Blut an den Händen gelächelt hat!«

Der König hob das Zelttuch, ohne den Diener zu wecken, mit eigener Hand und ließ den Fremden hinaustreten. In neuen Gedanken schritt der Jüngling über die Ebene zurück, und sah im Abendschein am Rande des Himmels eine große Stadt in Flammen stehen, und stieg über tote Menschen und zerfallene Leichen von Pferden hinweg, bis es dunkel ward und er den Rand des Waldgebirges erreichte.

Da senkte sich auch schon der große Vogel aus den Wolken herab, er nahm ihn auf seine Flügel, und sie flogen durch die Nacht zurück, lautlos und weich wie Eulenflug.

Als der Jüngling aus einem unruhigen Schlaf erwachte, lag er in dem kleinen Tempel im Gebirge, und vor dem Tempel stand im feuchten Grase sein Pferd und wieherte dem Tage entgegen. Von dem großen Vogel aber und von seiner Reise nach einem fremden Stern, von dem König und von dem Schlachtfeld wußte er nichts mehr. Es war nur ein Schatten in seiner Seele geblieben, ein kleiner verborgener Schmerz wie ein feiner Dorn, so wie hilfloses Mitleid schmerzt, und ein kleiner, unbefriedigter Wunsch, wie er in Träumen uns quälen kann, bis wir endlich dem begegnen, dem Liebe zu erzeigen, dessen Freude zu teilen, dessen Lächeln zu sehen unser heimliches Verlangen war.

Der Bote stieg zu Pferde und ritt den ganzen Tag und kam in die Hauptstadt zu seinem Könige, und es zeigte sich, daß er der rechte Bote gewesen war. Denn der König empfing ihn mit dem Gruß der Gnade, indem er seine Stirn berührte und ihm zurief: »Deine Augen haben zu meinem Herzen gesprochen, und mein Herz hat ja gesagt. Deine Bitte hat sich erfüllt, noch ehe ich sie angehört habe.«

Alsbald erhielt der Bote einen Freibrief des Königs, daß ihm alle Blumen des ganzen Landes, deren er bedürfte, zu Gebote ständen, und Begleiter und Boten zogen mit, und Pferde und Wagen schlossen sich ihnen an, und als er, das Gebirge umgehend, nach wenigen Tagen auf der ebenen Landstraße in seine Provinz und seine Gemeinde heimkehrte, da führte er Wagen und Karren und Körbe, Pferde und Maultiere mit sich, und alles war beladen mit den schönsten Blumen aus Gärten und aus Treibhäusern, deren es im Norden viele gab, und es waren ihrer genug vorhanden, sowohl um die Körper der Toten zu bekränzen und ihre Grabstätten reichlich zu schmücken, wie auch um für eines jeden Toten Andenken eine Blume, einen Strauch und einen jungen Fruchtbaum zu pflanzen, wie es die Sitte erfordert. Und der Schmerz um seinen Freund und sein Lieblingspferd wich von ihm und sank im stillen heitern Angedenken unter, nachdem er auch sie geschmückt und begraben und über ihren Stätten zwei Blumen, zwei Büsche und zwei Fruchtbäume gepflanzt hatte.

Nachdem er so seinem Herzen Genüge getan und seine Pflichten erfüllt hatte, begann die Erinnerung an die Reise in jener Nacht sich in seiner Seele zu rühren, und er bat seine Nächsten

um einen Tag der Einsamkeit und saß unter dem Gedanken-
baum einen Tag und eine Nacht, und breitete die Bilder dessen,
was er auf dem fremden Stern gesehen, rein und faltenlos in
seinem Gedächtnis aus. Darauf trat er eines Tages zum Ältesten, bat ihn um ein geheimes Gespräch und erzählte ihm alles.

Der Älteste hörte zu, blieb in Gedanken sitzen und fragte
dann: »Hast du, mein Freund, nun dieses alles mit deinen Augen gesehen, oder ist es ein Traum gewesen?«

»Ich weiß es nicht«, sagte der Jüngling. »Ich glaube wohl,
daß es ein Traum gewesen sein mag. Indessen, mit deiner Er-
laubnis sei es gesagt, es scheint mir kaum einen Unterschied
zu bedeuten, sollte die Sache nun auch meinen Sinnen in aller
Wirklichkeit begegnet sein. Es ist ein Schatten von Traurigkeit
in mir geblieben, und mitten in das Glück des Lebens weht
mir von jenem Sterne her ein kühler Wind hinein. Darum frage
ich dich, Verehrter, was ich tun soll.«

»Gehe morgen«, sprach der Älteste, »nochmals in das Gebirge und an jenen Ort hinauf, wo du den Tempel gefunden
hast. Seltsam scheint mir das Sinnbild jenes Gottes, von dem
ich nie gehört habe, und es mag wohl sein, daß es ein Gott
von einem andern Sterne ist. Oder aber ist jener Tempel und
sein Gott vielleicht so alt, daß er von unsern frühesten Vorfahren stammt und aus den fernen Zeiten, da es unter uns noch
Waffen, Furcht und Todesangst gegeben haben soll. Gehe du
zu jenem Tempel, Lieber, und dort bringe Blumen, Honig und
Lieder dar.«

Der Jüngling dankte und gehorchte dem Rat des Ältesten.
Er nahm eine Schale mit feinem Honig, wie man ihn im Früh-
sommer beim ersten Immenfest den Ehrengästen vorzusetzen
pflegt, und nahm seine Laute mit. Im Gebirge fand er die Stelle
wieder, wo er damals eine blaue Glockenblume gepflückt hatte,
und fand den steilen Felsenpfad, der im Walde bergan führte
und wo er kürzlich vor seinem Pferde her zu Fuß gegangen
war. Die Stelle des Tempels aber und den Tempel selbst, den
schwarzen Opferstein, die hölzernen Säulen, das Dach und den
großen Vogel auf dem Dache konnte er nicht wiederfinden,

heute nicht und nicht am nächsten Tage, und niemand wußte
ihm etwas von einem solchen Tempel, wie er ihn beschrieb,
zu sagen.

Da kehrte er in seine Heimat zurück, und da er am Heiligtum
des liebevollen Gedenkens vorüberkam, trat er hinein, brachte
den Honig dar, sang sein Lied zur Laute und empfahl der Gottheit des liebevollen Gedenkens seinen Traum, den Tempel und
den Vogel, den armen Bauern und die Toten auf dem Schlacht-
felde, und am meisten den König in seinem Kriegszelte. Danach
ging er mit erleichtertem Herzen in seine Wohnung, hängte
im Schlafzimmer das Sinnbild von der Einheit der Welten auf,
ruhte in tiefem Schlafe von den Erlebnissen dieser Tage aus
und begann am nächsten Morgen den Nachbarn zu helfen, welche in Gärten und Feldern unter Gesang die letzten Spuren
des Erdbebens hinwegzutilgen bemüht waren.

(1915)

Faldum

Der Jahrmarkt

Die Straße, die nach der Stadt Faldum führte, lief weit durch das hüglige Land, bald an Wäldern hin oder an grünen, weiten Weiden, bald an Kornfeldern vorbei, und je mehr sie sich der Stadt näherte, desto häufiger standen Gehöfte, Meiereien, Gärten und Landhäuser am Wege. Das Meer lag weit entfernt, man sah es nicht, und die Welt schien aus nichts anderm zu bestehen als aus kleinen Hügeln, kleinen hübschen Tälern, aus Weiden, Wald, Ackerland und Obstwiesen. Es war ein Land, das an Frucht und Holz, an Milch und Fleisch, an Äpfeln und Nüssen keinen Mangel litt. Die Dörfer waren recht hübsch und sauber, und die Leute waren im ganzen brav und fleißig und keine Freunde von gefährlichen oder aufregenden Unternehmungen, und ein jeder war zufrieden, wenn es seinem Nachbarn nicht besser ging als ihm selber. So war das Land Faldum beschaffen, und ähnlich sind die meisten Länder in der Welt, solange nicht besondere Dinge sich ereignen.

Die hübsche Straße nach der Stadt Faldum (sie hieß wie das Land) war an diesem Morgen seit dem ersten Hahnenschrei so lebhaft begangen und befahren, wie es nur einmal im Jahre zu sehen war, denn in der Stadt sollte heute der große Markt abgehalten werden, und auf zwanzig Meilen rundum war kein Bauer und keine Bäuerin, kein Meister und kein Gesell noch Lehrbube, kein Knecht und keine Magd und kein Junge oder Mädchen, die nicht seit Wochen an den großen Markt gedacht und davon geträumt hätten, ihn zu besuchen. Alle konnten ja nun nicht gehen; es mußte auch für Vieh und kleine Kinder, für Kranke und Alte gesorgt werden, und wen das Los getroffen hatte, daß er dableiben mußte, um Haus und Hof zu hüten, dem schien fast ein Jahr seines Lebens verloren, und es tat ihm leid um die schöne Sonne, die schon seit aller Frühe warm und festlich am blauen Spätsommerhimmel stand.

Mit kleinen Körbchen am Arm kamen die Frauen und Mägde gegangen, und die Burschen mit rasierten Wangen, und jeder mit einer Nelke oder Aster im Knopfloch, alles im Sonntagsputz, und die Schulmädchen mit sorgfältig gezöpften Haaren, die noch feucht und fett in der Sonne glänzten. Wer kutschierte, der trug eine Blume oder ein rotes Bändchen an den Peitschenstiel gebunden, und wer es vermochte, dessen Rosse hatten bis zu den Knien am breiten Schmuckleder die blankgeputzten Messingscheiben hängen. Es kamen Leiterwagen gefahren, über denen aus rundgebogenen Buchenästen ein grünes Dach gebaut war, und darunter saßen dicht gedrängt die Leute, mit Körben oder Kindern auf dem Schoß, und die meisten sangen laut im Chor, und dazwischen kam hin und wieder, besonders geschmückt mit Fahnen und mit Papierblumen rot und blau und weiß im grünen Buchenlaub, ein Wagen, aus dem quoll eine schallende Dorfmusik hervor, und zwischen den Ästen im Halbschatten sah man die goldenen Hörner und Trompeten leise und köstlich funkeln. Kleine Kinder, die schon seit Sonnenaufgang hatten laufen müssen, fingen zu weinen an und wurden von schwitzenden Müttern getröstet, manches fand bei einem gutmütigen Fuhrmann Aufnahme. Eine alte Frau schob ein Paar Zwillinge im Kinderwagen mit, und beide schliefen, und zwischen den schlafenden Kinderköpfen lagen auf dem Kissen nicht weniger rund und rotwangig zwei schöngekleidete und gestrählte Puppen.

Wer da am Wege wohnte und nicht selber heute nach dem Jahrmarkt unterwegs war, der hatte einen unterhaltsamen Morgen und beständig beide Augen voll zu schauen. Es waren aber wenige. Auf einer Gartentreppe saß ein zehnjähriger Junge und weinte, weil er allein bei der Großmuter daheim bleiben sollte. Als er aber genug gegessen und geweint hatte und gerade ein paar Dorfbuben vorübertraben sah, da sprang er mit einem Satz auf die Straße und schloß sich ihnen an. Nicht weit davon wohnte ein alter Junggeselle, der nichts vom Jahrmarkt wissen wollte, weil das Geld ihn reute. Er hatte sich vorgenommen, am heutigen Tage, wo alles feierte, ganz still für sich die hohe Weißdornhecke an seinem Garten zu beschneiden, denn sie hatte es nötig, und er war auch, kaum daß der Morgentau ein wenig vergangen war, mit seiner großen Hagschere munter ans Werk gegangen. Aber schon nach einer kleinen Stunde hatte er wieder aufgehört und sich zornig ins Haus verkrochen, denn es war kein Bursch vorübergegangen oder -gefahren, der nicht dem Heckenschneiden verwundert zugesehen und dem Manne einen Witz über seinen unzeitigen Fleiß zugeworfen hatte, und die Mädchen hatten dazu gelacht; und wenn er wütend wurde und mit seiner langen Schere drohte, dann hatte alles die Hüte geschwenkt und ihm lachend zugewinkt. Nun saß er drinnen hinter geschlossenen Läden, äugte aber neidisch durch die Spalten hinaus, und als sein Zorn mit der Zeit vergangen war und er die letzten spärlichen Marktgänger vorübereilen und -hasten sah, als ginge es um die Seligkeit, da zog er Stiefel an, tat einen Taler in den Beutel, nahm den Stock und wollte gehen. Da fiel ihm schnell ein, ein Taler sei doch viel Geld; er nahm ihn wieder heraus, tat statt seiner einen halben Taler in den ledernen Beutel und schnürte ihn zu. Dann steckte er den Beutel in die Tasche, verschloß das Haus und die Gartentür und lief so hurtig, daß er bis zur Stadt noch manchen Fußgänger und sogar zwei Wagen überholte.

Fort war er, und sein Haus und Garten standen leer, und der Staub über der Straße begann sich sacht zu legen, Pferdegetrab und Blechmusiken waren verklungen und verflogen, schon kamen die Sperlinge von den Stoppelfeldern herüber, badeten sich im weißen Staub und besahen, was von dem Tumult übriggeblieben war. Die Straße lag leer und tot und heiß, ganz aus der Ferne wehte zuweilen noch schwach und verloren ein Jauchzer und ein Ton wie von Hörnermusik.

Da kam aus dem Walde hervor ein Mann gegangen, den breiten Hutrand tief über die Augen gezogen, und wanderte ganz ohne Eile allein auf der verödeten Landstraße fort. Er war groß gewachsen und hatte den festen, ruhigen Schritt, wie ihn Wanderer haben, welche sehr viel zu Fuß gereist sind. Gekleidet war er grau und unscheinbar, und aus dem Hutschatten blickten seine Augen sorgfältig und ruhig wie die Augen eines Menschen, der weiter nichts von der Welt begehrt, aber jedes Ding mit Aufmerksamkeit betrachtet und keins übersieht. Er sah alles, er sah die unzähligen verwirrten Wagenspuren dahinlaufen, er sah die Hufspuren eines Rosses, das den linken Hinterhuf nachgeschleift hatte, er sah in der Ferne aus einem staubigen Dunst klein mit schimmernden Dächern die Stadt Faldum am Hügel ragen, er sah in einem Garten eine kleine Frau voll Angst und Not umherirren und hörte sie nach jemand rufen, der nicht Antwort gab. Er sah am Wegrand einen winzigen Metallglanz zucken und bückte sich und hob eine blanke runde Messingscheibe auf, die ein Pferd vom Kummet verloren hatte. Die steckte er zu sich. Und dann sah er an der Straße einen alten Hag von Weißdorn, der war ein paar Schritt weit frisch beschnitten, und zu Anfang schien die Arbeit genau und sauber und mit Lust getan, mit jedem halben Schrit aber schlechter; denn bald war ein Schnitt zu tief gegangen, bald standen vergessene Zweige borstig und stachlig heraus. Weiterhin fand der Fremde auf der Straße eine Kinderpuppe liegen, über deren Kopf ein Wagenrad gegangen sein mußte, und ein Stück Roggenbrot, das noch von der weggeschmolzenen Butter glänzte; und zuletzt fand er einen starken ledernen Beutel, in dem stak ein halber Taler. Die Puppe lehnte er am Straßenrande gegen einen Prellstein, das Stück Brot verkrümelte er und fütterte es den Sperlingen, den Beutel mit dem halben Taler steckte er in die Tasche.

Es war unsäglich still auf der verlassenen Straße, der Rasenbord zu beiden Seiten lag dick verstaubt und sonnverbrannt. Nebenan in einem Gutshof liefen die Hühner herum, kein Mensch weit und breit, und gackelten und stotterten träumerisch in der Sonnenwärme. In einem bläulichen Kohlgarten stand gebückt ein altes Weib und raufte Unkraut aus dem trockenen Boden. Der Wanderer rief sie an, wie weit es noch bis zur Stadt sei. Sie aber war taub, und als er lauter rief, blickte sie nur hilflos herüber und schüttelte den grauen Kopf.

Im Weitergehen hörte er hin und wieder Musik von der Stadt herüber aufrauschen und verstummen, und immer öfter und länger, und zuletzt klang es ununterbrochen wie ein entfernter Wasserfall, Musik und Stimmengewirr, als wäre da drüben das sämtliche Menschenvolk vergnügt beieinander. Ein Bach lief jetzt neben der Straße hin, breit und still, mit Enten darauf und grünbraunem Seegras unterm blauen Spiegel. Da begann die Straße zu steigen, der Bach bog sich zur Seite, und eine steinerne Brücke führte hinüber. Auf der niederen Brückenmauer saß ein Mann, eine dünne Schneiderfigur, und schlief mit hängendem Kopf; sein Hut war ihm in den Staub gefallen, und neben ihm saß ein kleiner drolliger Hund, der ihn bewachte. Der Fremde wollte den Schläfer wecken, er konnte sonst im Schlaf über den Brückenrand fallen. Doch blickte er erst hinunter und sah, daß die Höhe gering und das Wasser seicht sei; da ließ er den Schneider sitzen und weiterschlafen.

Jetzt kam nach einer kleinen steilen Steige das Tor der Stadt Faldum, das stand weit offen, und kein Mensch war dort zu sehen. Der Mann schritt hindurch, und seine Tritte hallten plötzlich laut in einer gepflasterten Gasse wider, wo allen Häusern entlang zu beiden Seiten eine Reihe von leeren, abgespannten Wagen und Kaleschen stand. Aus andern Gassen her schallte Lärm und dumpfes Getriebe, hier aber war kein Mensch zu sehen, das Gäßlein lag voll Schatten, und nur die oberen Fenster spiegelten den goldenen Tag. Hier hielt der Wanderer eine kurze Rast, auf der Deichsel eines Leiterwagens sitzend. Als er weiterging, legte er auf die Fuhrmannsbank die messingene Roßscheibe, die er draußen gefunden hatte.

Kaum war er noch eine Gasse weit gegangen, da hallte rings um ihn Lärm und Jahrmarktsgetöse; in hundert Buden hielten schreiende Händler ihre Waren feil, Kinder bliesen in versilberte Trompeten, Metzger fischten ganze Ketten von frischen, nassen Würsten aus großen kochenden Kesseln, ein Quacksalber stand hoch auf einer Tribüne, blickte eifrig aus einer dicken Hornbrille und hatte eine Tafel aller menschlichen Krankheiten und Gebrechen aufgehängt. An ihm vorüber zog ein Mensch mit schwarzen langen Haaren, dieser führte am Strick ein Kamel hinter sich. Das Tier blickte von seinem langen Halse hochmütig auf die Volksmenge herunter und schob die gespalteten Lippen kauend hin und her.

Der Mann aus dem Walde schaute mit Aufmerksamkeit dem allen zu, er ließ sich vom Gedränge stoßen und schieben, blickte hier in den Stand eines Bilderbogenmannes und las dort die Sprüche und Devisen auf den bezuckerten Lebkuchen, doch blieb er nirgends verweilen und schien das, was er etwa suchte, noch nicht gefunden zu haben. So kam er langsam vorwärts und auf den großen Hauptplatz, wo an der Ecke ein Vogelhändler horstete. Da lauschte er eine Weile den Stimmen, die aus den vielen kleinen Käfigen kamen, und gab ihnen Antwort und pfiff ihnen leise zu, dem Hänfling, der Wachtel, dem Kanarienvogel, der Grasmücke.

Plötzlich sah er es in seiner Nähe so hell und blendend aufblinken, als wäre aller Sonnenschein auf diesen einzigen Fleck zusammengezogen, und als er näher ging, war es ein großer Spiegel, der in einer Meßbude hing, und neben dem Spiegel hingen andre Spiegel, zehn und hundert und noch mehr, große und kleine, viereckige, runde und ovale, Spiegel zum Aufhängen und zum Aufstellen, auch Handspiegel und kleine, dünne Taschenspiegel, die man bei sich tragen konnte, damit man sein eignes Gesicht nicht vergesse. Der Händler stand und fing in einem blitzenden Handspiegel die Sonne auf und ließ den funkelnden Widerschein über seine Bude tanzen; dazu rief er unermüdlich: »Spiegel, meine Herrschaften, hier kauft man Spiegel! Die besten Spiegel, die billigsten Spiegel von Faldum! Spiegel, meine Damen, herrliche Spiegel! Blicken Sie nur hinein, alles echt, alles bester Kristall!«

Bei der Spiegelbude blieb der Fremde stehen, wie einer, der gefunden hat, was er suchte. Unter den Leuten, die sich die Spiegel besahen, waren drei junge Mädchen vom Lande; neben diese stellte er sich und schaute ihnen zu. Es waren frische, gesunde Bauernmädchen, nicht schön und nicht häßlich, in starkgesohlten Schuhen und weißen Strümpfen, mit blonden, etwas sonngebleichten Zöpfen und eifrigen jungen Augen. Jede von den dreien hatte einen Spiegel zur Hand genommen, doch keine von den großen und teuren, und indem sie den Kauf noch zögernd überlegten und die holde Qual des Wählens kosteten, blickte jede zwischenein verloren und träumerisch in die blanke Spiegeltiefe und betrachtete ihr Bild, den Mund und die Augen, den kleinen Schmuck am Halse, die paar Sommersprossen über der Nase, den glatten Scheitel, das rosige Ohr. Darüber wurden sie still und ernsthaft; der Fremde, welcher hinter den Mädchen stand, sah ihre Bilder großäugig und beinah feierlich aus den drei Gläsern blicken.

»Ach«, hörte er die erste sagen, »ich wollte, ich hätte ganz goldrotes Haar und so lang, daß es mir bis an die Knie reichte!«

Das zweite Mädchen, als es den Wunsch der Freundin hörte, seufzte leise auf und blickte inniger in ihren Spiegel. Dann gestand auch sie mit Erröten, wovon ihr Herz träumte, und sagte schüchtern: »Ich, wenn ich wünschen dürfte, ich möchte die allerschönsten Hände haben, ganz weiß und zart, mit langen, schmalen Fingern und rosigen Fingernägeln.« Sie blickte dabei auf ihre Hand, die den ovalen Spiegel hielt. Die Hand war nicht häßlich, aber sie war ein wenig kurz und breit und von der Arbeit grob und hart geworden.

Die dritte, die kleinste und vergnügteste von allen dreien, lachte dazu und rief lustig: »Das ist kein übler Wunsch. Aber weißt du, auf die Hände kommt es nicht so sehr an. Mir wäre es am liebsten, wenn ich von heut an die beste und flinkste Tänzerin vom ganzen Land Faldum wäre.«

Der erschrak das Mädchen plötzlich und drehte sich um, denn aus dem Spiegel blickte hinter ihrem eignen Gesicht hervor ein fremdes mit schwarzen, glänzenden Augen. Es war das Gesicht des fremden Mannes, der hinter sie getreten war, und den sie alle drei bisher gar nicht beachtet hatten. Jetzt sahen sie ihm verwundert ins Gesicht, als er ihnen zunickte und sagte: »Da habt ihr ja drei schöne Wünsche getan, ihr Jungfern. Ist's euch auch richtig ernst damit?«

Die Kleine hatte den Spiegel weggelegt und die Hände hinterm Rücken verborgen. Sie hatte Lust, den Mann ihren kleinen Schrecken entgelten zu lassen, und besann sich schon auf ein scharfes Wort; aber wie sie ihm ins Gesicht sah, hatte er so viel Macht in den Augen, daß sie verlegen würde. »Geht's Euch was an, was ich mir wünsche?« sagte sie bloß und wurde rot.

Aber die andre, die sich die feinen Hände gewünscht hatte, faßte Vertrauen zu dem großen Manne, der etwas Väterliches und Würdiges in seinem Wesen hatte. Sie sagte: »Jawohl, es ist uns ernst damit. Kann man sich denn etwas Schöneres wünschen?«

Der Spiegelhändler war herzugetreten, auch andre Leute hörten zu. Der Fremde hatte den Hutrand emporgeschlagen, daß man eine helle, hohe Stirn und gebieterische Augen sah. Jetzt nickte er den drei Mädchen freundlich zu und rief lächelnd: »Seht, ihr habt ja schon alles, was ihr euch gewünscht habt!«

Die Mädchen blickten einander an, und dann jede schnell in einen Spiegel, und alle drei erbleichten vor Erstaunen und Freude. Die eine hatte dichte goldene Locken bekommen, die ihr bis zu den Knien reichten. Die zweite hielt ihren Spiegel in den weißesten, schlanksten Prinzessinnenhänden, und die dritte stand plötzlich in rotledernen Tanzschuhen und auf so schlanken Knöcheln wie ein Reh. Sie konnten noch gar nicht fassen, was geschehen war; aber die mit den vornehmen Händen brach in selige Tränen aus, sie lehnte sich auf die Schulter ihrer Freundin und weinte glückselig in ihr langes, goldenes Haar hinein.

Jetzt sprach und schrie sich die Geschichte von dem Wunder in dem Umkreis der Bude herum. Ein junger Handwerksgeselle, welcher alles mit angesehen, stand mit aufgerissenen Augen da und starrte den Fremden wie versteinert an.

»Willst du dir nicht auch etwas wünschen?« fragte ihn da plötzlich der Fremde.

Der Geselle schrak zusammen, er war ganz verwirrt und ließ die Blicke hilflos ringsum laufen, um etwas zu erspähen, was er etwa wünschen könnte. Da sah er vor der Bude eines Schwei-

nemetzgers einen gewaltigen Kranz von dicken, roten Knack-
würsten ausgehängt, und er stammelte, indem er hinüberdeu-
tete: »So einen Kranz Knackwürste möcht' ich gern haben.«
Siehe, da hing der Kranz ihm um den Hals, und alle, die es
sahen, begannen zu lachen und zu schreien, und jeder suchte
sich näher heranzudrücken, und jeder wollte jetzt auch einen
Wunsch tun. Das durften sie auch, und der nächste, der an
die Reihe kam, war schon kecker und wünschte sich ein neues
tuchenes Sonntagsgewand von oben bis unten; und kaum gesagt, steckte er in einer feinen, nagelneuen Kleidung, wie sie
der Bürgermeister nicht besser hatte. Dann kam eine Frau vom
Lande, die faßte sich ein Herz und verlangte geradehin zehn
Taler, und die Taler klirrten alsbald in der Tasche.

Nun sahen die Leute, daß da in allem Ernst Wunder geschä-
hen, und sofort wälzte sich die Kunde davon weiter über den
Marktplatz und durch die Stadt, und die Menschen bildeten
schnell einen riesigen Klumpen rings um die Bude des Spiegel-
händlers. Viele lachten und machten Witze, andre glaubten
nichts und redeten mißtrauisch. Viele aber waren schon vom
Wunschfieber befallen und kamen mit glühenden Augen und
heißen Gesichtern gelaufen, die von Begierde und Sorge verzerrt waren, denn jeder fürchtete, der Quell möchte versiegen,
noch ehe er selber zum Schöpfen käme. Knaben wünschten
sich Kuchen, Armbrüste, Hunde, Säcke voll Nüsse, Bücher und
Kegelspiele; Mädchen gingen beglückt mit neuen Kleidern,
Bändern, Handschuhen und Sonnenschirmen davon. Ein zehnjähriger kleiner Junge aber, der seiner Großmutter davongelaufen war und vor lauter Herrlichkeit und Jahrmarktsglanz
aus Rand und Band gekommen war, der wünschte sich mit
heller Stimme ein lebendiges Pferdchen, es müsse aber ein
schwarzes sein; und alsbald wieherte hinter ihm ein schwarzes
Füllen und rieb den Kopf vertraulich an seiner Schulter.

Durch die vom Zauber ganz berauschte Menge zwängte sich
darauf ein ältlicher Junggeselle mit einem Spazierstock in der
Hand, der trat zitternd vor und konnte vor Aufregung kaum
ein Wort über die Lippen bringen.

»Ich wünsche«, sagte er stammelnd, »ich wü-ünsche mir zwei-malhundert – –«

Da sah ihn der Fremde prüfend an, zog einen ledernen Beutel aus seiner Tasche und hielt ihn dem erregten Männlein vor die Augen. »Wartet noch!« sagt er. »Habt Ihr nicht etwa diesen Geldbeutel verloren? Es ist ein halber Taler drin.«

»Ja, das hab' ich«, rief der Junggeselle. »Der ist mein.«

»Wollt Ihr ihn wiederhaben?«

»Ja, ja, gebt her!«

Da bekam er seinen Beutel, und damit hatte er seinen Wunsch vertan, und als er das begriff, hieb er voll Wut mit seinem Stock nach dem Fremden, traf ihn aber nicht und schlug bloß einen Spiegel herunter; und das Scherbenklingen war noch nicht ver-rasselt, da stand schon der Händler und verlangte Geld, und der Junggeselle mußte bezahlen.

Jetzt aber trat ein feister Hausbesitzer vor und tat einen Kapi-talwunsch, nämlich um ein neues Dach auf sein Haus. Da glänzte es ihm schon mit nagelneuen Ziegeln und weißgekalk-ten Schornsteinen aus seiner Gasse entgegen. Da wurden alle aufs neue unruhig, und ihre Wünsche stiegen höher, und bald sah man einen, der schämte sich nicht und wünschte in aller Bescheidenheit ein neues vierstöckiges Haus am Marktplatz, und eine Viertelstunde später lag er schon überm Sims zum eignen Fenster heraus und sah von dort den Jahrmarkt an.

Es war nun eigentlich kein Jahrmarkt mehr, sondern alles Leben in der Stadt ging wie der Fluß von der Quelle nur noch von jenem Orte bei der Spiegelbude aus, wo der Fremde stand und wo man seine Wünsche tun durfte. Bewunderungsgeschrei, Neid oder Gelächter folgte auf jeden Wunsch, und als ein klei-ner hungriger Bub sich nichts als einen Hut voll Pflaumen ge-wünscht hatte, da wurde ihm der Hut von einem, der weniger bescheiden gewesen, mit Talerstücken nachgefüllt. Großen Ju-bel und Beifall fand sodann eine fette Krämerfrau, die sich von einem schweren Kropf freiwünschte. Hier zeigte sich aber, was Zorn und Mißgunst vermag. Denn der eigne Mann dieser Krämerin, der mit ihr in Unfrieden lebte und sich eben mit ihr gezankt hatte, verwandte seinen Wunsch, der ihn hätte reich machen können, darauf, daß der verschwundene Kropf wieder an seine alte Stelle kam. Aber das Beispiel war einmal gegeben, man brachte eine Menge von Gebrechlichen und Kranken herbei, und die Menge geriet in einen neuen Taumel, als die Lahmen zu tanzen begannen und die Blinden mit beseligten Augen das Licht begrüßten.

Die Jugend war unterdessen längst überall herumgelaufen und hatte das herrliche Wunder verkündigt. Man erzählte da von einer treuen alten Köchin, daß sie am Herde stand und für ihre Herrschaft eben eine Gans briet, als durchs Fenster auch sie der Ruf erreichte. Da konnte sie nicht widerstehen und lief davon und auf den Marktplatz, um sich schnell fürs Leben reich und glücklich zu wünschen. Je weiter sie aber durch die Menge vordrang, desto vernehmlicher schlug ihr das Gewissen, und als sie an die Reihe kam und wünschen durfte, da gab sie alles preis und begehrte nur, die Gans möge nicht anbrennen, bis sie wieder bei ihr sei.

Der Tumult nahm kein Ende. Kindermädchen kamen aus den Häusern gestürzt und schleppten ihre Kleinen auf den Armen mit, Bettlägerige rannten vor Eifer im Hemd auf die Gassen. Es kam auch ganz verwirrt und verzweifelt vom Lande herein eine kleine Frau gepilgert, und als sie von den Wünschen hörte, da bat sie schluchzend, daß sie ihren verlorengegangenen Enkel heil wiederfinden möchte. Schau, da kam unverweilt der Knabe auf einem kleinen schwarzen Roß geritten und fiel ihr lachend in die Arme.

Am Ende war die ganze Stadt versammelt und von einem Rausch ergriffen. Arm in Arm wandelten Liebespaare, deren Wünsche in Erfüllung gegangen waren, arme Familien fuhren in Kaleschen einher und hatten noch die geflickten alten Kleider von heute morgen an. Alle die vielen, die schon jetzt einen unklugen Wunsch bereuten, waren entweder traurig fortgegangen oder tranken sich Vergessen am alten Marktbrunnen, den ein Spaßvogel durch seinen Wunsch mit dem besten Wein gefüllt hatte.

Und schließlich gab es in der Stadt Faldum nur noch zwei einzige Menschen, die nichts von dem Wunder wußten und sich nichts gewünscht hatten. Es waren zwei Jünglinge, und sie staken hoch in der Dachkammer eines alten Hauses in der Vorstadt bei verschlossenen Fenstern. Der eine stand mitten in der Kammer, hielt die Geige unterm Kinn und spielte mit hingegebener Seele; der andre saß in der Ecke, hielt den Kopf zwischen den Händen und war ganz und gar im Zuhören versunken. Durch die kleinen Fensterscheiben strahlte die Sonne schon schräg und abendlich und glühte tief in einem Blumenstrauß, der auf dem Tische stand, und spielte an der Wand auf den zerrissenen Tapeten. Die Kammer war ganz vom warmen Licht und von den glühenden Tönen der Geige erfüllt, wie eine kleine geheime Schatzkammer vom Glanz der Edelsteine. Der Geiger wiegte sich im Spielen hin und her und hatte die Augen geschlossen. Der Zuhörer sah still zu Boden und saß so starrend und verloren, als wäre kein Leben in ihm.

Da tappten laute Schritte auf der Gasse, und das Haustor ward aufgestoßen, und die Schritte kamen schwer und polternd über alle Treppen herauf bis vor die Dachkammer. Das war der Hausherr, und er riß die Tür auf und schrie lachend in die Kammer hinein, daß das Geigenlied plötzlich abriß und der stumme Zuhörer wild und gepeinigt in die Höhe sprang. Auch der Geigenspieler war betrübt und zornig darüber, daß er gestört worden war, und blickte dem Manne vorwurfsvoll in das lachende Gesicht. Aber der achtete nicht darauf, er schwenkte die Arme wie ein Trunkener und schrie: »Ihr Narren, da sitzet ihr und geigt, und draußen hat sich die ganze Welt verwandelt. Wachet auf und laufet, daß ihr nicht zu spät kommt; am Marktplatz steht ein Mann, der macht, daß jedermann einen Wunsch erfüllt bekommt. Da braucht ihr nicht länger unterm Dach zu wohnen und das bißchen Miete schuldig zu bleiben. Auf und vorwärts, eh's zu spät ist! Auch ich bin heut ein reicher Mann geworden.«

Verwundert hörte das der Geiger, und da der Mensch ihm keine Ruhe ließ, legte er die Geige weg und drückte sich den

Hut auf den Kopf; sein Freund kam schweigend hinterher. Kaum waren sie aus dem Hause, da sahen sie schon die halbe Stadt aufs merkwürdigste verwandelt und gingen beklommen wie im Traum an Häusern vorüber, die noch gestern grau und schief und niedrig gewesen waren, jetzt aber standen sie hoch und schmuck wie Paläste. Leute, die sie als Bettler kannten, fuhren vierspännig in Kutschen einher oder schauten breit und stolz aus den Fenstern schöner Häuser. Ein hagerer Mensch, der wie ein Schneider aussah und dem ein winziges Hündlein nachlief, schleppte sich ermüdet und schwitzend mit einem großen, schweren Sack, und aus dem Sacke tropften durch ein kleines Loch einzelne Goldstücke auf das Pflaster.

Wie von selber kamen die beiden Jünglinge auf den Marktplatz und vor die Bude mit den Spiegeln. Da stand der unbekannte Mann und sagte zu ihnen: »Ihr habt es nicht eilig mit dem Wünschen. Gerade wollte ich fortgehen. Also sagt, was ihr haben wollt, und tut euch keinen Zwang an.«

Der Geiger schüttelte den Kopf und sagte: »Ach, hättet Ihr mich in Ruhe gelassen! Ich brauche nichts.«

»Nein? Besinne dich!« rief der Fremde. »Du darfst dir wünschen, was du dir nur ausdenken kannst.«

Da schloß der Geiger eine Weile die Augen und dachte nach. Und sagte dann leise: »Ich wünsche mir eine Geige, auf der ich so wunderbar spielen kann, daß die ganze Welt mit ihrem Lärm nicht mehr an mich kommt.«

Und sieh, er hielt eine schöne Geige in Händen und einen Geigenbogen, und er drückte die Geige an sich und begann zu spielen: das klang süß und mächtig wie das Lied vom Paradiese. Wer es hörte, der blieb stehen und lauschte und bekam ernste Augen. Der Geiger aber, wie er immer inniger und herrlicher spielte, ward von den Unsichtbaren emporgenommen und verschwand in den Lüften, und noch von weiter Ferne klang seine Musik mit leisem Glanz wie Abendrot herüber.

»Und du? Was willst du dir wünschen?« fragte der Mann den andern Jüngling.

»Jetzt habt Ihr mir den Geiger auch noch genommen!« sagte

der Jüngling. »Ich mag vom Leben nichts haben als Zuhören und Zuschauen und mag nur an das denken, was unvergänglich ist. Darum wünsche ich, ich möchte ein Berg sein, so groß wie das Land Faldum und so hoch, daß mein Gipfel über die Wolken ragt.«

Da begann es unter der Erde zu donnern, und alles fing an zu schwanken; ein gläsernes Klirren ertönte, die Spiegel fielen einer um den andern auf dem Pflaster in Scherben, der Marktplatz hob sich schwankend, wie ein Tuch sich hebt, unter dem eine eingeschlafene Katze erwacht und den Rücken in die Höhe bäumt. Ein ungeheurer Schrecken kam über das Volk, Tausende flohen schreiend aus der Stadt in die Felder. Die aber, die auf dem Marktplatz geblieben waren, sahen hinter der Stadt einen gewaltigen Berg emporsteigen bis in die Abendwolken, und unterhalb sahen sie den stillen Bach in ein weißes, wildes Gebirgswasser verwandeln, das hoch vom Berge schäumend in vielen Fällen und Sprüngen zu Tale kam.

Ein Augenblick war vergangen, da war das ganze Land Faldum ein riesiger Berg geworden, an dessen Fuße die Stadt lag, und fern in der Tiefe sah man das Meer. Es war aber niemand beschädigt worden.

Ein alter Mann, der bei der Spiegelbude gestanden und alles mit angesehen hatte, sagte zu seinem Nachbar: »Die Welt ist närrisch geworden; ich bin froh, daß ich nicht mehr lang zu leben habe. Nur um den Geiger tut mir's leid, den möchte ich noch einmal hören.«

»Jawohl«, sagte der andre. »Aber sagt, wo ist denn der Fremde hingekommen?«

Sie blickten sich um, er war verschwunden. Und als sie an dem neuen Berge emporschauten, sahen sie den Fremden hoch oben hinweggehen, in einem wehenden Mantel, und sahen ihn einen Augenblick riesengroß gegen den Abendhimmel stehen und um eine Felsenecke verschwinden.

Alles vergeht, und alles Neue wird alt. Lange war der Jahrmarkt
vergangen, und mancher war längst schon wieder arm, der sich
damals zum reichen Manne gewünscht hatte. Das Mädchen
mit den langen goldroten Haaren hatte schon lange einen Mann
und hatte Kinder, welche selber schon die Jahrmärkte in der
Stadt in jedem Spätsommer besuchten. Das Mädchen mit den
flinken Tanzfüßen war eine Meistersfrau in der Stadt geworden,
die noch immer prachtvoll tanzen konnte und besser als manche
junge, und soviel Geld sich auch ihr Mann damals gewünscht
hatte, es hatte doch den Anschein, als würden die beiden lustigen Leute noch bei ihren Lebzeiten damit fertig werden. Das
dritte Mädchen aber, die mit den schönen Händen, die war
es, die von allen noch am meisten an den fremden Mann bei
der Spiegelbude dachte. Dieses Mädchen hatte nämlich nicht
geheiratet und war nicht reich geworden, aber die feinen Hände
hatte sie immer noch und tat der Hände wegen keine Bauernar-
beit mehr, sondern sie hütete die Kinder in ihrem Dorfe herum,
wo es eben not tat, und erzählte ihnen Märchen und Geschichten, und sie war es, von der alle Kinder die Geschichte von
dem wunderbaren Jahrmarkt erfahren hatten, und wie die Armen reich geworden waren und das Land Faldum ein Gebirge.
Wenn sie diese Geschichte erzählte, dann blickte sie lächelnd
vor sich hin und auf ihre schlanken Prinzessinnenhände und
war so bewegt und liebevoll, daß man glauben konnte, niemand
habe damals bei den Spiegeln ein strahlenderes Glückslos gezogen als sie, die doch arm und ohne Mann geblieben war und
ihre schönen Geschichten fremden Kindern erzählen mußte.

Wer damals jung gewesen war, der war jetzt alt, und wer
damals alt gewesen, war jetzt gestorben. Unverändert und ohne
Alter stand nur der Berg, und wenn der Schnee auf seinem
Gipfel durch die Wolken blendete, schien er zu lächeln und
froh zu sein, daß er kein Mensch mehr war und nicht mehr
nach menschlichen Zeiten zu rechnen brauchte. Hoch über
Stadt und Land leuchteten die Felsen des Berges, sein gewalti-

ger Schatten wanderte mit jedem Tage über das Land, seine Bäche und Ströme verkündigten unten das Kommen und Schwinden der Jahreszeiten, der Berg war der Hort und Vater aller geworden. Wald wuchs auf ihm, und Wiesen mit wehendem Gras und mit Blumen; Quellen kamen aus ihm und Schnee und Eis und Steine, und auf den Steinen wuchs farbiges Moos, und an den Bächen Vergißmeinnicht. In seinem Innern waren Höhlen, da tropfte Wasser wie Silberfäden Jahr um Jahr in wechselloser Musik vom Gestein auf Gestein, und in seinen Klüften gab es heimliche Kammern, wo mit tausendjähriger Geduld die Kristalle wuchsen. Auf dem Gipfel des Berges war nie ein Mensch gewesen. Aber manche wollten wissen, es sei dort ganz oben ein kleiner runder See, darin habe sich niemals etwas andres gespiegelt als die Sonne, der Mond, die Wolken und die Sterne. Nicht Mensch noch Tier habe je in diese Schale geblickt, die der Berg dem Himmel entgegenhalte, denn auch die Adler flögen nicht so hoch.

Die Leute von Faldum lebten fröhlich in der Stadt und in den vielen Tälern; sie tauften ihre Kinder, sie trieben Markt und Gewerbe, sie trugen einander zu Grabe. Und alles, was von den Vätern zu den Enkeln kam und weiterlebte, das war ihr Wissen und Träumen vom Berge. Hirten und Gemsjäger, Wildheuer und Blumensucher, Sennen und Reisende mehrten den Schatz, und Liederdichter und Erzähler gaben ihn weiter; sie wußten von unendlichen finsteren Höhlen, von sonnenlosen Wasserfällen in verborgenen Klüften, von tiefgespaltenen Gletschern, sie lernten die Lawinenbahnen und die Wetterluken kennen, und was dem Lande zukam an Wärme und Frost, an Wasser und Wuchs, an Wetter und Winden, das kam alles vom Berge.

Von den früheren Zeiten wußte niemand mehr. Da gab es wohl die schöne Sage von dem wundersamen Jahrmarkt, an welchem jede Seele in Faldum sich wünschen durfte, was sie mochte. Aber daran, daß an jenem Tage auch der Berg entstanden sei, wollte kein Mensch mehr glauben. Der Berg, das war gewiß, stand von Anbeginn der Dinge an seinem Ort und würde in Ewigkeit dastehen. Der Berg war die Heimat, der Berg war Faldum. Aber die Geschichte von den drei Mädchen und von dem Geiger, die hörte man gern, und zu allen Zeiten gab es hier oder dort einen Jüngling, der bei verschlossener Tür sich tief ins Geigenspiel verlor und davon träumte, einmal in seinem schönsten Liede so zu vergehen und dahinzuwehen wie der zum Himmel gefahrene Geiger.

Der Berg lebte still in seiner Größe dahin. Jeden Tag sah er fern und rot die Sonne aus dem Weltmeer steigen und ihren runden Gang um seinen Gipfel tun, von Osten nach Westen, und jede Nacht denselben stillen Weg die Sterne. Jedes Jahr umhüllte ihn der Winter tief mit Schnee und Eis, und jedes Jahr zu ihrer Zeit suchten die Lawinen ihren Weg und lachten am Rand ihrer Schneereste die helläugigen Sommerblumen blau und gelb, und die Bäche sprangen voller, und die Seen blauten warm im Licht. In unsichtbaren Klüften donnerten dumpf die verlorenen Wasser, und der kleine runde See zuoberst auf dem Gipfel lag schwer mit Eis bedeckt und wartete das ganze Jahr, um in der kurzen Zeit der Sommerhöhe sein lichtes Auge aufzutun und wenig Tage lang die Sonne und wenig Nächte lang die Sterne zu spiegeln. In dunklen Höhlen standen die Wasser und läutete das Gestein im ewigen Tropfenfall, und in geheimen Schlünden wuchsen die tausendjährigen Kristalle treulich ihrer Vollkommenheit entgegen.

Am Fuße des Berges und wenig höher als die Stadt lag ein Tal, da floß ein breiter Bach mit klarem Spiegel zwischen Erlen und Weiden hin. Dorthin gingen die jungen Menschen, die sich liebhatten, und lernten vom Berg und von den Bäumen die Wunder der Jahreszeiten. In einem andern Tale hielten die Männer ihre Übungen mit Pferden und Waffen, und auf einer steilen, hohen Felsenkuppe brannte in der Sommersonnenwendnacht jedes Jahres ein gewaltiges Feuer.

Die Zeiten rannen dahin, und der Berg beschützte Liebestal und Waffenplatz, er bot den Sennen Raum und den Holzfällern, den Jägern und den Flößern; er gab Steine zum Bauen und Eisen zum Schmelzen. Gleichmütig sah er zu und ließ gewähren, wie das erste Sommerfeuer auf der Kuppe loderte, und sah es hundertmal und wieder manche hundert Male wiederkehren. Er sah die Stadt da unten mit kleinen stumpfen Armen um sich greifen und über die alten Mauern hinauswachsen; er sah die Jäger ihre Armbrüste vergessen und mit Feuerwaffen schießen. Die Jahrhunderte liefen ihm dahin wie Jahreszeiten, und die Jahre wie Stunden.

Ihn kümmerte es nicht, daß einmal im langen Lauf der Jahre das rote Sonnwendfeuer auf der Felsenplatte nicht mehr aufglühte und von da an vergessen blieb. Ihm schuf es keine Sorgen, als im langen Lauf der Zeiten das Tal der Waffenübungen verödete und auf der Rennbahn Wegerich und Distel heimisch wurden. Und er hindert es nicht, als einmal im langen Lauf der Jahrhunderte ein Bergsturz seine Form veränderte und daß unter den davongerollten Felsen die halbe Stadt Faldum in Trümmern liegenblieb. Er blickte kaum hinab, und er nahm nicht wahr, daß die zertrümmerte Stadt liegenblieb und nicht wiederaufgebaut wurde.

Ihn kümmerte dies alles nicht. Aber andres begann ihn zu kümmern. Die Zeiten rannen, und siehe, der Berg war alt geworden. Wenn er die Sonne kommen und wandern und davongehen sah, so war es nicht wie einst, und wenn die Sterne sich im fahlen Gletscher spiegelten, so fühlte er sich nicht mehr ihresgleichen. Ihm war die Sonne und waren die Sterne jetzt nicht mehr sonderlich wichtig. Wichtig war ihm jetzt, was an ihm selber und in seinem Innern vorging. Denn er fühlte, wie tief unter seinen Felsen und Höhlen eine fremde Hand Arbeit tat, wie hartes Urgestein mürbe ward und in schieferigen Lagen verwitterte, wie die Bäche und Wasserfälle sich tieferfraßen. Gletscher waren geschwunden und Seen gewachsen, Wald war in Steinfelder verwandelt und Wiesen in schwarzes Moor; unendlich weit hinaus in spitzen Zungen liefen die kahlen Bänder seiner Moränen und Geröllrinnen in das Land, und das Land dort unten war seltsam anders geworden, seltsam steinig, seltsam verbrannt und still. Der Berg zog sich mehr und mehr in sich selber zurück. Er fühlte wohl, nicht Sonne und Gestirne waren seinesgleichen. Seinesgleichen war Wind und Schnee, Wasser und Eis. Seinesgleichen war, was ewig scheint und was doch langsam schwindet, was langsam vergeht.

Inniger leitete er seine Bäche zu Tal, sorglicher rollte er seine Lawinen hinab, zärtlicher bot er seine Blumenwiesen der Sonne hin. Und es geschah, daß er sich in seinem hohen Alter auch der Menschen wieder erinnerte. Nicht daß er die Menschen für seinesgleichen geachtet hätte, aber er begann nach ihnen auszuschauen, er begann sich verlassen zu fühlen, er begann an Vergangenes zu denken. Allein die Stadt war nicht mehr da, und kein Gesang im Liebestal, und keine Hütten mehr auf den Almen. Es waren keine Menschen mehr da. Auch sie waren vergangen. Es war still geworden, es war welk geworden, es lag ein Schatten in der Luft.

Der Berg erbebte, als er fühlte, was Vergehen sei; und als er erbebte, sank sein Gipfel zur Seite und stürzte hinab, und Felstrümmer rollten ihm nach über das Liebestal hinweg, das längst mit Steinen ausgefüllt lag, bis in das Meer hinunter.

Ja, die Zeiten waren anders geworden. Wie kam das nur, daß er sich jetzt immer der Menschen erinnern und an sie denken mußte? War das nicht einst wunderschön gewesen, wie die Sommerfeuer gebrannt hatten, und wie im Liebestal die jungen Menschen in Paaren gingen? Oh, und wie hatte ihr Gesang oft süß und warm geklungen!

Der greise Berg war ganz in Erinnerung versunken, er fühlte kaum, wie die Jahrhunderte wegflossen, wie es da und dort in seinen Höhlen mit leisem Donner stürzte und sich schob. Wenn er der Menschen gedachte, so schmerzte ihn ein dumpfer Anklang aus vergangenen Weltaltern, eine unverstandene Bewegung und Liebe, ein dunkler, schwebender Traum, als wäre einst auch er ein Mensch oder den Menschen ähnlich gewesen, hätte gesungen und singen hören, als sei ihm der Gedanke der Vergänglichkeit schon in seinen frühesten Tagen einmal durchs Herz gegangen.

Die Zeitalter flossen weg. Herabgesunken und von rauhen Steinwüsten rings umgeben, hing der sterbende Berg seinen

Träumen nach. Wie war das einst gewesen? War da nicht ein Klang, ein feiner Silberfaden, der ihn mit der vergangenen Welt verband? Mühsam wühlte er in der Nacht vermoderter Erinnerungen, tastete ruhelos zerrissenen Fäden nach, beugte sich immer wieder weit über den Abgrund des Gewesenen. – Hatte nicht auch ihm einst in der Zeitenferne eine Gemeinschaft, eine Liebe geglüht? War nicht auch er einst, der Einsame, der Große, gleich unter Gleichen gewesen? – Hatte nicht auch ihm einst, im Anfang der Dinge, eine Mutter gesungen?

Er sann und sann, und seine Augen, die blauen Seen, wurden trüb und schwer und verwandelten sich in Moor und Sumpf, und über die Grasbänder und kleinen Blumenplätze hin rieselte Steingeschiebe. Er sann, und aus undenklicher Ferne herüber hörte er es klingen, fühlte Töne schweben, ein Lied, ein Menschenlied, und er erzitterte vor schmerzlicher Lust im Wiedererkennen. Er hörte die Töne, und er sah einen Menschen, einen Jüngling, ganz in Töne gehüllt durch die Lüfte in den sonnigen Himmel schweben, und hundert vergrabene Erinnerungen waren erschüttert und begannen zu rieseln und zu rollen. Er sah ein Menschengesicht mit dunklen Augen, und die Augen fragten ihn zwinkernd: »Willst du nicht einen Wunsch tun?«

Und er tat einen Wunsch, einen stillen Wunsch, und indem er ihn tat, fiel jene Qual von ihm ab, daß er sich auf so ferne und verschollene Dinge besinnen mußte, und alles fiel von ihm ab, was ihm weh getan hatte. Es stürzten der Berg und das Land in sich zusammen, und wo Faldum gewesen war, da wogte weit und rauschend das unendliche Meer, und darüber gingen im Wechsel die Sonne und die Sterne hin.

(1915)

Der schwere Weg

Am Eingang der Schlucht, bei dem dunkeln Felsentor, stand ich zögernd und drehte mich zurückblickend um.

Sonne schien in dieser grünen wohligen Welt, über den Wiesen flimmerte wehend die bräunliche Grasblüte. Dort war gut sein, dort war Wärme und liebes Behagen, dort summte die Seele tief und befriedigt wie eine wollige Hummel im satten Duft und Lichte. Und vielleicht war ich ein Narr, daß ich das alles verlassen und ins Gebirge hinaufsteigen wollte.

Der Führer berührte mich sanft am Arm. Ich riß meine Blicke von der geliebten Landschaft los, wie man sich gewaltsam aus einem lauen Bade losmacht. Nun sah ich die Schlucht in sonnenloser Finsternis liegen, ein kleiner schwarzer Bach kroch aus der Spalte, bleiches Gras wuchs in kleinen Büscheln an seinem Rande, auf seinem Boden lag herabgespültes Gestein von allen Farben tot und blaß wie Knochen von Wesen, welche einst lebendig waren.

»Wir wollen rasten«, sagte ich zum Führer.

Er lächelte geduldig, und wir setzten uns nieder. Es war kühl, und aus dem Felsentore kam ein leiser Strom von finsterer, steinig kalter Luft geflossen.

Häßlich, häßlich, diesen Weg zu gehen! Häßlich, sich durch dies unfrohe Felsentor zu quälen, über diesen kalten Bach zu schreiten, diese schmale schroffe Kluft im Finstern hinanzuklettern!

»Der Weg sieht scheußlich aus«, sagte ich zögernd.

In mir flatterte wie ein sterbendes Lichtlein die heftige, ungläubige, unvernünftige Hoffnung, wir könnten vielleicht wieder umkehren, der Führer möchte sich noch überreden lassen, es möchte uns dies alles erspart bleiben. Ja, warum eigentlich nicht? War es dort, von wo wir kamen, nicht tausendmal schöner? Floß nicht dort das Leben reicher, wärmer, liebenswerter? Und war ich nicht ein Mensch, ein kindliches und kurzlebiges

144

Wesen mit dem Recht auf ein bißchen Glück, auf ein Eckchen Sonne, auf ein Auge von Blau und Blumen?

Nein, ich wollte dableiben. Ich hatte keine Lust, den Helden und Märtyrer zu spielen! Ich wollte mein Leben lang zufrieden sein, wenn ich im Tal und an der Sonne bleiben durfte.

Schon fing ich an zu frösteln; hier war kein langes Bleiben möglich.

»Du frierst«, sagte der Führer, »es ist besser, wir gehen.« Damit stand er auf, reckte sich einen Augenblick zu seiner ganzen Höhe aus und sah mich mit Lächeln an. Es war weder Spott noch Mitleid in dem Lächeln, weder Härte noch Schonung. Es war nichts darin als Verständnis, nichts als Wissen. Dies Lächeln sagte: »Ich kenne dich. Ich kenne deine Angst, die du fühlst, und habe deine Großsprecherei von gestern und vorgestern keineswegs vergessen. Jeder verzweifelte Hasensprung der Feigheit, den deine Seele jetzt tut, und jedes Liebäugeln mit dem lieben Sonnenschein da drüben ist mir bekannt und vertraut, noch ehe du's ausführst.«

Mit diesem Lächeln sah mich der Führer an und tat den ersten Schritt ins dunkle Felsental voraus, und ich haßte ihn und liebte ihn, wie ein Verurteilter das Beil über seinem Nacken haßt und liebt. Vor allem aber haßte und verachtete ich sein Wissen, seine Führerschaft und Kühle, seinen Mangel an lieblichen Schwächen, und haßte alles das in mir selber, was ihm recht gab, was ihn billigte, was seinesgleichen war und ihm folgen wollte.

Schon war er mehrere Schritte weit gegangen, auf Steinen durch den schwarzen Bach, und war eben im Begriff, mir um die erste Felsenecke zu entschwinden.

»Halt!« rief ich so voller Angst, daß ich zugleich denken mußte: Wenn das hier ein Traum wäre, dann würde ihn in diesem Augenblick mein Entsetzen zersprengen, und ich würde aufwachen. »Halt«, rief ich, »ich kann nicht, ich bin noch nicht bereit.«

Der Führer blieb stehen und blickte still herüber, ohne Vorwurf, aber mit diesem seinem furchtbaren Verstehen, mit diesem schwer zu ertragenden Wissen, Ahnen, Schon-im-voraus-verstanden-Haben.

»Wollen wir lieber umkehren?« fragte er, und er hatte noch das letzte Wort nicht ausgesprochen, da wußte ich schon voll Widerwillen, daß ich »nein« sagen würde, nein würde sagen müssen. Und zugleich rief alles Alte, Gewohnte, Liebe, Vertraute in mir verzweiflungsvoll: »Sag ja, sag ja«, und es hängte sich die ganze Welt und Heimat wie eine Kugel an meine Füße.

Ich wollte »ja« rufen, obschon ich genau wußte, daß ich es nicht würde tun können.

Da wies der Führer mit der ausgestreckten Hand in das Tal zurück, und ich wandte mich nochmals nach den geliebten Gegenden um. Und jetzt sah ich das Peinvollste, was mir begegnen konnte: ich sah die geliebten Täler und Ebenen unter einer weißen entkräfteten Sonne fahl und lustlos liegen, die Farben klangen falsch und schrill zusammen, die Schatten waren rußig schwarz und ohne Zauber, und allem, allem war das Herz herausgeschnitten, war der Reiz und Duft genommen – alles roch und schmeckte nach Dingen, an denen man sich längst bis zum Ekel übergessen hat. Oh, wie ich das kannte, wie ich das fürchtete und haßte, diese schreckliche Art des Führers, mir das Geliebte und Angenehme zu entwerten, den Saft und Geist daraus weglaufen zu lassen, Düfte zu verfälschen und Farben leise zu vergiften! Ach, ich kannte das: was gestern noch Wein gewesen war, war heut Essig. Und nie wieder wurde der Essig zu Wein. Nie wieder.

Ich schwieg und folgte traurig dem Führer nach. Er hatte ja recht, jetzt wie immer. Gut, wenn er wenigstens bei mir und sichtbar blieb, statt – wie so oft – im Augenblick einer Entscheidung plötzlich zu verschwinden und mich allein zu lassen – allein mit jener fremden Stimme in meiner Brust, in die er sich dann verwandelt hatte.

Ich schwieg, aber mein Herz rief inbrünstig: »Bleib nur, ich folge ja!«

Die Steine im Bach waren von einer scheußlichen Schlüpfrigkeit, es war ermüdend und schwindelerregend, so zu gehen,

Fuß über Fuß auf schmalem, nassem Stein, der sich unter der Sohle klein machte und auswich. Dabei begann der Bachpfad rasch zu steigen, und die finsteren Felsenwände traten näher zusammen, sie schwollen mürrisch an, und jede ihrer Ecken zeigte die tückische Absicht, uns einzuklemmen und für immer vom Rückweg abzuschneiden. Über warzige gelbe Felsen rann zäh und schleimig eine Haut von Wasser. Kein Himmel, nicht Wolke noch Blau mehr über uns.

Ich ging und ging, dem Führer nach, und schloß oft vor Angst und Widerwillen die Augen. Da stand eine dunkle Blume am Weg, sammetschwarz mit traurigem Blick. Sie war schön und sprach vertraut zu mir, aber der Führer ging rascher, und ich fühlte: Wenn ich einen Augenblick verweilte, wenn ich noch einen einzigen Blick in dies traurige Sammetauge senkte, dann würde die Betrübtheit und hoffnungslose Schwermut allzu schwer und würde unerträglich, und mein Geist würde alsdann immer in diesen höhnischen Bezirk der Sinnlosigkeit und des Wahns gebannt bleiben.

Naß und schmutzig kroch ich weiter, und als die feuchten Wände sich näher über uns zusammenklemmten, da fing der Führer sein altes Trostlied an zu singen. Mit seiner hellen, festen Jünglingsstimme sang er bei jedem Schritt im Takt die Worte: »Ich will, ich will, ich will!« Ich wußte wohl, er wollte mich ermutigen und anspornen, er wollte mich über die häßliche Mühsal und Trostlosigkeit dieser Höllenwanderung hinwegtäuschen. Ich wußte, er wartete darauf, daß ich mit in seinen Singsang einstimme. Aber dies wollte ich nicht, diesen Sieg wollte ich ihm nicht gönnen. War mir denn zum Singen zumute? Und war ich nicht ein Mensch, ein armer einfacher Kerl, der da wider sein Herz in Dinge und Taten hineingezerrt wurde, die Gott nicht von ihm verlangen konnte? Durfte nicht jede Nelke und jedes Vergißmeinnicht am Bach bleiben, wo es war, und blühen und verwelken, wie es in seiner Art lag?

»Ich will, ich will, ich will«, sang der Führer unentwegt. Oh, wenn ich hätte umkehren können! Aber ich war, mit des Führers wunderbarer Hilfe, längst über Wände und Abstürze geklettert, über die es keinen, keinen Rückweg gab. Das Weinen würgte mich von innen, aber weinen durfte ich nicht, dies am allerwenigsten. Und so stimmte ich trotzig und laut in den Sang des Führers ein, im gleichen Takt und Ton, aber ich sang nicht seine Worte mit, sondern immerzu: »Ich muß, ich muß, ich muß!« Allein es war nicht leicht, so im Steigen zu singen, ich verlor bald den Atem und mußte keuchend schweigen. Er aber sang unermüdet fort: »Ich will, ich will, ich will«, und mit der Zeit bezwang er mich doch, daß auch ich seine Worte mitsang. Nun ging das Steigen besser, und ich mußte nicht mehr, sondern wollte in der Tat, und von einer Ermüdung durch das Singen war nichts mehr zu spüren.

Da wurde es heller in mir, und wie es heller in mir wurde, wich auch der glatte Fels zurück, ward trockener, ward gütiger, half oft dem gleitenden Fuß, und über uns trat mehr und mehr der hellblaue Himmel hervor, wie ein kleiner blauer Bach zwischen den Steinufern, und bald wie ein blauer kleiner See, der wuchs und Breite gewann.

Ich versuchte es, stärker und inniger zu wollen, und der Himmelssee wuchs weiter, und der Pfad wurde gangbarer, ja ich lief zuweilen eine ganze Strecke leicht und beschwerdelos neben dem Führer her. Und unerwartet sah ich den Gipfel nahe über uns, steil und gleißend in durchglühter Sonnenluft.

Wenig unterhalb des Gipfels entkrochen wir dem engen Spalt, Sonne drang in meine geblendeten Augen, und als ich sie wieder öffnete, zitterten mir die Knie vor Beklemmung, denn ich sah mich frei und ohne Halt an den steilen Grat gestellt, ringsum unendlichen Himmelsraum und blaue bange Tiefe, nur der schmale Gipfel dünn wie eine Leiter vor uns ragend. Aber es war wieder Himmel und Sonne da, und so stiegen wir auch die letzte beklemmende Steile empor, Fuß vor Fuß mit zusammengepreßten Lippen und gefalteten Stirnen. Und standen oben, schmal auf durchglühtem Stein, in einer strengen, spöttisch dünnen Luft.

Das war ein sonderbarer Berg und ein sonderbarer Gipfel! Auf diesem Gipfel, den wir über so unendliche nackte Steinwände erklommen hatten, auf diesem Gipfel wuchs aus dem Steine ein Baum, ein kleiner, gedrungener Baum mit einigen kurzen, kräftigen Ästen. Da stand er, unausdenklich einsam und seltsam, hart und starr im Fels, das kühle Himmelsblau zwischen seinen Ästen. Und zuoberst im Baume saß ein schwarzer Vogel und sang ein rauhes Lied.

Stiller Traum einer kurzen Rast, hoch über der Welt: Sonne lohte, Fels glühte, Raum starrte streng, Vogel sang rauh. Sein rauhes Lied hieß: Ewigkeit, Ewigkeit! Der schwarze Vogel sang, und sein blankes hartes Auge sah uns an wie ein schwarzer Kristall. Schwer zu ertragen war sein Blick, schwer zu ertragen war sein Gesang, und furchtbar war vor allem die Einsamkeit und Leere dieses Ortes, die schwindelnde Weite der öden Himmelsräume. Sterben war unausdenkbare Wonne, Hierbleiben namenlose Pein. Es mußte etwas geschehen, sofort, augenblicklich, sonst versteinerten wir und die Welt vor Grauen. Ich fühlte das Geschehnis drücken und glühend einherhauchen wie den Windstoß vor einem Gewitter. Ich fühlte es mir über Leib und Seele flattern wie ein brennendes Fieber. Es drohte, es kam, es war da.

– – Es schwang sich der Vogel jäh vom Ast, warf sich stürzend in den Weltraum.

Es tat mein Führer einen Sprung und Sturz ins Blaue, fiel in den zuckenden Himmel, flog davon.

Jetzt war die Welle des Schicksals auf der Höhe, jetzt riß sie mein Herz davon, jetzt brach sie lautlos auseinander.

Und ich fiel schon, ich stürzte, sprang, ich flog; in kalte Luftwirbel geschnürt schoß ich selig und vor Qual der Wonne zuckend durchs Unendliche hinabwärts, an die Brust der Mutter.

(1916)

Eine Traumfolge

Mir schien, ich verweile schon eine Menge von unnützer dickflüssiger Zeit in dem blauen Salon, durch dessen Nordfenster der falsche See mit den unechten Fjorden blickte und wo nichts mich hielt und anzog als die Gegenwart der schönen, verdächtigen Dame, die ich für eine Sünderin hielt. Ihr Gesicht einmal richtig zu sehen, war mein unerfülltes Verlangen. Ihr Gesicht schwebte undeutlich zwischen dunklen, offenen Haaren und bestand einzig aus süßer Blässe, sonst war nichts vorhanden. Vielleicht waren die Augen dunkelbraun, ich fühlte Gründe in mir, das zu erwarten, aber dann paßten die Augen nicht zu dem Gesicht, das mein Blick aus der unbestimmten Blässe zu lesen wünschte und dessen Gestaltung ich bei mir in tiefen, unzugänglichen Erinnerungsschichten ruhen wußte.

Endlich geschah etwas. Die beiden jungen Männer traten ein. Sie begrüßten die Dame mit sehr guten Formen und wurden mir vorgestellt. Affen, dachte ich und zürnte mir selber, weil des einen rotbrauner Rock mit seinem hübsch koketten Sitz und Schnitt mich beschämte und neidisch machte. Scheußliches Gefühl des Neides gegen die Tadellosen, Ungenierten, Lächelnden! »Beherrsche dich!« rief ich mir leise zu. Die beiden jungen Leute griffen gleichgültig nach meiner dargereichten Hand – warum hatte ich sie hingeboten?! – und machten spöttische Gesichter.

Da spürte ich, daß etwas an mir nicht in Ordnung sei, und fühlte lästige Kälte an mir aufsteigen. Hinunterblickend sah ich mit Erbleichen, daß ich ohne Schuhe in bloßen Strümpfen stand. Immer wieder diese öden, kläglichen, dürftigen Hindernisse und Widerstände! Andern passierte es nie, daß sie nackt oder halb nackt in Salons vor dem Volk der Tadellosen und Unerbittlichen standen! Traurig suchte ich den linken Fuß wenigstens mit dem rechten zu decken, dabei fiel mein Blick durchs Fenster, und ich sah die steilen Seeufer blau und wild in falschen düsteren Tönen drohen, sie wollten dämonisch sein. Betrübt und hilfsbedürftig blickte ich die Fremden an, voll Haß gegen diese Leute und voll von größerem Haß gegen mich – es war nichts mit mir, es glückte mir nichts. Und warum fühlte ich mich für den dummen See verantwortlich? Ja, wenn ich es fühlte, dann war ich's auch. Flehentlich sah ich dem Rotbraunen ins Gesicht, seine Wangen glänzten gesund und zart gepflegt, und wußte doch so gut, daß ich mich unnütz preisgebe, daß er nicht zu rühren sei.

Eben jetzt bemerkte er meine Füße in den groben dunkelgrünen Strümpfen – ach, ich mußte noch froh sein, daß sie ohne Löcher waren – und lächelte häßlich. Er stieß seinen Kameraden an und zeigte auf meine Füße. Auch der andre grinste voller Spott.

»Sehen Sie doch den See!« rief ich und deutete durchs Fenster.

Der Rotbraune zuckte die Achseln, es fiel ihm nicht ein, sich nur gegen das Fenster zu wenden, und sagte zum andern etwas, das ich nur halb verstand, das aber auf mich gemünzt war und von Kerlen in Strümpfen handelte, die man in einem solchen Salon gar nicht dulden sollte. Dabei war »Salon« für mich wieder so etwas wie in Bubenjahren, mit einem etwas schönen und etwas falschen Klang von Vornehmheit und Welt.

Nahe am Weinen bückte ich mich zu meinen Füßen hinab, ob da etwas zu bessern sei, und sah jetzt, daß ich aus weiten Hausschuhen geglitten war; wenigstens lag ein sehr großer, weicher, dunkelroter Pantoffel hinter mir am Boden. Ich nahm ihn unschlüssig in die Hand, beim Absatz packend, noch ganz weinerlich. Er entglitt mir, ich erwischte ihn noch im Fallen – er war inzwischen noch größer geworden – und hielt ihn nun am vorderen Ende.

Dabei fühlte ich plötzlich, innig erlöst, den tiefen Wert des Pantoffels, der in meiner Hand ein wenig federte, vom schweren Absatz hinabgezogen. Herrlich, so ein roter schlapper Schuh, so weich und schwer! Versuchsweise schwang ich ihn ein wenig durch die Luft, es war köstlich und durchfloß mich mit Wonnen bis in die Haare. Eine Keule, ein Gummischlauch war nichts gegen meinen großen Schuh. Calziglione nannte ich ihn auf italienisch.

Als ich dem Rotbraunen einen ersten spielerischen Schlag mit dem Calziglione an den Kopf gab, sank der junge Tadellose schon taumelnd auf den Diwan, und die andern und das Zimmer und der schreckliche See verloren alle Macht über mich. Ich war groß und stark, ich war frei, und beim zweiten Schlag auf den Kopf des Rotbraunen war schon nichts mehr von Kampf, nichts mehr von schäbiger Notwehr in meinem Zuhauen, sondern lauter Jauchzen und befreite Herrenlaune. Auch haßte ich den erlegten Feind nicht im mindesten mehr, er war mir interessant, er war mir wertvoll und lieb, ich war ja sein Herr und sein Schöpfer. Denn jeder gute Schlag mit meiner welschen Schuhkeule formte diesen unreifen und affigen Kopf, schmiedete ihn, baute ihn, dichtete ihn, mit jedem formenden Hieb ward er angenehmer, wurde hübscher, feiner, wurde mein Geschöpf und Werk, das mich befriedigte und das ich liebte. Mit einem letzten zärtlichen Schmiedehieb trieb ich ihm den spitzen Hinterkopf gerade hinlänglich nach innen. Er war vollendet. Er dankte mir und streichelte mir die Hand. »Schon gut«, winkte ich. Er kreuzte die Hände vor der Brust und sagte schüchtern: »Ich heiße Paul.«

Wundervoll machtfrohe Gefühle dehnten meine Brust und dehnten den Raum von mir hinweg, das Zimmer – nichts mehr von »Salon«! – wich beschämt davon und verkroch sich nichtig; ich stand am See. Der See war schwarzblau, Stahlwolken drückten auf die finsteren Berge, in den Fjorden kochte dunkles Wasser schaumig auf, Föhnstöße irrten zwanghaft und ängstlich in Kreisen. Ich blickte empor und reckte die Hand aus zum Zeichen, daß der Sturm beginnen möge. Ein Blitz knallte hell und kalt aus der harten Bläue, senkrecht herab heulte ein warmer Orkan, am Himmel schoß graues Formengetümmel zerfließend in Marmoradern auseinander. Große runde Wogen stiegen angstvoll aus dem gepeitschten See, von ihren Rücken riß der Sturm Schaumbärte und klatschende Wasserfetzen und warf sie mir ins Gesicht. Die schwarz erstarrten Berge rissen

Augen voll Entsetzen auf. Ihr Aneinanderkauern und Schweigen klang flehentlich.

In dem prachtvoll auf Gespenster-Riesenpferden jagenden Sturm klang neben mir eine schüchterne Stimme. Oh, ich hatte dich nicht vergessen, bleiche Frau im langschwarzen Haar. Ich neigte mich zu ihr, sie sprach kindlich – der See komme, man könne hier nicht sein. Noch schaute ich gerührt auf die sanfte Sünderin, ihr Gesicht war nichts als stille Blässe in breiter Haardämmerung, da schlug schon klatschendes Gewoge an meine Knie und schon an meine Brust, und die Sünderin schwankte wehrlos und still auf steigenden Wellen. Ich lachte ein wenig, legte den Arm um ihre Knie und hob sie zu mir empor. Auch dies war schön und befreiend, die Frau war seltsam leicht und klein, voll frischer Wärme und die Augen herzlich, vertrauensvoll und erschrocken, und ich sah, sie war gar keine Sünderin und keine ferne unklare Dame. Keine Sünden, kein Geheimnis; sie war einfach ein Kind.

Aus den Wellen trug ich sie über Felsen und durch den regenfinsteren, königlich trauernden Park, wohin der Sturm nicht reichte und wo aus gesenkten Kronen alter Bäume lauter sanft-menschliche Schönheit sprach, lauter Gedichte und Symphonien, Welt der holden Ahnungen und lieblich gezähmten Genüsse, gemalte liebenswerte Bäume von Corot und ländlich-holde Holzbläsermusik von Schubert, die mich mit flüchtig aufzuckendem Heimweh mild in ihre geliebten Tempel lockte. Doch umsonst, viele Stimmen hat die Welt, und für alles hat die Seele ihre Stunden und Augenblicke.

Weiß Gott, wie die Sünderin, die bleiche Frau, das Kind, ihren Abschied nahm und mir verlorenging. Es war eine Vortreppe aus Stein, es war ein Haustor, Dienerschaft war da, alles schwächlich und milchig wie hinter trübem Glase, und andres, noch wesenloser, noch trüber, Gestalten windhaft hingeweht ein Ton von Tadel und Vorwurf gegen mich verleidete mir das Schattengestöber. Nichts blieb von ihm zurück als die Figur Paul, mein Freund und Sohn Paul, und in seinen Zügen zeigte und verbarg sich ein nicht mit Namen zu nennendes, dennoch unendlich wohlbekanntes Gesicht, ein Schulkameradengesicht, ein vorgeschichtlich sagenhaftes Kindermagdgesicht, genährt aus den guten nahrhaften Halberinnerungen fabelhafter erster Jahre.

Gutes, inniges Dunkel, warme Seelenwiege und verlorne Heimat tut sich auf, Zeit des ungestalteten Daseins, unentschlossene erste Wallung überm Quellgrund, unter dem die Ahnenvorzeit mit den Urwaldträumen schläft. Taste nur, Seele, irre nur, wühle blind im satten Bad schuldloser Dämmertriebe! Ich kenne dich, bange Seele, nichts ist dir notwendiger, nichts ist so sehr Speise, so sehr Trank und Schlaf für dich wie die Heimkehr zu deinen Anfängen. Da rauscht Welle um dich, und du bist Welle, Wald, und du bist Wald, es ist kein Außen und Innen mehr, du fliegst Vogel in Lüften, schwimmst Fisch im Meer, saugst Licht und bist Licht, kostest Dunkel und bist Dunkel. Wir wandern, Seele, wir schwimmen und fliegen, und lächeln und knüpfen mit zarten Geistfingern die zerrissenen Fäden wieder an, tönen selig die zerstörten Schwingungen aus. Wir suchen Gott nicht mehr. Wir sind Gott. Wir sind die Welt. Wir töten und sterben mit, wir schaffen und auferstehen mit unsern Träumen. Unser schönster Traum, der ist der blaue Himmel, unser schönster Traum, der ist das Meer, unser schönster Traum, der ist die sternhelle Nacht, und ist der Fisch, und ist der helle frohe Schall, und ist das helle frohe Licht – alles ist unser Traum, jedes ist unser schönster Traum. Eben sind wir gestorben und zu Erde geworden. Eben haben wir das Lachen erfunden. Eben haben wir ein Sternbild geordnet.

Stimmen tönen, und jede ist die Stimme der Mutter. Bäume rauschen, und jeder hat über unsrer Wiege gerauscht. Straßen laufen in Sternform auseinander, und jede Straße ist der Heimweg.

Der, der sich Paul nannte, mein Geschöpf und Freund, war wieder da und war so alt wie ich geworden. Er glich einem Jugendfreunde, doch wußt' ich nicht welchem, und ich war darum gegen ihn etwas unsicher und zeigte einige Höflichkeit. Daraus zog er Macht. Die Welt gehorchte nicht mehr mir, sie gehorchte ihm, darum war alles vorige verschwunden und in demütiger Unwahrscheinlichkeit untergegangen, beschämt durch ihn, der nun regierte.

Wir waren auf einem Platz, der Ort hieß Paris, und vor mir stand ein eiserner Balken in die Höhe, der war eine Leiter und hatte zu beiden Seiten schmale eiserne Sprossen, an denen konnte man sich mit den Händen halten und mit den Füßen auf sie treten. Da Paul es wollte, kletterte ich hinan und er daneben auf einer ebensolchen Leiter. Als wir so hoch geklettert waren wie ein Haus und wie ein sehr hoher Baum, begann ich Bangigkeit zu fühlen. Ich sah zu Paul hinüber, der fühlte keine Bangigkeit, aber er erriet die meine und lächelte.

Einen Atemzug lang, während er lächelte und ich ihn ansah, war ich ganz nahe daran, sein Gesicht zu erkennen und seinen Namen zu wissen, eine Kluft von Vergangenheit riß auf und spaltete sich bis zur Schülerzeit hinab, zurück bis da, wo ich zwölfjährig war, herrlichste Zeit des Lebens, alles voll Duft, alles genial, alles mit einem eßbaren Duft von frischem Brot und mit einem berauschenden Schimmer von Abenteuer und Heldentum vergoldet – zwölfjährig war Jesus, als er im Tempel die Gelehrten beschämte, mit zwölf Jahren haben wir alle unsre Gelehrten und Lehrer beschämt, waren klüger als sie, genialer als sie, tapferer als sie. Anklänge und Bilder stürmten in Knäueln auf mich ein: vergessene Schulhefte, Arrest in der Mittagsstunde, ein mit der Schleuder getöteter Vogel, eine Rocktasche klebrig voll gestohlener Pflaumen, wildes Bubengeplätscher im Schwimmbad, zerrissene Sonntagshosen und innig schlechtes Gewissen, heißes Abendgebet um irdische Sorgen, wunderbar heldische Prachtgefühle bei einem Vers von Schiller. – –

Es war nur ein Sekundenblitz, gierig hastende Bilderfolge ohne Mittelpunkt, im nächsten Augenblick sah Pauls Gesicht mich wieder an, quälend halb bekannt. Ich war meines Alters nicht mehr sicher, möglich, daß wir Knaben waren. Tiefer und tiefer unter unsern dünnen Leitersprossen lag die Straßenmasse, welche Paris hieß. Als wir höher waren als jeder Turm, gingen unsre Eisenstangen zu Ende und zeigten sich jede mit

155

einem waagrechten Brett gekrönt, einer winzig kleinen Platt-
form. Es schien unmöglich, sie zu erklimmen. Aber Paul tat
es gelassen, und ich mußte auch.

Oben legte ich mich flach aufs Brett und sah über den Rand
hinunter, wie von einer kleinen hohen Wolke. Mein Blick fiel
wie ein Stein ins Leere hinab und kam an kein Ziel, da machte
mein Kamerad eine deutende Gebärde, und ich blieb an einem
wunderlichen Anblick haften, der mitten in den Lüften
schwebte. Da sah ich, über einer breiten Straße in der Höhe
der höchsten Dächer, aber noch unendlich tief unter uns, eine
fremdartige Gesellschaft in der Luft, es schienen Seiltänzer zu
sein, und wirklich lief eine der Figuren auf einem Seil oder
einer Stange dahin. Dann entdeckte ich, daß es sehr viele waren
und fast lauter junge Mädchen, und sie schienen mir Zigeuner
oder wanderndes Volk zu sein. Sie gingen, lagerten, saßen, be-
wegten sich in Dachhöhe auf einem luftigen Gerüste aus dünn-
sten Latten und laubenähnlichem Gestänge, sie wohnten dort
und waren heimisch in dieser Region. Unter ihnen war die
Straße zu ahnen, ein feiner schwebender Nebel reichte von
unten her bis nahe an ihre Füße.

Paul sagte etwas darüber. »Ja«, antwortete ich, »es ist rührend, alle die Mädchen.«

Wohl war ich viel höher als jene, aber ich klebte angstvoll
auf meinem Posten, sie indessen schwebten leicht und angstlos,
und ich sah, ich war zu hoch, ich war am falschen Ort. Jene
hatten die richtige Höhe, nicht am Boden und doch nicht so
teuflisch hoch und fern wie ich, nicht unter den Leuten und
doch nicht so ganz vereinsamt, außerdem waren sie viele. Ich
sah wohl, daß sie eine Seligkeit darstellten, die ich noch nicht
erreicht hatte.

Aber ich wußte, daß ich irgendeinmal wieder an meiner ungeheuren Leiter werde hinabklettern müssen, und der Gedanke
daran war so beklemmend, daß ich Übelkeit spürte und es keinen Augenblick mehr hier oben aushalten konnte. Verzweiflungsvoll und zitternd vor Schwindel tastete ich mit den Füßen
unter mir nach den Leitersprossen – sehen konnte ich sie vom

Brett aus nicht – und hing grauenvolle Minuten, krampfhaft angeklammert, in der schlimmen Höhe. Niemand half mir, Paul war fort.

In tiefer Bangigkeit tat ich gefährliche Tritte und Griffe, und ein Gefühl hüllte mich wie Nebel ein, ein Gefühl, daß nicht die hohe Leiter und der Schwindel es waren, was ich auszukosten und durchzumachen habe. Alsbald verlor sich denn auch die Sichtbarkeit und Ähnlichkeit der Dinge, es war alles Nebel und unbestimmt. Bald hing ich noch in den Sprossen und spürte Schwindel, bald kroch ich klein und bang durch furchtbar enge Erdschächte und Kellergänge, bald watete ich hoffnungslos im Sumpf und Kot und fühlte wüsten Schlamm mir bis zum Munde steigen. Dunkel und Hemmung überall. Furchtbare Aufgaben mit ernstem, doch verhülltem Sinn. Angst und Schweiß, Lähmung und Kälte. Schweres Sterben, schweres Geborenwerden.

Wieviel Nacht ist um uns her! Wieviel bange, arge Qualenwege gehen wir, geht tief im Schacht unsre verschüttete Seele, ewiger armer Held, ewiger Odysseus! Aber wir gehen, wir gehen, wir bücken uns und waten, wir schwimmen erstickend im Schlamm, wir kriechen die glatten bösen Wände hinan. Wir weinen und verzagen, wir jammern bang und heulen leidend auf. Aber wir gehen weiter, wir gehen und leiden, wir gehen und beißen uns durch.

Wieder stellte aus dem trüben Höllenqualme Bildlichkeit sich her, wieder lag ein kleines Stück des finsteren Pfades vom gestaltenden Licht der Erinnerungen beschieden, und die Seele drang aus dem Urweltlichen in den heimatlichen Bezirk der Zeit.

Wo war das? Bekannte Dinge sahen mich an, ich atmete Luft, die ich wiedererkannte. Ein Zimmer, groß im Halbdunkel, eine Erdöllampe auf dem Tisch, meine eigne Lampe, ein großer runder Tisch, etwas wie ein Klavier. Meine Schwester war da und mein Schwager, vielleicht bei mir zu Besuch oder vielleicht ich bei ihnen. Sie waren still und sorgenvoll, voll Sorgen um mich. Und ich stand im großen und düsteren Zimmer, ging hin und her und stand und ging in einer Wolke von Traurigkeit, in einer Flut von bitterer, erstickender Traurigkeit. Und nun fing ich an, irgend etwas zu suchen, nichts Wichtiges, ein Buch oder eine Schere oder so etwas, und konnte es nicht finden. Ich nahm die Lampe in die Hand, sie war schwer, und ich war furchtbar müde, ich stellte sie bald wieder ab und nahm sie doch wieder, und wollte suchen, suchen, obwohl ich wußte, daß es vergeblich sei. Ich würde nichts finden, ich würde alles nur noch mehr verwirren, die Lampe würde mir aus den Händen fallen, sie war so schwer, so quälend schwer, und so würde ich weitertasten und suchen und durchs Zimmer irren, mein ganzes armes Leben lang.

Mein Schwager sah mich an, ängstlich und etwas tadelnd. Sie merken, daß ich wahnsinnig werde, dachte ich schnell und nahm wieder die Lampe. Meine Schwester trat zu mir, still, mit bittenden Augen, voller Angst und Liebe, daß mir das Herz brechen wollte. Ich konnte nichts sagen, ich konnte nur die Hand ausstrecken und abwinken, abwehrend winken, und ich dachte: Laßt mich doch! Laßt mich doch! Ihr könnt ja nicht wissen, wie mir ist, wie weh mir ist, wie furchtbar weh! Und wieder: Laßt mich doch! Laßt mich doch!

Das rötliche Lampenlicht floß schwach durchs große Zimmer, Bäume stöhnten draußen im Wind. Einen Augenblick glaubte ich die Nacht draußen innerlichst zu sehen und zu fühlen: Wind und Nässe, Herbst, bitterer Laubgeruch, Blättergestiebe vom Ulmenbaum, Herbst, Herbst! Und wieder einen Augenblick lang war ich nicht ich selber, sondern sah mich wie ein Bild: ich war ein bleicher, hagerer Musiker mit flackernden Augen, der hieß Hugo Wolf und war an diesem Abend im Begriff, wahnsinnig zu werden.

Dazwischen mußte ich wieder suchen, hoffnungslos suchen und die schwere Lampe heben, auf den runden Tisch, auf den Sessel, auf einen Bücherstoß. Und mußte mit flehenden Gebärden abwehren, wenn meine Schwester mich wieder traurig und behutsam anblickte, mich trösten wollte, mir nahe sein und helfen wollte. Die Trauer in mir wuchs und füllte mich zum Zerspringen, und die Bilder um mich her waren von einer ergreifend beredten Deutlichkeit, viel deutlicher, als jede Wirklichkeit sonst ist; ein paar Herbstblumen im Wasserglas, eine dunkelrotbraune Georgine darunter, glühten in so schmerzlich schöner Einsamkeit, jedes Ding und auch der blinkende Messingfuß der Lampe war so verzaubert schön und von so schicksalsvoller Einsamkeit umdrungen wie auf den Bildern der großen Maler.

Ich spürte mein Schicksal deutlich. Noch ein Schatten mehr in diese Traurigkeit, noch ein Blick der Schwester, noch ein Blick der Blumen, der schönen seelenvollen Blumen – dann floß es über, und ich sank im Wahnsinn unter. »Laßt mich! Ihr wißt ja nicht!« Auf der polierten Wand des Klaviers lag ein Strahl Lampenlicht im schwärzlichen Holz gespiegelt, so schön, so geheimnisvoll, so gesättigt von Schwermut!

Jetzt erhob sich meine Schwester wieder, sie ging gegen das Klavier hinüber. Ich wollte bitten, wollte innig abwehren, aber ich konnte nicht, es reichte keinerlei Macht mehr aus meiner Vereinsamung heraus und zu ihr hinüber. Oh, ich wußte, was jetzt kommen mußte. Ich kannte die Melodie, die jetzt zu Wort kommen und alles sagen und alles zerstören mußte. Ungeheure Spannung zog mein Herz zusammen, und während die ersten glühenden Tropfen mir aus den Augen sprangen, stürzte ich mit Kopf und Händen über den Tisch hin und hörte und empfand mit allen Sinnen und mit neuen Sinnen dazu, Text und Melodie zugleich, Wolfsche Melodie, den Vers:

> Was wisset ihr, dunkle Wipfel,
> Von der alten schönen Zeit?
> Die Heimat hinter den Gipfeln,
> Wie liegt sie so weit, so weit!

Damit glitt vor mir und in mir die Welt auseinander, versank in Tränen und Tönen, nicht zu sagen wie hingegossen, wie strömend, wie gut und schmerzlich! O Weinen, o süßes Zusammenbrechen, seliges Schmelzen. Alle Bücher der Welt voll Gedanken und Gedichten sind nichts gegen eine Minute Schluchzen, wo Gefühl in Strömen wogt, Seele tief sich selber fühlt und findet. Tränen sind schmelzendes Seeleneis, dem Weinenden sind alle Engel nah.

Ich weinte mich, alle Anlässe und Gründe vergessend, von der Höhe unerträglicher Spannung in die milde Dämmerung alltäglicher Gefühle hinab, ohne Gedanken, ohne Zeugen. Dazwischen flatternde Bilder: ein Sarg, darin lag ein mir so lieber, so wichtiger Mensch, doch wußte ich nicht wer. Vielleicht du selber, dachte ich, da fiel ein andres Bild mir ein, aus großer zarter Ferne her. Hatte ich nicht einmal, vor Jahren oder in einem früheren Leben, ein wunderbares Bild gesehen: ein Volk von jungen Mädchen hoch in Lüften hausend, wolkig und schwerelos, schön und selig, leicht schwebend wie Luft und satt wie Streichmusik?

Jahre flogen dazwischen, drängten mich sanft und mächtig von dem Bilde weg. Ach, vielleicht hatte mein ganzes Leben nur den Sinn gehabt, diese holden schwebenden Mädchen zu sehen, zu ihnen zu kommen, ihresgleichen zu werden! Nun sanken sie fern dahin, unerreichbar, unverstanden, unerlöst, von verzweifelnder Sehnsucht müd umflattert.

Jahre fielen wie Schneeflocken herab, und die Welt war verändert. Betrübt wanderte ich einem kleinen Hause entgegen. Mir war recht elend zumut, und ein banges Gefühl im Munde hielt mich gefangen, ängstlich tastete ich mit der Zunge an einen zweifelhaften Zahn, da sank er schon schräg weg und war ausgefallen. Der nächste auch er! Ein ganz junger Arzt war da, dem ich klagte, dem ich bittend einen Zahn mit den Fingern entgegenhielt. Er lachte leichtherzig, winkte mit fataler Berufsgebärde ab und schüttelte den jungen Kopf – das mache nichts, ganz harmlos, komme jeden Tag vor. Lieber Gott, dachte ich. Aber er fuhr fort und deutete auf mein linkes Knie: da sitze es, da sei hingegen nicht mehr zu spaßen. Furchtbar schnell griff ich ans Knie hinab – da war es! Da war ein Loch, in das ich den Finger legen konnte, und statt Haut und Fleisch nichts zu ertasten als eine gefühllose, weiche, lockere Masse, leicht und faserig wie welkes Pflanzengewebe. O mein Gott, das war der Verfall, das war Tod und Fäulnis! »Da ist nichts mehr zu machen?« fragte ich mit mühsamer Freundlichkeit. »Nichts mehr«, sagte der junge Arzt und war weg.

Ich ging erschöpft dem Häuschen entgegen, nicht so verzweifelt, wie ich hätte sein müssen, sogar fast gleichgültig. Ich mußte jetzt in das Häuschen gehen, wo meine Mutter mich erwartete – hatte ich nicht ihre Stimme schon gehört? ihr Gesicht gesehen? Stufen führten hinauf, wahnsinnige Stufen, hoch und glatt ohne Geländer, jede ein Berg, ein Gipfel, ein Gletscher. Es wurde gewiß zu spät – sie war vielleicht schon fort, vielleicht schon tot? Hatte ich sie eben nicht wieder rufen hören? Schweigend rang ich mit dem steilen Stufengebirge, fallend und gequetscht, wild und schluchzend, klomm und preßte mich, stemmte brechende Arme und Knie auf, und war oben, war am Tor, und die Stufen waren wieder klein und hübsch und von Buchsbaum eingefaßt. Jeder Schritt ging zäh und schwer wie durch Schlamm und Leim, kein Vorwärtskommen, das Tor stand offen, und drinnen ging in einem grauen Kleid meine Mutter, ein Körbchen am Arm, still und in Gedanken. Oh, ihr dunkles, schwach ergrautes Haar im kleinen Netz! Und ihr Gang, die kleine Gestalt! Und das Kleid, das graue Kleid – hatte ich denn alle die vielen, vielen Jahre her ihr Bild ganz verloren, gar niemals richtig mehr an sie gedacht?! Da war sie, da stand und ging sie, nur von hinten zu sehen, ganz wie sie war, ganz klar und schön, lauter Liebe, lauter Liebesgedanke!

Wütend watete mein lahmer Schritt in der zähen Luft, Pflanzenranken wie dünne starke Seile umschlangen mich mehr und mehr, feindselige Hemmnis überall, kein Vorwärtskommen! »Mutter!« rief ich – aber es gab keinen Ton… Es klang nicht. Es war Glas zwischen ihr und mir.

Meine Mutter ging langsam weiter, ohne zurückzublicken, still in schönen, sorglichen Gedanken, strich mit der wohlbekannten Hand einen unsichtbaren Faden vom Kleide, bückte sich über ihr Körbchen zum Nähzeug. O das Körbchen! Darin hatte sie mir einmal Ostereier versteckt. Ich schrie verzweifelt und lautlos. Ich lief und kam nicht vom Ort! Zärtlichkeit und Wut zerrten an mir.

Und sie ging langsam weiter durch das Gartenhaus, stand in der jenseitigen offenen Tür, schritt ins Freie hinaus. Sie senkte den Kopf ein wenig zur Seite, sanft und horchend, ihren Gedanken nach, hob und senkte das Körbchen – ein Zettel fiel mir ein, den ich als Knabe einmal in ihrem Körbchen fand, darauf stand von ihrer leichten Hand aufgeschrieben, was sie für den Tag zu tun und zu bedenken vorhatte – »Hermanns Hosen ausgefranst – Wäsche einlegen – Buch von Dickens entlehnen – Hermann hat gestern nicht gebetet.« – Ströme der Erinnerung, Lasten von Liebe!

Umschnürt und gefesselt stand ich am Tor, und drüben ging die Frau im grauen Kleide langsam hinweg, in den Garten, und war fort.

(1916)

Der Europäer

Endlich hatte Gott der Herr ein Einsehen und machte dem Erdentage, der mit dem blutigen Weltkriege geendet, selber ein Ende, indem er die große Flut sandte. Mitleidig spülten die Wasserfluten hinweg, was das alternde Gestirn schändete, die blutigen Schneefelder und die von Geschützen starrenden Gebirge, die verwesenden Leichen zusammen mit denen, die um sie weinten, die Empörten und Mordlustigen zusammen mit den Verarmten, die Hungernden zusammen mit den geistig Irrgewordenen.

Freundlich sah der blaue Weltenhimmel auf die blanke Kugel herab.

Übrigens hatte sich die europäische Technik bis zuletzt glänzend bewährt. Wochenlang hatte sich Europa gegen die langsam steigenden Wasser umsichtig und zäh gehalten. Erst durch ungeheure Dämme, an welchen Millionen von Kriegsgefangenen Tag und Nacht arbeiteten; dann durch künstliche Erhöhungen, die mit fabelhafter Schnelligkeit emporstiegen und anfangs das Aussehen riesiger Terrassen hatten, dann aber mehr und mehr zu Türmen gipfelten. Von diesen Türmen aus bewährte sich menschlicher Heldensinn mit rührender Treue bis zum letzten Tage. Während Europa und alle Welt versunken und ersoffen war, gleißten von den letzten ragenden Eisentürmen noch immer grell und unbeirrt die Scheinwerfer durch die feuchte Dämmerung der untergehenden Erde, und aus den Geschützen sausten in eleganten Bogen die Granaten hin und her. Zwei Tage vor dem Ende entschlossen sich die Führer der Mittelmächte, durch Lichtzeichen ein Friedensangebot an die Feinde zu richten. Die Feinde verlangten jedoch sofortige Räumung der noch stehenden befestigten Türme, und dazu konnten auch die entschlossensten Friedensfreunde sich nicht bereit erklären. So wurde heldenhaft geschossen bis zur letzten Stunde.

Nun war alle Welt überschwemmt. Der einzige überlebende Europäer trieb auf einem Rettungsgürtel in der Flut und war mit seinen letzten Kräften damit beschäftigt, die Ereignisse der letzten Tage aufzuschreiben, damit eine spätere Menschheit wisse, daß sein Vaterland es gewesen war, das den Untergang der letzten Feinde um Stunden überdauert und sich so für ewig die Siegespalme gesichert hatte.

Da erschien am grauen Horizont schwarz und riesig ein schwerfälliges Fahrzeug, das sich langsam dem Ermatteten näherte. Er erkannte mit Befriedigung eine gewaltige Arche und sah, ehe er in Ohnmacht sank, den uralten Patriarchen groß mit wehendem Silberbart an Bord des schwimmenden Hauses stehen. Ein gigantischer Neger fischte den Dahintreibenden auf, er lebte und kam bald wieder zu sich. Der Patriarch lächelte freundlich. Sein Werk war geglückt, es war von allen Gattungen der irdischen Lebewesen je ein Exemplar gerettet.

Während die Arche gemächlich vor dem Winde lief und auf das Sinken der trüben Wasser wartete, entspann sich an Bord ein buntes Leben. Große Fische folgten dem Fahrzeug in dichten Schwärmen, in bunten, traumhaften Geschwadern schwärmten die Vögel und Insekten über dem offenen Dache, jedes Tier und jeder Mensch war voll inniger Freude, gerettet und einem neuen Leben vorbehalten zu sein. Hell und schrill kreischte der bunte Pfau seinen Morgenruf über die Gewässer, lachend spritzte der frohe Elefant sich und sein Weib aus hochgerecktem Rüssel zum Bade, schillernd saß die Eidechse im sonnigen Gebälk; der Indianer spießte mit raschem Speerstoß glitzernde Fische aus der unendlichen Flut, der Neger rieb am Herde Feuer aus trockenen Hölzern und schlug vor Freude seiner fetten Frau in rhythmischen Taktfolgen auf die klatschenden Schenkel, mager und steil stand der Hindu mit verschränkten Armen und murmelte uralte Verse aus den Gesängen der Weltschöpfung vor sich hin. Der Eskimo lag dampfend in der Sonne und schwitzte, aus kleinen Augen lachend, Wasser und Fett von sich, beschnuppert von einem gutmütigen Tapir, und der kleine Japaner hatte sich einen dünnen Stab geschnitzt, den er sorgfältig bald auf seiner Nase, bald auf seinem Kinn balancieren ließ. Der Europäer verwendete sein Schreibzeug dazu, ein Inventar der vorhandenen Lebewesen aufzustellen.

Gruppen und Freundschaften bildeten sich, und wo je ein Streit ausbrechen wollte, wurde er von dem Patriarchen durch einen Wink beseitigt. Alles war gesellig und froh; nur der Europäer war mit seiner Schreibarbeit einsam beschäftigt.

Da entstand unter all den vielfarbigen Menschen und Tieren ein neues Spiel, indem jeder im Wettbewerb seine Fähigkeiten und Künste zeigen wollte. Alle wollten die ersten sein, und es mußte vom Patriarchen selber Ordnung geschaffen werden. Er stellte die großen Tiere und die kleinen Tiere für sich, und wieder für sich die Menschen, und jeder mußte sich melden und die Leistung nennen, mit welcher er zu glänzen dachte, dann kam einer nach dem andern an die Reihe.

Dieses famose Spiel dauerte viele Tage lang, da immer wieder eine Gruppe weglief und ihr Spiel unterbrach, um einer andern zuzusehen. Und jede schöne Leistung wurde von allen mit lautem Beifall bewundert. Wieviel Wundervolles gab es da zu sehen! Wie zeigte da jedes Geschöpf Gottes, was für Gaben in ihm verborgen waren! Wie tat sich da der Reichtum des Lebens auf! Wie wurde gelacht, wie wurde Beifall gerufen, gekräht, geklatscht, gestampft, gewiehert!

Wunderbar lief das Wiesel, und zauberhaft sang die Lerche, prachtvoll marschierte der geblähte Truthahn, und unglaublich flink kletterte das Eichhorn. Der Mandrill ahmte den Malaien nach, und der Pavian den Mandrill! Läufer und Kletterer, Schwimmer und Flieger wetteiferten unermüdet, und jeder war in seiner Weise unübertroffen und fand Geltung. Es gab Tiere, die konnten durch Zauber wirken, und Tiere, die konnten sich unsichtbar machen. Viele taten sich durch Kraft hervor, viele durch List, manche durch Angriff, manche durch Verteidigung. Insekten konnten sich schützen, indem sie wie Gras, wie Holz, wie Moos, wie Felsgestein aussahen, und andere unter den Schwachen fanden Beifall und trieben lachende Zuschauer in die Flucht, indem sie sich durch grausame Gerüche vor Angriffen zu schützen wußten. Niemand blieb zurück, niemand war ohne Gaben. Vogelnester wurden geflochten, gekleistert, gewebt, gemauert. Raubvögel konnten aus grausiger Höhe das winzigste Ding erkennen.

Und auch die Menschen machten ihre Sache vortrefflich. Wie der große Neger leicht und mühelos am Balken in die Höhe lief, wie der Malaie mit drei Griffen aus einem Palmblatt ein Ruder machte und auf winzigem Brett zu steuern und zu wenden wußte, das war des Zuschauens wert. Der Indianer traf mit leichtem Pfeil das kleinste Ziel, und sein Weib flocht eine Matte aus zweierlei Bast, die hohe Bewunderung erregte. Alles schwieg lange und staunte, als der Hindu vortrat und einige Zauberstücke zeigte. Der Chinese aber zeigte, wie man die Weizenernte durch Fleiß verdreifachen konnte, indem man die ganz jungen Pflanzen auszog und in gleichen Zwischenräumen verpflanzte.

Mehrmals hatte der Europäer, der erstaunlich wenig Liebe genoß, den Unwillen seiner Menschenvettern erregt, da er die Taten anderer mit hartem und verächtlichem Urteil bemängelte. Als der Indianer seinen Vogel hoch aus dem Blau des Himmels herunterschoß, hatte der weiße Mann die Achseln gezuckt und behauptet, mit zwanzig Gramm Dynamit schieße man dreimal so hoch! Und als man ihn aufforderte, das einmal vorzumachen, hatte er es nicht gekonnt, sondern hatte erzählt, ja wenn er das und dies und jenes und noch zehn andere Sachen hätte, dann könnte er es schon machen. Auch den Chinesen hatte er verspottet und gesagt, daß das Umpflanzen von jungem Weizen zwar gewiß unendlichen Fleiß erfordere, daß aber doch wohl eine so sklavische Arbeit ein Volk nicht glücklich machen könne. Der Chinese hatte unter Beifall erwidert, glücklich sei ein Volk, wenn es zu essen habe und die Götter ehre; der Europamann aber hatte auch hierzu spöttisch gelacht.

Weiter ging das fröhliche Wettspiel, und am Ende hatten alle, Tiere und Menschen, ihre Talente und Künste gezeigt. Der Eindruck war groß und freudig, auch der Patriarch lachte in seinen weißen Bart und sagte lobend, nun möge das Wasser ruhig verlaufen und ein neues Leben auf dieser Erde beginnen; denn noch sei jeder bunte Faden in Gottes Kleid vorhanden, und nichts fehle, um ein unendliches Glück auf Erden zu begründen.

Einzig der Europäer hatte noch kein Kunststück gezeigt, und nun verlangten alle andern stürmisch, er möge vortreten und das Seine tun, damit man sehe, ob auch er ein Recht habe, Gottes schöne Luft zu atmen und in des Patriarchen schwimmendem Hause zu fahren.

Lange weigerte sich der Mann und suchte Ausflüchte. Aber nun legte ihm Noah selbst den Finger auf die Brust und mahnte ihn, ihm zu folgen.

»Auch ich«, so begann nun der weiße Mann, »auch ich habe eine Fähigkeit zu hoher Tüchtigkeit gebracht und ausgebildet. Nicht das Auge ist es, das bei mir besser wäre als bei andern Wesen, und nicht das Ohr oder die Nase oder die Handfertigkeit oder irgend etwas dergleichen. Meine Gabe ist von höherer Art. Meine Gabe ist der Intellekt.«

»Vorzeigen!« rief der Neger, und alle drängten näher hinzu.

»Da ist nichts zu zeigen«, sagte der Weiße mild. »Ihr habt mich wohl nicht recht verstanden. Das, wodurch ich mich auszeichne, ist der Verstand.«

Der Neger lachte munter und zeigte schneeweiße Zähne, der Hindu kräuselte spöttisch die dünnen Lippen, der Chinese lächelte schlau und gutmütig vor sich hin.

»Der Verstand?« sagte er langsam. »Also zeige uns bitte deinen Verstand. Bisher war nichts davon zu sehen.«

»Zu sehen gibt es da nichts«, wehrte sich der Europäer mürrisch. »Meine Gabe und Eigenart ist diese: ich speichere in meinem Kopf die Bilder der Außenwelt auf und vermag aus diesen Bildern ganz allein für mich neue Bilder und Ordnungen herzustellen. Ich kann die ganze Welt in meinem Gehirn denken, also neu schaffen.«

Noah fuhr sich mit der Hand über die Augen.

»Erlaube«, sagte er langsam, »wozu soll das gut sein? Die Welt noch einmal schaffen, die Gott schon erschaffen hat, und

167

ganz für dich allein in deinem kleinen Kopf innen – wozu kann das nützen?«

Alle riefen Beifall und brachen in Fragen aus.

»Wartet!« rief der Europäer. »Ihr versteht mich nicht richtig. Die Arbeit des Verstandes kann man nicht so leicht vorzeigen wie irgendeine Handfertigkeit.«

Der Hindu lächelte.

»O doch, weißer Vetter, das kann man wohl. Zeige uns doch einmal eine Verstandesarbeit, zum Beispiel Rechnen. Laß uns einmal um die Wette rechnen! Also: ein Paar hat drei Kinder, von welchem jedes wieder eine Familie gründet. Jedes von den jungen Paaren bekommt jedes Jahr ein Kind. Wieviel Jahre vergehen, bis die Zahl 100 erreicht ist?«

Neugierig horchten alle zu, begannen an den Fingern zu zählen und krampfhaft zu blicken. Der Europäer begann zu rechnen. Aber schon nach einem Augenblick meldete sich der Chinese, der die Rechnung gelöst hatte.

»Sehr hübsch«, gab der Weiße zu, »aber das sind bloße Geschicklichkeiten. Mein Verstand ist nicht dazu da, solch kleine Kunststücke zu machen, sondern große Aufgaben zu lösen, auf denen das Glück der Menschheit beruht.«

»Oh, das gefällt mir«, ermunterte Noah. »Das Glück zu finden, ist gewiß mehr als alle andern Geschicklichkeiten. Da hast du recht. Schnell sage uns, was du über das Glück der Menschheit zu lehren hast, wir werden dir alle dankbar sein.«

Gebannt und atemlos hingen nun alle an den Lippen des weißen Mannes. Nun kam es. Ehre sei ihm, der uns zeigen wird, wo das Glück der Menschheit ruht! Jedes böse Wort sei ihm abgebeten, dem Magier! Was brauchte er die Kunst und Geschicklichkeit von Auge, Ohr und Hand, was brauchte er den Fleiß und die Rechenkunst, wenn er solche Dinge wußte!

Der Europäer, der bisher eine stolze Miene gezeigt hatte, begann bei dieser ehrfürchtigen Neugierde allmählich verlegen zu werden.

»Es ist nicht meine Schuld!« sagte er zögernd, »aber ihr verstehet mich immer falsch! Ich sagte nicht, daß ich das Geheimnis des Glückes kenne. Ich sagte nur, mein Verstand arbeitet an Aufgaben, deren Lösung das Glück der Menschheit fördern wird. Der Weg dahin ist lang, und nicht ich noch ihr werdet sein Ende sehen. Viele Geschlechter werden noch über diesen schweren Fragen brüten!«

Die Leute standen unschlüssig und mißtrauisch. Was redete der Mann? Auch Noah schaute zur Seite und runzelte die Stirn.

Der Hindu lächelte dem Chinesen zu, und als alle andern verlegen schwiegen, sagte der Chinese freundlich: »Liebe Brüder, dieser weiße Vetter ist ein Spaßvogel. Er will uns erzählen, daß in seinem Kopfe eine Arbeit geschieht, deren Ertrag die Urenkel unserer Urenkel vielleicht einmal zu sehen bekommen werden, oder auch nicht. Ich schlage vor, wir anerkennen ihn als Spaßmacher. Er sagt uns Dinge, die wir alle nicht recht verstehen können; aber wir alle ahnen, daß diese Dinge, wenn wir sie wirklich verstünden, uns Gelegenheit zu unendlichem Gelächter geben würden. Geht es euch nicht auch so? – Gut denn, ein Hoch auf unsern Spaßmacher!«

Die meisten stimmten ein und waren froh, diese dunkle Geschichte zu einem Schluß gebracht zu sehen. Einige aber waren ungehalten und verstimmt, und der Europäer blieb allein und ohne Zuspruch stehen.

Der Neger aber, begleitet vom Eskimo, vom Indianer und dem Malaien, kam gegen Abend zu dem Patriarchen und sprach also:

»Verehrter Vater, wir haben eine Frage an dich zu richten. Dieser weiße Bursche, der sich heut über uns lustig gemacht hat, gefällt uns nicht. Ich bitte dich, überlege dir: alle Menschen und Tiere, jeder Bär und jeder Floh, jeder Fasan und jeder Mistkäfer sowie wir Menschen, alle haben irgend etwas zu zeigen gehabt, womit wir Gott Ehre darbieten und unser Leben schützen, erhöhen oder verschönen. Wunderliche Gaben haben wir gesehen, und manche waren zum Lachen; aber jedes kleinste Vieh hatte doch irgend etwas Erfreuliches und Hübsches darzubringen – einzig und allein dieser bleiche Mann, den wir zuletzt auffischten, hat nichts zu geben als sonderbare und hochmütige Worte, Anspielungen und Scherze, welche niemand begreift und welche niemand Freude machen können. – Wir fragen dich daher, lieber Vater, ob es wohl richtig ist, daß ein solches Geschöpf mithelfe, ein neues Leben auf dieser lieben Erde zu begründen? Könnte das nicht ein Unheil geben? Sieh ihn doch nur an! Seine Augen sind trüb, seine Stirn ist voller Falten, seine Hände sind blaß und schwächlich, sein Gesicht blickt böse und traurig, kein heller Klang geht von ihm aus! Gewiß, es ist nicht richtig mit ihm – weiß Gott, wer uns diesen Burschen auf unsere Arche geschickt hat!«

Freundlich hob der greise Erzvater seine hellen Augen zu den Fragenden.

»Kinder«, sagte er leise und voll Güte, so daß ihre Mienen sofort lichter wurden, »liebe Kinder! Ihr habt recht, und habet auch unrecht mit dem, was ihr saget! Aber Gott hat schon seine Antwort darauf gegeben, noch ehe ihr gefragt habt. Ich muß euch zustimmen, der Mann aus dem Kriegslande ist kein sehr anmutiger Gast, und man sieht nicht recht ein, wozu solche Käuze dasein müssen. Aber Gott, der diese Art nun einmal geschaffen hat, weiß gewiß wohl, warum er es tat. Ihr alle habt diesen weißen Männern viel zu verzeihen, sie sind es, die unsere arme Erde wieder einmal bis zum Strafgericht verdorben haben. Aber sehet, Gott hat ein Zeichen dessen gegeben, was er mit dem weißen Manne im Sinne hat. Ihr alle, du Neger und du Eskimo, habet für das neue Erdenleben, das wir bald zu beginnen hoffen, eure lieben Weiber mit, du deine Negerin, du deine Indianerin, du dein Eskimoweib. Einzig der Mann aus Europa ist allein. Lange war ich traurig darüber, nun aber glaube ich, den Sinn davon zu ahnen. Dieser Mann bleibt uns aufbehalten als eine Mahnung und ein Antrieb, als ein Gespenst vielleicht. Fortpflanzen aber kann er sich nicht, es sei denn, er tauche wieder in den Strom der vielfarbigen Menschheit unter. Euer Leben auf der neuen Erde wird er nicht verderben dürfen. Seid getrost!«

Die Nacht brach ein, und am nächsten Morgen stand im Osten spitz und klein der Gipfel des heiligen Berges aus den Wassern.

(1918)

Das Reich

Es war ein großes, schönes, doch nicht eben reiches Land, darin wohnte ein braves Volk, bescheiden, doch kräftig, und war mit seinem Los zufrieden. Reichtum und gutes Leben, Eleganz und Pracht gab es nicht eben viel, und reichere Nachbarländer sahen zuweilen nicht ohne Spott oder spöttisches Mitleid auf das bescheidene Volk in dem großen Lande.

Einige Dinge jedoch, die man nicht für Geld kaufen kann und welche dennoch von den Menschen geschätzt werden, gediehen in dem sonst ruhmlosen Volke gut. Sie gediehen so gut, daß mit der Zeit das arme Land trotz seiner geringen Macht berühmt und geschätzt wurde. Es gediehen da solche Dinge wie Musik, Dichtung und Gedankenweisheit, und wie man von einem großen Weisen, Prediger oder Dichter nicht fordert, daß er reich, elegant und sehr gesellschaftsfähig sei, und ihn in seiner Art dennoch ehrt, so taten es die mächtigeren Völker mit diesem wunderlichen armen Volk. Sie zuckten die Achseln über seine Armut und sein etwas schwerfälliges und ungeschicktes Wesen in der Welt, aber sie sprachen gern und ohne Neid von seinen Denkern, Dichtern und Musikern.

Und allmählich geschah es, daß das Land der Gedanken zwar arm blieb und oft von seinen Nachbarn unterdrückt wurde, daß aber über die Nachbarn und über alle Welt hin ein beständiger, leiser, befruchtender Strom von Wärme und Gedanklichkeit sich ergoß.

Eines aber war da, ein uralter und auffallender Umstand, wegen dessen das Volk nicht bloß von den Fremden verspottet wurde, sondern auch selber litt und Pein empfand –: die vielen verschiedenen Stämme dieses schönen Landes konnten sich von alters her nur schlecht miteinander vertragen. Beständig gab es Streit und Eifersucht. Und wenn auch je und je der Gedanke aufstand und von den besten Männern des Volkes ausgesprochen wurde, man sollte sich einigen und sich in freundlicher, gemeinsamer Arbeit zusammentun, so war doch schon der Gedanke, daß dann einer der vielen Stämme, oder dessen Fürst, sich über die andern erheben und die Führung haben würde, den meisten so zuwider, daß es nie zu einer Einigung kam.

Der Sieg über einen fremden Fürsten und Eroberer, welcher das Land schwer unterdrückt hatte, schien diese Einigung endlich doch bringen zu wollen. Aber man verzankte sich schnell wieder, die vielen kleinen Fürsten wehrten sich dagegen, und die Untertanen dieser Fürsten hatten von ihnen so viele Gnaden in Form von Ämtern, Titeln und farbigen Bändchen erhalten, daß man allgemein zufrieden und nicht zu Neuerungen geneigt war.

Inzwischen ging in der ganzen Welt jene Umwälzung vor sich, jene seltsame Verwandlung der Menschen und Dinge, welche wie ein Gespenst oder eine Krankheit aus dem Rauch der ersten Dampfmaschinen sich erhob und das Leben allüberall veränderte. Die Welt wurde voll von Arbeit und Fleiß, sie wurde von Maschinen regiert und zu immer neuer Arbeit angetrieben. Große Reichtümer entstanden, und der Weltteil, der die Maschinen erfunden hatte, nahm noch mehr als früher die Herrschaft über die Welt an sich, verteilte die übrigen Erdteile unter seine Mächtigen, und wer nicht mächtig war, ging leer aus.

Auch über das Land, von dem wir erzählen, ging die Welle hin, aber sein Anteil blieb bescheiden, wie es seiner Rolle zukam. Die Güter der Welt schienen wieder einmal verteilt, und das arme Land schien wieder einmal leer ausgegangen zu sein.

Da nahm plötzlich alles einen andern Lauf. Die alten Stimmen, die nach einer Einigung der Stämme verlangten, waren nie verstummt. Ein großer, kraftvoller Staatsmann trat auf, ein glücklicher, überaus glänzender Sieg über ein großes Nachbarvolk stärkte und einigte das ganze Land, dessen Stämme sich nun alle zusammenschlossen und ein großes Reich begründeten. Das arme Land der Träumer, Denker und Musikanten war aufgewacht, es war reich, es war groß, es war einig geworden und trat seine Laufbahn als ebenbürtige Macht neben den großen älteren Brüdern an. Draußen in der weiten Welt war nicht mehr viel zu rauben und zu erwerben, in den fernen Weltteilen fand die junge Macht die Lose schon verteilt. Aber der Geist der Maschine, der bisher in diesem Land nur langsam zur Macht gekommen war, blühte nun erstaunlich auf. Das ganze Land und Volk verwandelte sich rasch. Es wurde groß, es wurde reich, es wurde mächtig und gefürchtet. Es häufte Reichtum an, und es umgab sich mit einer dreifachen Schutzwehr von Soldaten, Kanonen und Festungen. Bald kamen bei den Nachbarn, die das junge Wesen beunruhigte, Mißtrauen und Furcht auf, und auch sie begannen Palisaden zu bauen und Kanonen und Kriegsschiffe bereitzustellen.

Dies war jedoch nicht das Schlimmste. Man hatte Geld genug, diese ungeheuren Schutzwälle zu bezahlen, und an einen Krieg dachte niemand, man rüstete nur so für alle Fälle, weil reiche Leute gern Eisenwände um ihr Geld sehen.

Viel schlimmer war, was innerhalb des jungen Reiches vor sich ging. Dies Volk, das so lang in der Welt halb verspottet, halb verehrt worden war, das so viel Geist und so wenig Geld besessen hatte – dies Volk erkannte jetzt, was für eine hübsche Sache es sei um Geld und Macht. Es baute und sparte, trieb Handel und lieh Geld aus, keiner konnte schnell genug reich werden, und wer eine Mühle oder Schmiede hatte, mußte jetzt schnell eine Fabrik haben, und wer drei Gesellen gehabt hatte, mußte jetzt zehn oder zwanzig haben, und viele brachten es schnell zu Hunderten und Tausenden. Und je schneller die vielen Hände und Maschinen arbeiteten, desto schneller häufte das Geld sich auf – bei jenen einzelnen, die das Geschick zum Aufhäufen hatten. Die vielen, vielen Arbeiter aber waren nicht mehr Gesellen und Mitarbeiter eines Meisters, sondern sanken in Fron und Sklaverei.

Auch in andern Ländern ging es ähnlich, auch dort wurde aus der Werkstatt die Fabrik, aus dem Meister der Herrscher, aus dem Arbeiter der Sklave. Kein Land der Welt konnte sich diesem Geschick entziehen. Aber das junge Reich hatte das Schicksal, daß dieser neue Geist und Trieb in der Welt mit seiner Entstehung zusammenfiel. Es hatte keine alte Zeit hinter sich, keinen alten Reichtum, es lief in diese rasche neue Zeit hinein wie ein ungeduldiges Kind, hatte die Hände voll Arbeit und voll Gold.

Mahner und Warner zwar sagten dem Volk, daß es auf Abwegen sei. Sie erinnerten an die frühere Zeit, an den stillen heimlichen Ruhm des Landes, an die Sendung geistiger Art, die es einst verwaltet, an den steten edlen Geistesstrom von Gedanken, von Musik und Dichtung, mit dem es einst die Welt beschenkt hatte. Aber dazu lachte man im Glück des jungen Reichtums. Die Welt war rund und drehte sich, und wenn die Großväter Gedichte gemacht und Philosophien geschrieben hatten, so war das ja sehr hübsch, aber die Enkel wollten zeigen, daß man hierzulande auch anderes könne und vermöge. Und so hämmerten und kesselten sie in ihren tausend Fabriken neue Maschinen, neue Eisenbahnen, neue Waren, und für alle Fälle auch stets neue Gewehre und Kanonen. Die Reichen zogen sich vom Volk zurück, die armen Arbeiter sahen sich allein gelassen und dachten auch nicht mehr an ihr Volk, dessen Teil sie waren, sondern sorgten, dachten und strebten auch wieder für sich allein. Und die Reichen und Mächtigen, welche gegen äußere Feinde all die Kanonen und Flinten angeschafft hatten, freuten sich über ihre Vorsorge, denn es gab jetzt im Innern Feinde, die vielleicht gefährlicher waren.

Dies alles nahm sein Ende in dem großen Kriege, der jahrelang die Welt so furchtbar verwüstete und zwischen dessen Trümmern wir noch stehen, betäubt von seinem Lärm, erbittert von seinem Unsinn und krank von seinen Blutströmen, die durch all unsere Träume rinnen.

Und der Krieg ging so zu Ende, daß jenes junge blühende Reich, dessen Söhne mit Begeisterung, ja mit Übermut in die Schlachten gegangen waren, zusammenbrach. Es wurde besiegt, furchtbar besiegt. Die Sieger aber verlangten, noch ehe von einem Frieden die Rede war, schweren Tribut von dem besiegten Volk. Und es geschah, daß Tage und Tage lang während das geschlagene Heer zurückflutete, ihm entgegen aus der

Heimat in langen Zügen die Sinnbilder der bisherigen Macht geführt wurden, um dem siegreichen Feind überliefert zu werden. Maschinen und Geld flossen in langem Strom aus dem besiegten Lande hinweg, dem Feinde in die Hand.

Währenddessen hatte aber das besiegte Volk im Augenblick der größten Not sich besonnen. Es hatte seine Führer und Fürsten fortgejagt und sich selbst für mündig erklärt. Es hatte Räte aus sich selbst gebildet und seinen Willen kundgegeben, aus eigener Kraft und aus eigenem Geist sich in sein Unglück zu finden.

Dieses Volk, das unter so schwerer Prüfung mündig geworden ist, weiß heute noch nicht, wohin sein Weg führt und wer sein Führer und Helfer sein wird. Die Himmlischen aber wissen es, und sie wissen, warum sie über dies Volk und über alle Welt das Leid des Krieges gesandt haben.

Und aus dem Dunkel dieser Tage leuchtet ein Weg, der Weg, den das geschlagene Volk gehen muß.

Es kann nicht wieder Kind werden. Das kann niemand. Es kann nicht einfach seine Kanonen, seine Maschinen und sein Geld hinweggeben und wieder in kleinen friedlichen Städtchen Gedichte machen und Sonaten spielen. Aber es kann den Weg gehen, den auch der einzelne gehen muß, wenn sein Leben ihn in Fehler und tiefe Qual geführt hat. Es kann sich seines bisherigen Weges erinnern, seiner Herkunft und Kindheit, seines Großwerdens, seines Glanzes und seines Niederganges, und kann auf dem Wege dieses Erinnerns die Kräfte finden, die ihm wesentlich und unverlierbar angehören. Es muß »in sich gehen«, wie die Frommen sagen. Und in sich, zuinnerst, wird es unzerstört sein eigenes Wesen finden, und dies Wesen wird seinem Schicksal nicht entfliehen wollen, sondern ja zu ihm sagen und aus seinem wiedergefundenen Besten und Innersten neu beginnen.

Und wenn es so geht, und wenn das niedergedrückte Volk den Weg des Schicksals willig und aufrichtig geht, so wird etwas von dem sich erneuern, was einst gewesen ist. Es wird wieder ein steter stiller Strom von ihm ausgehen und in die Welt dringen, und die heut noch seine Feinde sind, werden in der Zukunft diesem stillen Strom von neuem ergriffen lauschen.

(1918)

Der Maler

Ein Maler namens Albert konnte in seinen jungen Jahren mit den Bildern, die er malte, den Erfolg und die Wirkung nicht erreichen, nach denen er begehrte. Er zog sich zurück und beschloß, sich selbst genug zu sein. Das versuchte er jahrelang. Aber es zeigte sich mehr und mehr, daß er sich nicht selbst genug war. Er saß und malte an einem Heldenbild, und während dem Malen fiel ihm je und je wieder der Gedanke ein: »Ist es eigentlich nötig, das zu tun, was du tust? Müssen eigentlich diese Bilder wirklich gemalt sein? Wäre es nicht für dich und für jedermann ebensogut, wenn du bloß spazierengehen oder Wein trinken würdest? Tust du eigentlich für dich selbst etwas anderes mit deinem Malen, als daß du dich ein wenig betäubst, ein wenig vergißt, dir die Zeit ein wenig vertreibst?«

Diese Gedanken waren der Arbeit nicht förderlich. Mit der Zeit hörte Alberts Malerei fast ganz auf. Er ging spazieren, er trank Wein, er las Bücher, er machte Reisen. Aber zufrieden war er auch bei diesen Dingen nicht.

Oft mußte er darüber nachdenken, mit welchen Wünschen und Hoffnungen er einst die Malerei begonnen hatte. Er erinnerte sich: sein Gefühl und Wunsch war gewesen, daß zwischen ihm und der Welt eine schöne, starke Beziehung und Strömung entstehe, daß zwischen ihm und der Welt etwas Starkes und Inniges beständig schwinge und leise musiziere. Mit seinen Helden und heroischen Landschaften hatte er sein Inneres ausdrücken und befriedigen wollen, damit es ihm von außen her, im Urteil und Dank der Betrachter seiner Bilder, wieder lebendig und dankbar entgegenkomme und strahle.

Ja, das hatte er also nicht gefunden. Das war ein Traum gewesen, und auch der Traum war so allmählich schwach und dünn geworden. Jetzt, wo Albert durch die Welt schweifte, oder an entlegenen Orten einsam hauste, auf Schiffen fuhr oder über Gebirgspässe wanderte, jetzt kam der Traum häufiger und häufiger wieder, anders als früher, aber ebenso schön, ebenso mächtig, lockend, ebenso begehrend und strahlend in junger Wunschkraft.

O wie sehnte er sich oft danach – Schwingung zu fühlen zwischen sich und allen Dingen der Welt! Zu fühlen, daß sein Atem und der Atem der Winde und Meere derselbe sei, daß Brüderschaft und Verwandtschaft, daß Liebe und Nähe, daß Klang und Harmonie zwischen ihm und allem sei!

Er begehrte nicht mehr Bilder zu malen, in denen er selbst und seine Sehnsucht dargestellt wären, welche ihm Verständnis und Liebe bringen, ihn erklären, rechtfertigen und rühmen sollten. Er dachte an keine Helden und Aufzüge mehr, die als Bild und Rauch sein eigenes Wesen ausdrücken und umschreiben sollten. Er begehrte nur nach dem Fühlen jener Schwingungen, jenes Kraftstromes, jener heimlichen Innigkeit, in der er selbst zu nichts werden und untergehen, sterben und wiedergeboren werden würde. Schon der neue Traum davon, schon die neue, erstarkte Sehnsucht danach machte das Leben erträglich, brachte etwas wie Sinn hinein, verklärte, erlöste.

Die Freunde Alberts, soweit er noch welche hatte, begriffen diese Phantasien nicht gut. Sie sahen bloß, daß dieser Mensch mehr und mehr in sich hineinlebte, daß er stiller und sonderbarer sprach und lächelte, daß er so viel fort war, und daß er keinen Teil an dem hatte, was anderen Leuten lieb und wichtig ist, nicht an Politik noch Handel, nicht an Schützenfest und Ball, nicht an klugen Gesprächen über die Kunst, und an nichts von dem, woran sie eine Freude fanden. Er war ein Sonderling und halber Narr geworden. Er lief durch eine graue kühle Winterluft und atmete hingegen die Farben und Gerüche dieser Lüfte, er lief einem kleinen Kinde nach, das lala vor sich hinsang, er starrte stundenlang in ein grünes Wasser, auf ein Blumenbeet, oder er versank, wie ein Leser in sein Buch, in die Linien, die er in einem durchschnittenen Stückchen Holz, in einer Wurzel oder Rübe fand.

Es kümmerte sich niemand mehr um ihn. Er lebte damals in einer kleinen ausländischen Stadt, und dort ging er eines

Morgens durch eine Allee, und sah von da zwischen den Stämmen auf einen kleinen trägen Fluß, auf ein steiles, gelbes, lehmiges Ufer, wo über Erdrutschen und mineralischer Kahlheit Gebüsch und Dorngekräut sich staubig verzweigten. Da klang etwas in ihm auf, er blieb stehen, er fühlte in seiner Seele ein altes Lied aus sagenhaften Zeiten wieder angestimmt. Lehmgelb und staubiges Grün, oder träger Fluß und jähe Ufersteile, irgendein Verhältnis der Farben oder Linien, irgendein Klang, eine Besonderheit in dem zufälligen Bilde war schön, war unglaublich schön, rührend und erschütternd, sprach zu ihm, war ihm verwandt. Und er fühlte Schwingung und innigste Beziehung zwischen Wald und Fluß, zwischen Fluß und ihm selbst, zwischen Himmel, Erde und Gewächs, alles schien einzig und allein dazusein, um in dieser Stunde so vereinigt in seinem Auge und Herzen sich zu spiegeln, sich zu treffen und zu begrüßen. Sein Herz war der Ort, wo Fluß und Kraut, Baum und Luft zueinander kommen, eins werden, sich aneinander steigern und Liebesfeste feiern konnten.

Als dieses herrliche Erlebnis sich wenige Male wiederholt hatte, umgab den Maler ein herrliches Glücksgefühl, dicht und voll wie ein Abendgold oder ein Gartenduft. Er kostete es, es war süß und schwer, aber er konnte es nicht lange dabei aushalten, es war zu reich, es wurde in ihm zu Fülle und Spannung, zu Erregung und beinahe zu Angst und Wut. Es war stärker als er, es nahm ihn hin, riß ihn weg, er fürchtete, darin unterzusinken. Und das wollte er nicht. Er wollte leben, eine Ewigkeit leben! Nie, nie hatte er so innig zu leben gewünscht wie jetzt!

Wie nach einem Rausche fand er sich eines Tages still und allein in einer Kammer. Er hatte einen Kasten mit Farbe vor sich stehen und ein Stückchen Karton ausgespannt – nach Jahren saß er nun wieder und malte.

Und dabei blieb es. Der Gedanke »Warum tue ich das?« kam nicht wieder. Er malte. Er tat nichts mehr als sehen und malen. Entweder ging er draußen an die Bilder der Welt verloren oder er saß in seiner Kammer und ließ die Fülle wieder abströmen.

Bild um Bild dichtete er auf seine kleinen Kartons, einen Regenhimmel mit Weiden, eine Gartenmauer, eine Bank im Walde, eine Landstraße, auch Menschen und Tiere, und Dinge, die er nie gesehen hatte, vielleicht Helden oder Engel, die aber waren und lebten wie Mauer und Wald.

Als er wieder zu Menschen kam, wurde es bekannt, daß er wieder male. Man fand ihn ziemlich verrückt, aber man war neugierig, seine Bilder zu sehen. Er wollte sie niemand zeigen. Aber man ließ ihm keine Ruhe, man plagte ihn und zwang ihn. Da gab er einem Bekannten den Schlüssel zu seinem Zimmer, er selber aber reiste weg und wollte nicht dabeisein, wenn andere Leute seine Bilder ansahen.

Die Leute kamen, und es entstand ein großes Geschrei, man habe ein Mordsgenie von einem Maler entdeckt, einen Sonderling zwar, aber einen von Gottes Gnaden, und wie die Sprüche der Kenner und Redner alle heißen.

Der Maler Albert war inzwischen in einem Dorfe abgestiegen, hatte ein Zimmer bei Bauern gemietet und seine Farben und Pinsel ausgepackt. Wieder ging er beglückt durch Tal und Berge, und strahlte später in seine Bilder zurück, was er erlebt und gefühlt hatte.

Da erfuhr er durch eine Zeitung davon, daß alle Welt zu Hause seine Bilder angesehen habe. Im Wirtshaus bei einem Glas Wein las er einen langen, schönen Artikel in der Zeitung der Hauptstadt. Sein Name stand dick gedruckt darüber, und überall troffen feiste Lobwörter aus den Spalten. Aber je weiter er las, desto seltsamer wurde ihm.

»Wie herrlich leuchtet in dem Bild mit der blauen Dame das Gelb des Hintergrundes – eine neue, unerhört kühne, bezaubernde Harmonie!«

»Wunderbar ist auch die Plastik des Ausdrucks in dem Rosenstilleben. – Und gar die Reihe der Selbstbildnisse! Wir dürfen sie den besten Meisterwerken psychologischer Porträtkunst an die Seite stellen.«

Sonderbar, sonderbar! Er konnte sich nicht erinnern, je ein Rosenstilleben gemalt zu haben, noch eine blaue Dame, und

180

nie hatte er seines Wissens ein Selbstporträt gemacht. Dagegen fand er weder das Lehmufer noch die Engel, weder den Regenhimmel noch die anderen ihm so lieben Bilder erwähnt.

Albert reiste in die Stadt zurück. Im Reisekleid ging er nach seiner Wohnung, die Leute gingen dort aus und ein. Ein Mann saß unter der Tür, und Albert mußte eine Karte lösen, um eintreten zu dürfen.

Da waren seine Bilder, wohlbekannt. Jemand aber hatte Zettel an sie gehängt, auf denen stand allerlei, wovon Albert nichts gewußt hatte. ›Selbstbildnis‹ stand auf manchen und andere Titel. Eine Weile stand er nachdenklich vor den Bildern und ihren unbekannten Namen. Er sah, man konnte diese Bilder auch ganz anders nennen, als er es getan hatte. Er sah, in der Gartenmauer hatte er etwas erzählt, was anderen eine Wolke schien, und die Klüfte seiner Steinlandschaft konnten für andere auch ein Menschengesicht bedeuten.

Schließlich lag nicht viel daran. Aber Albert zog es doch vor, still wieder fortzugehen und abzureisen und nicht mehr in diese Stadt zurückzukehren. Er malte noch viele Bilder und gab ihnen noch viele Namen, und war glücklich dabei; aber er zeigte sie niemandem.

(1918)

Märchen vom Korbstuhl

Ein junger Mensch saß in seiner einsamen Mansarde. Er hatte Lust, ein Maler zu werden; aber da war manches recht Schwierige zu überwinden, und fürs erste wohnte er ruhig in seiner Mansarde, wurde etwas älter und hatte sich daran gewöhnt, stundenlang vor einem kleinen Spiegel zu sitzen und versuchsweise sein Selbstbildnis zu zeichnen. Er hatte schon ein ganzes Heft mit solchen Zeichnungen angefüllt, und einige von diesen Zeichnungen hatten ihn sehr befriedigt.

»Dafür, daß ich noch völlig ohne Schulung bin«, sagte er zu sich selbst, »ist dieses Blatt doch eigentlich recht gut gelungen. Und was für eine interessante Falte da neben der Nase. Man sieht, ich habe etwas vom Denker an mir, oder doch so etwas Ähnliches. Ich brauche nur die Mundwinkel ein klein wenig herunterzuziehen, dann gibt es einen so eigenen Ausdruck, direkt schwermütig.«

Nur wenn er die Zeichnungen dann einige Zeit später wieder betrachtete, gefielen sie ihm meistens gar nicht mehr. Das war unangenehm, aber er schloß daraus, daß er Fortschritte mache und immer größere Forderungen an sich selber stelle.

Mit seiner Mansarde und mit den Sachen, die er in seiner Mansarde stehen und liegen hatte, lebte dieser junge Mann nicht ganz im wünschenswertesten und innigsten Verhältnis, doch immerhin auch nicht in einem schlechten. Er tat ihnen nicht mehr und nicht weniger Unrecht an, als die meisten Leute tun, er sah sie kaum und kannte sie schlecht.

Wenn ihm wieder ein Selbstbildnis nicht recht gelungen war, dann las er zuweilen in Büchern, aus welchen er erfuhr, wie es anderen Leuten ergangen war, welche gleich ihm als bescheidene und gänzlich unbekannte junge Leute angefangen hatten und dann sehr berühmt geworden waren. Gern las er solche Bücher, und las in ihnen seine eigene Zukunft.

So saß er eines Tages wieder etwas mißmutig und bedrückt

zu Hause und las über einen sehr berühmten holländischen Maler. Er laß, daß dieser Maler von einer wahren Leidenschaft, ja Raserei besessen gewesen sei, ganz und gar beherrscht von dem einen Drang, ein guter Maler zu werden. Der junge Mann fand, daß er mit diesem holländischen Maler manche Ähnlichkeit habe. Im Weiterlesen entdeckte er alsdann mancherlei, was auf ihn selbst weniger paßte. Unter anderem las er, wie jener Holländer bei schlechtem Wetter, wenn man draußen nicht malen konnte, unentwegt und voll Leidenschaft alles, auch das geringste, abgemalt habe, was ihm unter die Augen gekommen sei. So habe er einmal ein altes Paar Holzschuhe gemalt, und ein andermal einen alten, schiefen Stuhl, einen groben, rohen Küchen- und Bauernstuhl aus gewöhnlichem Holz, mit einem aus Stroh geflochtenen, ziemlich zerschlissenen Sitz. Diesen Stuhl welchen gewiß sonst niemals ein Mensch eines Blickes gewürdigt hätte, habe nun der Maler mit so viel Liebe und Treue, mit so viel Leidenschaft und Hingabe gemalt, daß das eines seiner schönsten Bilder geworden sei. Viele schöne und geradezu rührende Worte fand der Schriftsteller über diesen gemalten Strohstuhl zu sagen.

Hier hielt der Lesende inne und besann sich. Da war etwas Neues, was er versuchen mußte. Er beschloß, sofort – denn er war ein junger Mann von äußerst raschen Entschlüssen – das Beispiel dieses großen Meisters nachzuahmen und einmal diesen Weg zur Größe zu probieren.

Nun blickte er in seiner Dachstube umher und merkte, daß er die Sachen, zwischen denen er wohnte, eigentlich noch recht wenig angesehen habe. Einen krummen Stuhl mit einem aus Stroh geflochtenen Sitz fand er nirgends, auch keine Holzschuhe standen da, er war darum einen Augenblick betrübt und mutlos und es ging ihm beinahe wieder wie schon so oft, wenn er über dem Lesen vom Leben großer Männer den Mut verloren hatte: er fand dann, daß gerade alle die Kleinigkeiten und Fingerzeige und wunderlichen Fügungen, welche im Leben jener anderen eine so schöne Rolle spielten, bei ihm ausblieben und vergebens auf sich warten ließen. Doch raffte er sich bald

183

wieder auf und sah ein, daß es jetzt erst recht seine Aufgabe sei, hartnäckig seinen schweren Weg zum Ruhm zu verfolgen. Er musterte alle Gegenstände in seinem Stübchen und entdeckte einen Korbstuhl, der ihm recht wohl als Modell dienen könnte.

Er zog den Stuhl mit dem Fuß ein wenig näher zu sich, spitzte seinen Künstlerbleistift, nahm das Skizzenbuch auf die Knie und fing an zu zeichnen. Ein paar leise erste Striche schienen ihm die Form genügend anzudeuten, und nun zog er rasch und kräftig aus und hieb mit ein paar Strichen dick die Umrisse hin. Ein tiefer, dreieckiger Schatten in einer Ecke lockte ihn, er gab ihn kraftvoll an, und so fuhr er fort, bis irgend etwas ihn zu stören begann.

Er machte noch eine kleine Weile weiter, dann hielt er das Heft von sich weg und sah seine Zeichnung prüfend an. Da sah er, daß der Korbstuhl stark verzeichnet war.

Zornig riß er eine neue Linie hinein und heftete dann den Blick grimmig auf den Stuhl. Es stimmte nicht. Das machte ihn böse.

»Du Satan von einem Korbstuhl«, rief er heftig, »so ein launisches Vieh habe ich doch noch nie gesehen!«

Der Stuhl knackte ein wenig und sagte gleichmütig: »Ja, sieh mich nur an! Ich bin, wie ich bin, und werde mich nicht mehr ändern.«

Der Maler stieß ihn mit der Fußspitze an. Da wich der Stuhl zurück und sah jetzt wieder ganz anders aus.

»Dummer Kerl von einem Stuhl«, rief der Jüngling, »an dir ist ja alles krumm und schief«. – Der Korbstuhl lächelte ein wenig und sagte sanft: »Das nennt man Perspektive, junger Herr.«

Da sprang der Jüngling auf. »Perspektive!« schrie er wütend. »Jetzt kommt dieser Bengel von einem Stuhl und will den Schulmeister spielen! Die Perspektive ist meine Angelegenheit, nicht deine, merke dir das!«

Da sagte der Stuhl nichts mehr. Der Maler ging einige Male heftig auf und ab, bis von unten her mit einem Stock zornig gegen seinen Fußboden geklopft wurde. Dort unten wohnte ein älterer Mann, ein Gelehrter, der keinen Lärm vertrug.

Er setzte sich und nahm sein letztes Selbstbildnis wieder vor. Aber es gefiel ihm nicht. Er fand, daß er in Wirklichkeit hübscher und interessanter aussehe, und das war die Wahrheit.

Nun wollte er in seinem Buche weiterlesen. Aber da stand noch mehr von jenem holländischen Strohsessel und das ärgerte ihn. Er fand, daß man von jenem Sessel doch wirklich reichlich viel Lärm mache, und überhaupt...

Der junge Mann suchte seinen Künstlerhut und beschloß, ein wenig auszugehen. Er erinnerte sich, daß ihm schon vor längerer Zeit einmal das Unbefriedigende der Malerei aufgefallen war. Man hatte da nichts als Plage und Enttäuschungen, und schließlich konnte ja auch der beste Maler der Welt bloß die simple Oberfläche der Dinge darstellen. Für einen Menschen, der das Tiefe liebte, war das am Ende kein Beruf. Und er faßte wieder, wie schon mehrmals, ernstlich den Gedanken ins Auge, doch noch einer früheren Neigung zu folgen und lieber Schriftsteller zu werden. Der Korbstuhl blieb allein in der Mansarde zurück. Es tat ihm leid, daß sein junger Herr schon gegangen war. Er hatte gehofft, es werde sich nun endlich einmal ein ordentliches Verhältnis zwischen ihnen anspinnen. Er hätte recht gern zuweilen ein Wort gesprochen, und er wußte, daß er einen jungen Menschen wohl manches Wertvolle zu lehren haben würde. Aber es wurde nun leider nichts daraus.

(1918)

Iris

Im Frühling seiner Kindheit lief Anselm durch den grünen Garten. Eine Blume unter den Blumen der Mutter hieß Schwertlilie, die war ihm besonders lieb. Er hielt seine Wange an ihre hohen hellgrünen Blätter, drückte tastend seine Finger an ihre scharfen Spitzen, roch atmend an der großen wunderbaren Blüte und sah lange hinein. Da standen lange Reihen von gelben Fingern aus dem bleichbläulichen Blumenboden empor, zwischen ihnen lief ein lichter Weg hinweg und hinabwärts in den Kelch und das ferne, blaue Geheimnis der Blüte hinein. Die liebte er sehr, und blickte lange hinein, und sah die gelben feinen Glieder bald wie einen goldenen Zaun am Königsgarten stehen, bald als doppelten Gang von schönen Traumbäumen, die kein Wind bewegt, und zwischen ihnen lief hell und von glaszarten lebendigen Adern durchzogen der geheimnisvolle Weg ins Innere. Ungeheuer dehnte die Wölbung sich auf, nach rückwärts verlor der Pfad zwischen den goldenen Bäumen sich unendlich tief in unausdenkliche Schlünde, über ihm bog sich die violette Wölbung königlich und legte zauberisch dünne Schatten über das stille wartende Wunder. Anselm wußte, daß dies der Mund der Blume war, daß hinter den gelben Prachtgewächsen im blauen Schlunde ihr Herz und ihre Gedanken wohnten, und daß über diesen holden, lichten, glasig geäderten Weg ihr Atem und ihre Träume aus und ein gingen.

Und neben der großen Blüte standen kleinere, die noch nicht aufgegangen waren, sie standen auf festen, saftigen Stielen in einem kleinen Kelche aus bräunlich grüner Haut, aus ihnen drang die junge Blüte still und kräftig hinan, in lichtes Grün und Lila fest gewickelt, oben aber schaute straff und zart gerollt das junge tiefe Violett mit feiner Spitze hervor. Auch schon auf diesen festgerollten, jungen Blütenblättern war Geäder und hundertfache Zeichnung zu sehen.

Am Morgen, wenn er aus dem Hause und aus dem Schlaf

und Traum und fremden Welten wiederkam, da stand unverloren und immer neu der Garten und wartete auf ihn, und wo gestern eine harte blaue Blütenspitze dicht gerollt aus grüner Schale gestarrt hatte, da hing nun dünn und blau wie Luft ein junges Blatt, wie eine Zunge und wie eine Lippe, suchte tastend seine Form und Wölbung, von der es lang geträumt, und zuunterst, wo es noch im stillen Kampf mit seiner Hülle lag, da ahnte man schon feine gelbe Gewächse, lichte geäderte Bahn und fernen, duftenden Seelenabgrund bereitet. Vielleicht am Mittag schon, vielleicht am Abend war sie offen, wölbte blaues Seidenzelt über goldnem Traumwalde, und ihre ersten Träume, Gedanken und Gesänge kamen still aus dem zauberhaften Abgrund hervorgeatmet.

Es kam ein Tag, da standen lauter blaue Glockenblumen im Gras. Es kam ein Tag, da war plötzlich ein neuer Klang und Duft im Garten, und über rötlichem durchsonntem Laub hing weich und rotgolden die erste Teerose. Es kam ein Tag, da waren keine Schwertlilien mehr da. Sie waren gegangen, kein goldbezäunter Pfad mehr führte zart in duftende Geheimnisse hinab, fremd standen starre Blätter spitz und kühl. Aber rote Beeren waren in den Büschen reif, und über den Sternblumen flogen neue, unerhörte Falter frei und spielend hin, rotbraune mit perlmutternen Rücken und schwirrende, glasflüglige Schwärmer.

Anselm sprach mit den Faltern und mit den Kieselsteinen, er hatte zum Freund den Käfer und die Eidechse, Vögel erzählten ihm Vogelgeschichten, Farnkräuter zeigten ihm heimlich unterm Dach der Riesenblätter den braunen gesammelten Samen, Glasscherben grün und kristallen fingen ihm den Sonnenstrahl und wurden Paläste, Gärten und funkelnde Schatzkammer. Waren die Lilien fort, so blühten die Kapuziner, waren die Teerosen welk, so wurden die Brombeeren braun, alles verschob sich, war immer da und immer fort, verschwand und kam zur Zeit wieder, und auch die bangen, wunderlichen Tage, wo der Wind kalt in der Tanne lärmte und im ganzen Garten das welke Laub so fahl und erstorben klirrte, brachten noch ein Lied, ein Erlebnis, eine Geschichte mit, bis wieder alles hinsank, Schnee vor den Fenstern fiel und Palmenwälder an den Scheiben wuchsen, Engel mit silbernen Glocken durch den Abend flogen und Flur und Boden nach gedörrtem Obst dufteten. Niemals erlosch Freundschaft und Vertrauen in dieser guten Welt, und wenn einmal unversehens wieder Schneeglöckchen neben dem schwarzen Efeulaub strahlten und erste Vögel hoch durch neue blaue Höhen flogen, so war es, als sei alles immerfort dagewesen. Bis eines Tages, nie erwartet und doch immer genau wie es sein mußte und immer gleich erwünscht, wieder eine erste bläuliche Blütenspitze aus den Schwertlilienstengeln schaute.

Alles war schön, alles war Anselm willkommen, befreundet und vertraut, aber der größte Augenblick des Zaubers und der Gnade war in jedem Jahr für den Knaben die erste Schwertlilie. In ihrem Kelch hatte er irgendeinmal, im frühsten Kindestraum, zum erstenmal im Buch der Wunder gelesen, ihr Duft und wehendes vielfaches Blau war ihm Anruf und Schlüssel der Schöpfung gewesen. So ging die Schwertlilie mit ihm durch alle Jahre seiner Unschuld, war in jedem neuen Sommer neu, geheimnisreicher und rührender geworden. Auch andre Blumen hatten einen Mund, auch andre Blumen sandten Duft und Gedanken aus, auch andre lockten Biene und Käfer in ihre kleinen, süßen Kammern. Aber die blaue Lilie war dem Knaben mehr als jede andre Blume lieb und wichtig geworden, sie wurde ihm Gleichnis und Beispiel alles Nachdenkenswerten und Wunderbaren. Wenn er in ihren Kelch blickte und versunken diesem hellen träumerischen Pfad mit seinen Gedanken folgte, zwischen den gelben wunderlichen Gestäuden dem verdämmernden Blumeninnern entgegen, dann blickte seine Seele in das Tor, wo die Erscheinung zum Rätsel und das Sehen zum Ahnen wird. Er träumte auch bei Nacht zuweilen von diesem Blumenkelch, sah ihn ungeheuer groß vor sich geöffnet wie das Tor eines himmlischen Palastes, ritt auf Pferden, flog auf Schwänen hinein, und mit ihm flog und ritt und glitt die ganze Welt leise, von Magie gezogen, in den holden Schlund hinein und hinab, wo jede Erwartung zur Erfüllung und jede Ahnung Wahrheit werden mußte.

Jede Erscheinung auf Erden ist ein Gleichnis, und jedes Gleichnis ist ein offenes Tor, durch welches die Seele, wenn sie bereit ist, in das Innere der Welt zu gehen vermag, wo du und ich und Tag und Nacht alle eines sind. Jedem Menschen tritt hier und dort in seinem Leben das geöffnete Tor in den Weg, jeden fliegt irgendeinmal der Gedanke an, daß alles Sichtbare ein Gleichnis sei, und daß hinter dem Gleichnis der Geist und das ewige Leben wohne. Wenige freilich gehen durch das Tor und geben den schönen Schein dahin für die geahnte Wirklichkeit des Innern.

So erschien dem Knaben Anselm sein Blumenkelch als die aufgetane, stille Frage, der seine Seele in quellender Ahnung einer seligen Antwort entgegendrängte. Dann wieder zog das liebliche Vielerlei der Dinge ihn hinweg, in Gesprächen und Spielen zu Gras und Steinen, Wurzeln, Busch, Getier und allen Freundlichkeiten seiner Welt. Oft sank er tief in die Betrachtung seiner selbst hinab, er saß hingegeben an die Merkwürdigkeiten seines Leibes, fühlte mit geschlossenen Augen beim Schlucken, beim Singen, beim Atmen sonderbare Regungen, Gefühle und Vorstellungen im Munde und im Hals, fühlte auch dort dem Pfad und dem Tore nach, auf denen Seele zu Seele gehen kann. Mit Bewunderung beobachtete er die bedeutsamen Farbenfiguren, die bei geschlossenen Augen ihm oft aus purpurfarbenem Dunkel erschienen, Flecken und Halbkreise von Blau und tiefem Rot, glasig-helle Linien dazwischen. Manchmal empfand Anselm mit froh erschrockener Bewegung die feinen, hundertfachen Zusammenhänge zwischen Auge und Ohr, Geruch und Getast, fühlte für schöne flüchtige Augenblicke Töne, Laute, Buchstaben verwandt und gleich mit Rot und Blau, mit Hart und Weich, oder wunderte sich beim Riechen an einem Kraut oder an einer abgeschälten grünen Rinde, wie sonderbar nahe Geruch und Geschmack beisammen waren und oft ineinander übergingen und eins wurden.

Alle Kinder fühlen so, wennschon nicht alle mit derselben

Stärke und Zartheit, und bei vielen ist dies alles schon hinweg und wie nie gewesen, noch ehe sie den ersten Buchstaben haben lesen lernen. Andern bleibt das Geheimnis der Kindheit lange nah, und einen Rest und Nachhall davon nehmen sie bis zu den weißen Haaren und den späten müden Tagen mit sich. Alle Kinder, solange sie noch im Geheimnis stehen, sind ohne Unterlaß in der Seele mit dem einzig Wichtigen beschäftigt, mit sich selbst und mit dem rätselhaften Zusammenhang ihrer eignen Person mit der Welt ringsumher. Sucher und Weise kehren mit den Jahren der Reife zu diesen Beschäftigungen zurück, die meisten Menschen aber vergessen und verlassen diese innere Welt des wahrhaft Wichtigen schon früh für immer und irren lebenslang in den bunten Irrsalen von Sorgen, Wünschen und Zielen umher, deren keines in ihrem Innersten wohnt, deren keines sie wieder zu ihrem Innersten und nach Hause führt.

Anselms Kindersommer und -herbst kamen sanft und gingen ungehört, wieder und wieder blühte und verblühte Schneeglocke, Veilchen, Goldlack, Lilie, Immergrün und Rose, schön und reich wie je. Er lebte mit, ihm sprachen Blume und Vogel, ihm hörten Baum und Brunnen zu, und er nahm seinen ersten geschriebenen Buchstaben und seinen ersten Freundschaftskummer in alter Weise mit hinüber zum Garten, zur Mutter, zu den bunten Steinen am Beet.

Aber einmal kam ein Frühling, der klang und roch nicht wie die frühern alle, die Amsel sang, und es war nicht das alte Lied, die blaue Iris blühte auf, und keine Träume und Märchengestalten wandelten aus und ein auf dem goldgezäunten Pfad ihres Kelches. Es lachten die Erdbeeren versteckt aus ihrem grünen Schatten, und die Falter taumelten glänzend über den hohen Dolden, und alles war nicht mehr wie immer, und andre Dinge gingen den Knaben an, und mit der Mutter hatte er viel Streit. Er wußte selber nicht, was es war, und warum ihm etwas weh tat und etwas immerfort ihn störte. Er sah nur, die Welt war verändert, und die Freundschaften der bisherigen Zeit fielen von ihm ab und ließen ihn allein.

So ging ein Jahr, und es ging noch eines, und Anselm war

kein Kind mehr, und die bunten Steine um das Beet waren langweilig, und die Blumen stumm, und die Käfer hatte er auf Nadeln in einem Kasten stecken, und seine Seele hatte den langen, harten Umweg angetreten und die alten Freuden waren versiegt und verdorrt.

Ungestüm drang der junge Mensch ins Leben, das ihm nun erst zu beginnen schien. Verweht und vergessen war die Welt der Gleichnisse, neue Wünsche und Wege lockten ihn hinweg. Noch hing Kindheit wie ein Duft im blauen Blick und im weichen Haar, doch liebte er es nicht, wenn er daran erinnert wurde, und schnitt die Haare kurz und tat in seinen Blick so viel Kühnheit und Wissen als er vermochte. Launisch stürmte er durch die bangen, wartenden Jahre, guter Schüler bald und Freund, bald allein und scheu, einmal wild und laut bei ersten Jünglingsgelagen. Die Heimat hatte er verlassen müssen und sah sie nur selten auf kurzen Besuchen wieder, wenn er verändert, gewachsen und fein gekleidet heim zur Mutter kam. Er brachte Freunde mit, brachte Bücher mit, immer anderes, und wenn er durch den alten Garten ging, war der Garten klein und schwieg vor seinem zerstreuten Blick. Nie mehr las er Geschichten im bunten Geäder der Steine und der Blätter, nie mehr sah er Gott und die Ewigkeit im Blütengeheimnis der blauen Iris wohnen.

Anselm war Schüler, war Student, er kehrte in die Heimat mit einer roten und dann mit einer gelben Mütze, mit einem Flaum auf der Lippe und mit einem jungen Bart. Er brachte Bücher in fremden Sprachen mit, und einmal einen Hund, und in einer Ledermappe auf der Brust trug er bald verschwiegene Gedichte, bald Abschriften uralter Weisheiten, bald Bildnisse und Briefe hübscher Mädchen. Er kehrte wieder und war weit in fremden Ländern gewesen und hatte auf großen Schiffen auf dem Meer gewohnt. Er kehrte wieder und war ein junger Gelehrter, trug einen schwarzen Hut und dunkle Handschuhe, und die alten Nachbarn zogen die Hüte vor ihm und nannten ihn Professor, obschon er noch keiner war. Er kam wieder und trug schwarze Kleider, und ging schlank und ernst hinter dem langsamen Wagen her, auf dem seine alte Mutter im geschmückten Sarge lag. Und dann kam er selten mehr.

In der Großstadt, wo Anselm jetzt die Studenten lehrte und für einen berühmten Gelehrten galt, da ging er, spazierte, saß und stand genau wie andre Leute der Welt, im feinen Rock und Hut, ernst oder freundlich, mit eifrigen und manchmal etwas ermüdeten Augen, und war ein Herr und ein Forscher, wie er es hatte werden wollen. Nun ging es ihm ähnlich wie es ihm am Ende seiner Kindheit gegangen war. Er fühlte plötzlich viele Jahre hinter sich weggeglitten, und stand seltsam allein und unbefriedigt mitten in der Welt, nach der er immer getrachtet hatte. Es war kein rechtes Glück, Professor zu sein, es war keine volle Lust, von Bürgern und Studenten tief gegrüßt zu werden. Es war alles wie welk und verstaubt, und das Glück lag wieder weit in der Zukunft, und der Weg dahin sah heiß und staubig und gewöhnlich aus.

In dieser Zeit kam Anselm viel in das Haus eines Freundes, dessen Schwester ihn anzog. Er lief jetzt nicht mehr leicht einem hübschen Gesichte nach, auch das war anders geworden, und er fühlte, daß das Glück für ihn auf besondere Weise kommen müsse und nicht hinter jedem Fenster liegen könne. Die Schwester seines Freundes gefiel ihm sehr, und oft glaubte er zu wissen, daß er sie wahrhaft liebe. Aber sie war ein besonderes Mädchen, jeder Schritt und jedes Wort von ihr war eigen gefärbt und geprägt, und es war nicht immer leicht, mit ihr zu gehen und den gleichen Schritt mit ihr zu finden. Wenn Anselm zuweilen in seiner einsamen Wohnung am Abend auf und nieder ging und nachdenklich seinem eigenen Schritt durch die leeren Stuben zuhörte, dann stritt er viel mit sich selber wegen seiner Freundin. Sie war älter, als er sich seine Frau gewünscht hätte. Sie war sehr eigen, und es würde schwierig sein, neben ihr zu leben und seinem gelehrten Ehrgeiz zu folgen, denn von dem mochte sie nichts hören. Auch war sie nicht sehr stark und gesund, und konnte namentlich Gesellschaft und Feste schlecht ertragen. Am liebsten lebte sie, mit Blumen und Musik und etwa einem Buch um sich, in einsamer Stille, wartete, ob jemand zu ihr käme, und ließ die Welt ihren Gang gehen. Manchmal war sie so zart und empfindlich, daß alles Fremde ihr weh tat und sie leicht zum Weinen brachte. Dann wieder strahlte sie still und fein in einem einsamen Glück, und wer es sah, der fühlte, wie schwer es sei, dieser schönen seltsamen Frau etwas zu geben und etwas für sie zu bedeuten. Oft glaubte Anselm, daß sie ihn liebhabe, oft schien ihm, sie habe niemanden lieb, sei nur mit allen zart und freundlich, und begehre von der Welt nichts, als in Ruhe gelassen zu werden. Er aber wollte anderes vom Leben, und wenn er eine Frau haben würde, so müßte Leben und Klang und Gastlichkeit im Hause sein.

»Iris«, sagte er zu ihr, »liebe Iris, wenn doch die Welt anders eingerichtet wäre! Wenn es gar nichts gäbe als eine schöne, sanfte Welt mit Blumen, Gedanken und Musik, dann wollte ich mir nichts andres wünschen als mein Leben lang bei dir zu sein, deine Geschichten zu hören und in deinen Gedanken mitzuleben. Schon dein Name tut mir wohl, Iris ist ein wundervoller Name, ich weiß gar nicht, woran er mich erinnert.«

»Du weißt doch«, sagte sie, »daß die blauen Schwertlilien so heißen.«

»Ja«, rief er in einem beklommenen Gefühl, »das weiß ich wohl, und schon das ist sehr schön. Aber immer wenn ich deinen Namen sage, will er mich noch außerdem an irgend etwas mahnen, ich weiß nicht was, als sei er mir mit ganz tiefen, fernen, wichtigen Erinnerungen verknüpft, und doch weiß und finde ich nicht, was das sein könnte.«

Iris lächelte ihn an, der ratlos stand und mit der Hand seine Stirn rieb.

»Mir geht es jedesmal so«, sagte sie mit ihrer vogelleichten Stimme zu Anselm, »wenn ich an einer Blume rieche. Dann meint mein Herz jedesmal, mit dem Duft sei ein Andenken an etwas überaus Schönes und Kostbares verbunden, das einmal vorzeiten mein war und mir verlorengegangen ist. Mit der Musik ist es auch so, und manchmal mit Gedichten – da blitzt auf einmal etwas auf, einen Augenblick lang, wie wenn man eine verlorene Heimat plötzlich unter sich im Tale liegen sähe, und ist gleich wieder weg und vergessen. Lieber Anselm, ich glaube, daß wir zu diesem Sinn auf Erden sind, zu diesem Nachsinnen und Suchen und Horchen auf verlorene ferne Töne, und hinter ihnen liegt unsere wahre Heimat.«

»Wie schön du das sagst«, schmeichelte Anselm, und er fühlte in der eigenen Brust eine fast schmerzende Bewegung, als weise dort ein verborgener Kompaß unweigerlich seinem fernen Ziele zu. Aber dieses Ziel war ganz ein andres, als er es seinem Leben geben wollte, und das tat weh, und war es denn seiner würdig, sein Leben in Träumen hinter hübschen Märchen her zu verspielen?

Indessen kam ein Tag, da war Herr Anselm von einer einsamen Reise heimgekehrt und fand sich von seiner kahlen Gelehrtenwohnung so kalt und bedrückend empfangen, daß er zu seinen Freunden lief und gesonnen war, die schöne Iris um ihre Hand zu bitten.

»Iris«, sagte er zu ihr, »ich mag so nicht weiterleben. Du bist immer meine gute Freundin gewesen, ich muß dir alles sagen. Ich muß eine Frau haben, sonst fühle ich mein Leben leer und ohne Sinn. Und wen sollte ich mir zur Frau wünschen, als dich, du liebe Blume? Willst du, Iris? Du sollst Blumen haben, so viele nur zu finden sind, den schönsten Garten sollst du haben. Magst du zu mir kommen?«

Iris sah ihm lang und ruhig in die Augen, sie lächelte nicht und errötete nicht, und gab ihm mit fester Stimme Antwort:

»Anselm, ich bin über deine Frage nicht erstaunt. Ich habe dich lieb, obschon ich nie daran gedacht habe, deine Frau zu werden. Aber sieh, mein Freund, ich mache große Ansprüche an den, dessen Frau ich werden soll. Ich mache größere Ansprüche, als die meisten Frauen machen. Du hast mir Blumen geboten, und meinst es gut damit. Aber ich kann auch ohne Blumen leben, und auch ohne Musik, ich könnte alles das und viel andres wohl entbehren, wenn es sein müßte. Eins aber kann und will ich nie entbehren: ich kann niemals auch nur einen Tag lang so leben, daß nicht die Musik in meinem Herzen mir die Hauptsache ist. Wenn ich mit einem Manne leben soll, so muß es einer sein, dessen innere Musik mit der meinen gut und fein zusammenstimmt, und daß seine eigene Musik rein und daß sie gut zu meiner klinge, muß sein einziges Begehren sein. Kannst du das, Freund? Du wirst dabei wahrscheinlich nicht weiter berühmt werden und Ehren erfahren, dein Haus wird still sein, und die Falten, die ich auf deiner Stirn seit manchem Jahr her kenne, müssen alle wieder ausgetan werden. Ach, Anselm, es wird nicht gehen. Sieh, du bist so, daß du immer neue Falten in deine Stirn studieren und dir immer neue Sorgen machen mußt, und was ich sinne und bin, das liebst du wohl und findest es hübsch, aber es ist für dich wie für die meisten doch bloß ein feines Spielzeug. Ach, höre mich wohl: alles, was dir jetzt Spielzeug ist, ist mir das Leben selbst und müßte es auch dir sein, und alles, woran du Mühe und Sorge wendest, das ist für mich Spielzeug, ist für meinen Sinn nicht wert, daß man dafür lebe. – Ich werde nicht mehr anders werden, Anselm, denn ich lebe nach einem Gesetz, das in mir ist. Wirst aber du anders werden können? Und du müßtest ganz anders werden, damit ich deine Frau sein könnte.«

Anselm schwieg betroffen vor ihrem Willen, den er schwach und spielerisch gemeint hatte. Er schwieg und zerdrückte achtlos in der erregten Hand eine Blume die er vom Tisch genommen hatte.

Da nahm ihm Iris sanft die Blume aus der Hand – es fuhr ihm wie ein schwerer Vorwurf ins Herz – und lächelte nun plötzlich hell und liebevoll, als habe sie ungehofft einen Weg aus dem Dunkel gefunden.

»Ich habe einen Gedanken«, sagte sie leise, und errötete dabei. »Du wirst ihn sonderbar finden, er wird dir eine Laune scheinen. Aber er ist keine Laune. Willst du ihn hören? Und willst du ihn annehmen, daß er über dich und mich entscheiden soll?«

Ohne sie zu verstehen, blickte Anselm seine Freundin an, Sorge in den blassen Zügen. Ihr Lächeln bezwang ihn, daß er Vertrauen faßte und ja sagte.

»Ich möchte dir eine Aufgabe stellen«, sagte Iris und wurde rasch wieder sehr ernst.

»Tue das, es ist dein Recht«, ergab sich der Freund.

»Es ist mein Ernst«, sagte sie, »und mein letztes Wort. Willst du es hinnehmen, wie es mir aus der Seele kommt, und nicht daran markten und feilschen, auch wenn du es nicht sogleich verstehst?«

Anselm versprach es. Da sagte sie, indem sie aufstand und ihm die Hand gab:

»Mehrmals hast du mir gesagt, daß du beim Aussprechen meines Namens jedesmal dich an etwas Vergessenes erinnert fühlst, was dir einst wichtig und heilig war. Das ist ein Zeichen, Anselm, und das hat dich alle die Jahre zu mir hingezogen. Auch ich glaube, daß du in deiner Seele Wichtiges und Heiliges verloren und vergessen hast, was erst wieder wach sein muß, ehe du ein Glück finden und das dir Bestimmte erreichen kannst. – Leb wohl, Anselm! Ich gebe dir die Hand und bitte dich: Geh und sieh, daß du das in deinem Gedächtnis wiederfindest, woran du durch meinen Namen erinnert wirst. Am Tage, wo du es wiedergefunden hast, will ich als deine Frau mit dir hingehen, wohin du willst, und keine Wünsche mehr haben als deine.«

Bestürzt wollte der verwirrte Anselm ihr ins Wort fallen und diese Forderung eine Laune schelten, aber sie mahnte ihn mit einem klaren Blick an sein Versprechen, und er schwieg still. Mit niedergeschlagenen Augen nahm er ihre Hand, zog sie an seine Lippen und ging hinaus.

Manche Aufgaben hatte er in seinem Leben auf sich genommen und gelöst, aber keine war so seltsam, wichtig und dabei so entmutigend gewesen wie diese. Tage und Tage lief er umher und sann sich daran müde, und immer wieder kam die Stunde, wo er verzweifelt und zornig diese ganze Aufgabe eine verrückte Weiberlaune schalt und in Gedanken von sich warf. Dann aber widersprach tief in seinem Innern etwas, ein sehr feiner, heimlicher Schmerz, eine ganz zarte, kaum hörbare Mahnung. Diese feine Stimme, die in seinem eigenen Herzen war, gab Iris recht und tat dieselbe Forderung wie sie.

Allein diese Aufgabe war allzu schwer für den gelehrten Mann. Er sollte sich an etwas erinnern, was er längst vergessen hatte, er sollte einen einzelnen, goldenen Faden aus dem Spinnweb untergesunkener Jahre wiederfinden, er sollte etwas mit Händen greifen und seiner Geliebten darbringen, was nichts war als ein verwehter Vogelruf, ein Anflug von Lust oder Trauer beim Hören einer Musik, was dünner, flüchtiger und körperloser war als ein Gedanke, nichtiger als ein nächtlicher Traum, unbestimmter als ein Morgennebel.

Manchmal, wenn er verzagend das alles von sich geworfen und voll übler Laune aufgegeben hatte, dann wehte ihn unversehens etwas an wie ein Hauch aus fernen Gärten, er flüsterte den Namen Iris vor sich hin, zehnmal und mehrmal, leise und spielend, wie man einen Ton auf einer gespannten Saite prüft. »Iris«, flüsterte er, »Iris«, und mit feinem Weh fühlte er in sich innen etwas sich bewegen, wie in einem alten verlassenen Hause ohne Anlaß eine Tür aufgeht und ein Laden knarrt. Er prüfte seine Erinnerungen, die er wohlgeordnet in sich zu tragen geglaubt hatte, und er kam dabei auf wunderliche und bestürzende Entdeckungen. Sein Schatz an Erinnerungen war unendlich viel kleiner, als er je gedacht hätte. Ganze Jahre fehlten und standen leer wie unbeschriebene Blätter, wenn er zurückdachte. Er fand, daß er große Mühe hatte, sich das Bild seiner Mutter wieder deutlich vorzustellen. Er hatte vollkommen vergessen, wie ein Mädchen hieß, das er als Jüngling wohl ein Jahr lang mit brennender Werbung verfolgt hatte. Ein Hund fiel ihm ein, den er einst als Student in einer Laune gekauft und der eine Zeitlang mit ihm gewohnt und gelebt hatte. Er brauchte Tage, bis er wieder auf des Hundes Namen kam.

Schmerzvoll sah der arme Mann mit wachsender Trauer und Angst, wie zerronnen und leer sein Leben hinter ihm lag, nicht mehr zu ihm gehörig, ihm fremd und ohne Beziehung zu ihm wie etwas, was man einst auswendig gelernt hat und wovon man nun mit Mühe noch öde Bruchstücke zusammenbringt. Er begann zu schreiben, er wollte, Jahr um Jahr zurück, seine wichtigsten Erlebnisse niederschreiben, um sie einmal wieder fest in Händen zu haben. Aber wo waren seine wichtigsten Erlebnisse? Daß er Professor geworden war? Daß er einmal Doktor, einmal Schüler, einmal Student gewesen war? Oder daß ihm einmal, in verschollenen Zeiten, dies Mädchen oder jenes eine Weile gefallen hatte. Erschreckend blickte er auf: war das das Leben? War dies alles? Und er schlug sich vor die Stirn und lachte gewaltsam.

Indessen lief die Zeit, nie war sie so schnell und unerbittlich gelaufen! Ein Jahr war um, und ihm schien, er stehe noch genau am selben Ort wie in der Stunde, da er Iris verlassen. Doch hatte er sich in dieser Zeit sehr verändert, was außer ihm ein jeder sah und wußte. Er war sowohl älter wie jünger geworden. Seinen Bekannten war er fast fremd geworden, man fand ihn zerstreut, launisch und sonderbar, er kam in den Ruf eines seltsamen Kauzes, für den es schade sei, aber er sei zu lange Junggeselle geblieben. Es kam vor, daß er seine Pflichten vergaß und daß seine Schüler vergebens auf ihn warteten. Es geschah, daß er gedankenvoll durch eine Straße schlich, den Häusern nach, und mit dem verwahrlosten Rock im Hinstreifen den Staub von den Gesimsen wischte. Manche meinten, er habe zu trinken angefangen. Andre Male aber hielt er mitten in einem Vortrag vor seinen Schülern inne, suchte sich auf etwas zu besinnen, lächelte kindlich und herzbezwingend, wie es niemand an ihm gekannt hatte, und fuhr mit einem Ton der Wärme und Rührung fort, der vielen zu Herzen ging.

Längst war ihm auf dem hoffnungslosen Streifzug hinter den Düften und verwehten Spuren ferner Jahre her ein neuer Sinn zugekommen, von dem er jedoch selbst nichts wußte. Es war ihm öfter und öfter vorgekommen, daß hinter dem, was er bisher Erinnerungen genannt, noch andre Erinnerungen lagen, wie auf einer alten bemalten Wand zuweilen hinter den alten Bildern noch ältere, einst übermalte verborgen schlummern. Er wollte sich auf irgend etwas besinnen, etwa auf den Namen einer Stadt, in der er als Reisender einmal Tage verbracht hatte, oder auf den Geburtstag eines Freundes, oder auf irgend etwas,

und indem er nun ein kleines Stück Vergangenheit wie Schutt
durchgrub und durchwühlte, fiel ihm plötzlich etwas ganz anderes ein. Es überfiel ihn ein Hauch, wie ein Aprilmorgenwind
oder wie ein Septembernebeltag, er roch einen Duft, er
schmeckte einen Geschmack, er fühlte dunkle zarte Gefühle
irgendwo, auf der Haut, in den Augen, im Herzen, und langsam
wurde ihm klar: es müsse einst ein Tag gewesen sein, blau,
warm, oder kühl, grau, oder irgend sonst ein Tag, und das Wesen dieses Tages müsse in ihm sich verfangen haben als dunkle
Erinnerung hängengeblieben sein. Er konnte den Frühlings-
oder Wintertag, den er deutlich roch und fühlte, nicht in der
wirklichen Vergangenheit wiederfinden, es waren keine Namen
und Zahlen dabei, vielleicht war es in der Studentenzeit, vielleicht noch in der Wiege gewesen, aber der Duft war da, und
er fühlte etwas in sich lebendig, wovon er nicht wußte und
was er nicht nennen und bestimmen konnte. Manchmal schien
ihm, es könnten diese Erinnerungen wohl auch über das Leben
zurück in Vergangenheiten eines vorigen Daseins reichen, obwohl er darüber lächelte.

Vieles fand Anselm auf seinen ratlosen Wanderungen durch
die Schlünde des Gedächtnisses. Vieles fand er, was ihn rührte
und ergriff, und vieles, was erschreckte und Angst machte,
aber das eine fand er nicht, was der Name Iris für ihn bedeute.

Einstmals suchte er auch, in der Qual des Nichtfindenkön-
nens, seine alte Heimat wieder auf, sah die Wälder und Gassen,
die Stege und Zäune wieder, stand im alten Garten seiner
Kindheit und fühlte die Wogen über sein Herz fluten, Vergangenheit umspann ihn wie Traum. Traurig und still kam er von
dort zurück. Er ließ sich krank sagen und jeden wegschicken,
der zu ihm begehrte.

Einer kam dennoch zu ihm. Es war sein Freund, den er seit
seiner Werbung um Iris nicht mehr gesehen hatte. Er kam und
sah Anselm verwahrlost in seiner freudlosen Klause sitzen.

»Steh auf«, sagte er zu ihm, »und komm mit mir, Iris will
dich sehen.«

Anselm sprang empor.

»Iris! Was ist mit ihr? – O ich weiß, ich weiß!«

»Ja«, sagte der Freund, »komm mit! Sie will sterben, sie liegt seit langem krank.«

Sie gingen zu Iris, die lag auf einem Ruhebett leicht und schmal wie ein Kind, und lächelte hell aus vergrößerten Augen. Sie gab Anselm ihre weiße leichte Kinderhand, die lag wie eine Blume in seiner, und ihr Gesicht war wie verklärt.

»Anselm«, sagte sie, »bist du mir böse? Ich habe dir eine schwere Aufgabe gestellt, und ich sehe, du bist ihr treu geblieben. Suche weiter, und gehe diesen Weg, bis du am Ziele bist! Du meintest ihn meinetwegen zu gehen, aber du gehst ihn deinetwegen. Weißt du das?«

»Ich ahnte es«, sagte Anselm, »und nun weiß ich es. Es ist ein langer Weg, Iris, und ich wäre längst zurückgegangen, aber ich finde keinen Rückweg mehr. Ich weiß nicht, was aus mir werden soll.«

Sie blickte ihm in die traurigen Augen und lächelte licht und tröstlich, er bückte sich über ihre dünne Hand und weinte lang, daß ihre Hand naß von seinen Tränen wurde.

»Was aus dir werden soll«, sagte sie mit einer Stimme, die nur wie Erinnerungsschein war, »was aus dir werden soll, mußt du nicht fragen. Du hast viel gesucht in deinem Leben. Du hast die Ehre gesucht, und das Glück, und das Wissen, und hast mich gesucht, deine kleine Iris. Das alles sind nur hübsche Bilder gewesen, und sie verließen dich, wie ich dich nun verlassen muß. Auch mir ist es so gegangen. Immer habe ich gesucht, und immer waren es schöne liebe Bilder, und immer wieder fielen sie ab und waren verblüht. Ich weiß nun keine Bilder mehr, ich suche nichts mehr, ich bin heimgekehrt und habe nur noch einen kleinen Schritt zu tun, dann bin ich in der Heimat. Auch du wirst dorthin kommen, Anselm, und wirst dann keine Falten mehr auf deiner Stirn haben.«

Sie war so bleich, daß Anselm verzweifelt rief: »O warte noch, Iris, geh noch nicht fort! Laß mir ein Zeichen da, daß du mir nicht ganz verlorengehst!«

Sie nickte und griff neben sich in ein Glas, und gab ihm eine frisch aufgeblühte blaue Schwertlilie.

»Da, nimm meine Blume, die Iris, und vergiß mich nicht. Suche mich, suche die Iris, dann wirst du zu mir kommen.«

Weinend hielt Anselm die Blume in Händen, und nahm weinend Abschied. Als der Freund ihm Botschaft sandte, kam er wieder und half ihren Sarg mit Blumen schmücken und zur Erde bringen.

Dann brach sein Leben hinter ihm zusammen, es schien ihm nicht möglich, diesen Faden fortzuspinnen. Er gab alles auf, verließ Stadt und Amt, und verscholl in der Welt. Hier und dort wurde er gesehen, in seiner Heimat tauchte er auf und lehnte sich über den Zaun des alten Gartens, aber wenn die Leute nach ihm fragten und sich um ihn annehmen wollten, war er weg und verschwunden.

Die Schwertlilie blieb ihm lieb. Oft bückte er sich über eine, wo immer er sie stehen sah, und wenn er lang den Blick in ihren Kelch versenkte, schien ihm aus dem bläulichen Grunde Duft und Ahnung alles Gewesenen und Künftigen entgegenzuwehen, bis er traurig weiterging, weil die Erfüllung nicht kam. Ihm war, als lauschte er an einer halb offenstehenden Tür, und höre lieblichstes Geheimnis hinter ihr atmen, und wenn er eben meinte, jetzt müsse alles sich ihm geben und erfüllen, war die Tür zugefallen und der Wind der Welt strich kühl über seine Einsamkeit.

In seinen Träumen sprach die Mutter zu ihm, deren Gestalt und Gesicht er nun so deutlich und nahe fühlte wie in langen Jahren nie. Und Iris sprach zu ihm, und wenn er erwachte, klang ihm etwas nach, woran zu sinnen er den ganzen Tag verweilte. Er war ohne Stätte, fremd lief er durch die Lande, schlief in Häusern, schlief in Wäldern, aß Brot oder aß Beeren, trank Wein oder trank Tau aus den Blättern der Gebüsche, er wußte nichts davon. Vielen war er ein Narr, vielen war er ein Zauberer, viele fürchteten ihn, viele lachten über ihn, viele liebten ihn. Er lernte, was er nie gekonnt, bei Kindern sein und an ihren seltsamen Spielen teilhaben, mit einem abgebrochenen

Zweig und mit einem Steinchen reden. Winter und Sommer liefen an ihm vorbei, in Blumenkelche schaute er und in Bach und See.

»Bilder«, sagte er zuweilen vor sich hin, »alles nur Bilder.«

Aber in sich innen fühlte er ein Wesen, das nicht Bild war, dem folgte er, und das Wesen in ihm konnte zuzeiten sprechen, und seine Stimme war die der Iris und die der Mutter, und sie war Trost und Hoffnung.

Wunder begegneten ihm, und sie wunderten ihn nicht. Und so ging er einst im Schnee durch einen winterlichen Grund, und an seinem Bart war Eis gewachsen. Und im Schnee stand spitz und schlank eine Irispflanze, die trieb eine schöne einsame Blüte, und er bückte sich zu ihr und lächelte, denn nun erkannte er das, woran ihn die Iris immer und immer gemahnt hatte. Er erkannte seinen Kindestraum wieder, und sah zwischen goldenen Stäben die lichtblaue Bahn hellgeädert in das Geheimnis und Herz der Blume führen, und wußte, dort war das, was er suchte, dort war das Wesen, das kein Bild mehr ist.

Und wieder trafen ihn Mahnungen, Träume führten ihn, und er kam zu einer Hütte, da waren Kinder, die gaben ihm Milch, und er spielte mit ihnen, und sie erzählten ihm Geschichten, und erzählten ihm, im Wald bei den Köhlern sei ein Wunder geschehen. Da sehe man die Geisterpforte offenstehen, die nur alle tausend Jahre sich öffne. Er hörte zu und nickte dem lieben Bilde zu, und ging weiter, ein Vogel sang vor ihm im Erlengebüsch, der hatte eine seltene, süße Stimme, wie die Stimme der gestorbenen Iris. Dem folgte er, er flog und hüpfte weiter und weiter, über den Bach und weit in alle Wälder hinein.

Als der Vogel schwieg und nicht zu hören noch zu sehen mehr war, da blieb Anselm stehen und sah sich um. Er stand in einem tiefen Tal im Walde, unter breiten grünen Blättern rann leise ein Gewässer, sonst war alles still und wartend. In seiner Brust aber sang der Vogel fort, mit der geliebten Stimme, und trieb ihn weiter, bis er vor einer Felswand stand, die war mit Moos bewachsen, und in ihrer Mitte klaffte ein Spalt, der führte schmal und eng ins Innere des Berges.

Ein alter Mann saß vor dem Spalt, der erhob sich als er Anselm kommen sah, und rief: »Zurück, du Mann, zurück! Das ist das Geistertor. Es ist noch keiner wiedergekommen, der da hineingegangen ist.«

Anselm blickte empor und in das Felsentor, da sah er tief in den Berg einen blauen Pfad sich verlieren, und goldene Säulen standen dicht zu beiden Seiten, und der Pfad sank nach innen hinabwärts wie in den Kelch einer ungeheuren Blume hinunter.

In seiner Brust sang der Vogel hell, und Anselm schritt an dem Wächter vorüber in den Spalt und durch die goldnen Säulen hin ins blaue Geheimnis des Innern. Es war Iris, in deren Herz er drang, und es war die Schwertlilie im Garten der Mutter, in deren blauen Kelch er schwebend trat, und als er still der goldnen Dämmerung entgegenging, da war alle Erinnerung und alles Wissen mit einem Male bei ihm, er fühlte seine Hand, und sie war klein und weich, Stimmen der Liebe klangen nah und vertraut in sein Ohr, und sie klangen so, und die goldnen Säulen glänzten so, wie damals in den Frühlingen der Kindheit alles ihm getönt und geleuchtet hatte.

Und auch sein Traum war wieder da, den er als kleiner Knabe geträumt, daß er in den Kelch hinabschritt, und hinter ihm schritt und glitt die ganze Welt der Bilder mit, und versank im Geheimnis, das hinter allen Bildern liegt.

Leise fing Anselm an zu singen, und sein Pfad sank leise abwärts in die Heimat.

(1918)

Gespräch mit einem Ofen

Er stellte sich mir vor: dick, breit, das große Maul voll Feuer.

»Ich heiße Franklin«, sagte er.

»Bist du Benjamin Franklin?« fragte ich.

»Nein, nur Franklin. Oder Francolino. Ich bin ein italienischer Ofen, eine vorzügliche Erfindung. Ich wärme zwar nicht besonders —«

»Ja«, sagte ich, »das ist mir bekannt. Alle Öfen mit schönen Namen sind vorzügliche Erfindungen, heizen aber mäßig. Ich liebe sie sehr, sie verdienen Bewunderung. Aber sage, Franklin, wie kommt das, daß ein italienischer Ofen einen amerikanischen Namen hat? Ist das nicht sonderbar?«

»Sonderbar? Nein, das ist eines der geheimen Gesetze, weißt du. Ein geheimes Gesetz der Beziehungen und Ergänzungen, die Natur ist ja voll von solchen Gesetzen. Die feigen Völker haben Volkslieder, in denen der Mut verherrlicht wird. Die lieblosen Völker haben Theaterstücke, in denen die Liebe verherrlicht wird. So ist es auch mit uns, mit uns Öfen. Ein italienischer Ofen heißt meistens amerikanisch, so wie ein deutscher Ofen meistens griechisch heißt. Sie sind deutsch, und glaube mir, sie wärmen um nichts besser als ich, aber sie heißen Heureka oder Phönix oder Hektors Abschied. Es weckt große Erinnerungen. So heiße auch ich Franklin. Ich bin ein Ofen, aber ich könnte, nach manchen Kennzeichen, ebensogut ein Staatsmann sein. Ich habe einen großen Mund, verbrauche viel, wärme wenig, speie Rauch durch ein Rohr, trage einen guten Namen und wecke große Erinnerungen. So ist das mit mir.«

»Gewiß«, sagte ich, »ich habe die größte Achtung vor Ihnen. Da Sie ein italienischer Ofen sind, kann man gewiß auch Kastanien in Ihnen braten?«

»Man kann es, gewiß. Es ist ein Zeitvertreib. Viele lieben das. Manche machen auch Verse, oder spielen Schach. Gewiß kann man auch Kastanien in mir braten, warum nicht? Sie verbrennen zwar, aber der Zeitvertreib ist da. Die Menschen lieben den Zeitvertreib, und ich bin Menschenwerk. Wir tun eben unsre Pflicht, wir Denkmäler, nicht mehr nicht weniger.«

»Warten Sie! ›Denkmäler‹ – sagen Sie? Betrachten Sie sich als ein Denkmal?«

»Aber ja. Wir alle sind Denkmäler. Wir Erzeugnisse der Industrie sind alle Denkmäler einer menschlichen Eigenschaft oder Tugend, einer Eigenschaft, welche in der Natur selten ist und in höherer Ausbildung sich nur beim Menschen findet.«

»Welche Eigenschaft ist das, bitte?«

»Der Sinn für das Unzweckmäßige. Ich bin, neben vielem anderem, ein Denkmal dieses Sinnes. Ich heiße Franklin, ich bin ein Ofen, ich habe einen großen Mund, der das Holz frißt, und ein großes Rohr, durch welches die Wärme den raschesten Weg ins Freie findet. Ich habe auch Ornamente, und ich habe zwei Klappen, die man öffnen und schließen kann. Auch dies ist ein hübscher Zeitvertreib. Man kann damit spielen, wie mit einer Flöte.«

»Sie entzücken mich, Franklin. Sie sind der klügste Ofen, den ich je gesehen habe. Aber wie ist das nun: sind Sie nun eigentlich ein Ofen, oder ein Denkmal?«

»Wieviel Sie fragen! Ist es Ihnen nicht bekannt, daß der Mensch das einzige Wesen ist, das den Dingen einen »Sinn« beilegt? Für die ganze Natur ist die Eiche eine Eiche, der Wind ein Wind, das Feuer ein Feuer. Für den Menschen aber ist alles anders, ist alles sinnvoll, alles beziehungsvoll! Alles wird ihm heilig, alles Symbol. Ein Totschlag ist eine Heldentat, eine Seuche ist Gottes Finger, ein Krieg ist Evolution. Wie sollte da ein Ofen nur ein Ofen sein können?! Nein, auch er ist Symbol, er ist Denkmal, er ist Verkünder. Darum liebt man ihn, darum zollt man ihm Achtung. Darum hat er Ornamente und Klappen. Darum sieht er in dem bißchen Heizen nicht seine einzige Bestimmung. Darum heißt er Franklin.«

(1919)

Piktors Verwandlungen

Kaum hatte Piktor das Paradies betreten, so stand er vor einem Baume, der war zugleich Mann und Frau. Piktor grüßte den Baum mit Ehrfurcht und fragte: »Bist du der Baum des Lebens?« Als aber statt des Baumes die Schlange ihm Antwort geben wollte, wandte er sich ab und ging weiter. Er war ganz Auge, alles gefiel ihm so sehr. Deutlich spürte er, daß er in der Heimat und am Quell des Lebens sei.

Und wieder sah er einen Baum, der war zugleich Sonne und Mond.

Sprach Piktor: »Bist du der Baum des Lebens?«

Die Sonne nickte und lachte, der Mond nickte und lächelte.

Die wunderbarsten Blumen blickten ihn an, mit vielerlei Farben und Lichtern, mit vielerlei Augen und Gesichtern. Einige nickten und lachten, einige nickten und lächelten, andere nickten nicht und lächelten nicht: sie schwiegen trunken, in sich selbst versunken, im eigenen Dufte wie ertrunken. Eine sang das Lila-Lied, eine sang das dunkelblaue Schlummerlied. Eine von den Blumen hatte große blaue Augen, eine andre erinnerte ihn an seine erste Liebe. Eine roch nach dem Garten der Kindheit, wie die Stimme der Mutter klang ihr süßer Duft. Eine andere lachte ihn an und streckte ihm eine gebogene rote Zunge lang entgegen. Er leckte daran, es schmeckte stark und wild, nach Harz und Honig, und auch nach dem Kuß einer Frau.

Zwischen all den Blumen stand Piktor voll Sehnsucht und banger Freude. Sein Herz, als ob es eine Glocke wäre, schlug schwer, schlug sehr; es brannte ins Unbekannte, ins zauberhaft Geahnte sehnlich sein Begehr.

Einen Vogel sah Piktor sitzen, sah ihn im Grase sitzen und von Farben blitzen, alle Farben schien der schöne Vogel zu besitzen. Den schönen bunten Vogel fragte er: »O Vogel, wo ist denn das Glück?«

»Das Glück«, sprach der schöne Vogel und lachte mit seinem goldenen Schnabel, »das Glück, o Freund, ist überall, in Berg und Tal, in Blume und Kristall.«

Mit diesen Worten schüttelte der frohe Vogel sein Gefieder, ruckte mit dem Hals, wippte mit dem Schwanz, zwinkerte mit dem Auge, lachte noch einmal, dann blieb er regungslos sitzen, saß still im Gras, und siehe: der Vogel war jetzt zu einer bunten Blume geworden, die Federn Blätter, die Krallen Wurzeln. Im Farbenglanze, mitten im Tanze, ward er zur Pflanze. Verwundert sah es Piktor.

Und gleich darauf bewegte die Vogelblume ihre Blätter und Staubfäden, hatte das Blumentum schon wieder satt, hatte keine Wurzeln mehr, rührte sich leicht, schwebte langsam empor, und war ein glänzender Schmetterling geworden, der wiegte sich schwebend, ohne Gewicht, ohne Licht, ganz leuchtendes Gesicht. Piktor machte große Augen.

Der neue Falter aber, der frohe bunte Vogelblumenschmetterling, das lichte Farbengesicht flog im Kreise um den erstaunten Piktor, glitzerte in der Sonne, ließ sich sanft wie eine Flocke zur Erde nieder, blieb dicht vor Piktors Füßen sitzen, atmete zart, zitterte ein wenig mit den glänzenden Flügeln, und war alsbald in einen farbigen Kristall verwandelt, aus dessen Kanten ein rotes Licht strahlte. Wunderbar leuchtete aus dem grünen Gras und Gekräute, hell wie Festgeläute, der rote Edelstein. Aber seine Heimat, das Innere der Erde, schien ihn zu rufen; schnell ward er kleiner und drohte zu versinken.

Da griff Piktor, von übermächtigem Verlangen getrieben, nach dem schwindenden Steine und nahm ihn an sich. Mit Entzücken blickte er in sein magisches Licht, das ihm Ahnung aller Seligkeit ins Herz zu strahlen schien.

Plötzlich am Ast eines abgestorbenen Baumes ringelte sich die Schlange und zischte ihm ins Ohr: »Der Stein verwandelt dich in was du willst. Schnell sage ihm deinen Wunsch, eh es zu spät ist!«

Piktor erschrak und fürchtete sein Glück zu versäumen. Rasch sagte er das Wort und verwandelte sich in einen Baum. Denn ein Baum zu sein hatte er schon manchmal gewünscht, weil die Bäume ihm so voll Ruhe, Kraft und Würde zu sein schienen.

Piktor wurde ein Baum. Er wuchs mit Wurzeln in die Erde ein, er reckte sich in die Höhe, Blätter trieben und Zweige aus seinen Gliedern. Er war damit sehr zufrieden. Er sog mit durstigen Fasern tief in der kühlen Erde, und wehte mit seinen Blättern hoch im Blauen. Käfer wohnten in seiner Rinde, zu seinen Füßen wohnten Hase und Igel, in seinen Zweigen die Vögel.

Der Baum Piktor war glücklich und zählte die Jahre nicht, welche vergingen. Sehr viele Jahre gingen hin, eh er merkte, daß sein Glück nicht vollkommen sei. Langsam nur lernte er mit den Baum-Augen sehen. Endlich war er sehend, und wurde traurig.

Er sah nämlich, daß rings um ihn her im Paradiese die meisten Wesen sich sehr häufig verwandelten, ja daß alles in einem Zauberstrome ewiger Verwandlung floß. Er sah Blumen zu Edelsteinen werden, oder als blitzende Schwirrvögel dahinfliegen. Er sah neben sich manchen Baum plötzlich verschwinden: der eine war zur Quelle zerronnen, der andre zum Krokodil geworden, ein andrer schwamm froh und kühl, voll Lustgefühl, mit muntern Sinnen als Fisch von hinnen, in neuen Formen neue Spiele zu beginnen. Elefanten tauschten ihr Kleid mit Felsen, Giraffen ihre Gestalt mit Blumen.

Er selbst aber, der Baum Piktor, blieb immer derselbe, er konnte sich nicht mehr verwandeln. Seit er dies erkannt hatte, schwand sein Glück dahin; er fing an zu altern und nahm immer mehr jene müde, ernste und bekümmerte Haltung an, die man bei vielen alten Bäumen beobachten kann. Auch bei Pferden, bei Vögeln, bei Menschen und allen Wesen kann man es ja täglich sehen: Wenn sie nicht die Gabe der Verwandlung besitzen, verfallen sie mit der Zeit in Traurigkeit und Verkümmerung, und ihre Schönheit geht verloren.

Eines Tages nun verlief sich ein junges Mädchen in jene Gegend des Paradieses, im blonden Haar, im blauen Kleid. Singend und tanzend lief die Blonde unter den Bäumen hin, und hatte bisher noch nie daran gedacht, sich die Gabe der Verwandlung zu wünschen.

Mancher kluge Affe lächelte hinter ihr her, mancher Strauch streifte sie zärtlich mit einer Ranke, mancher Baum warf ihr eine Blüte, eine Nuß, einen Apfel nach, ohne daß sie darauf achtete.

Als der Baum Piktor das Mädchen erblickte, ergriff ihn eine große Sehnsucht, ein Verlangen nach Glück, wie er es noch nie gefühlt hatte. Und zugleich nahm ein tiefes Nachsinnen ihn gefangen, denn ihm war, als riefe sein eigenes Blut ihm zu: »Besinne dich! Erinnere dich in dieser Stunde deines ganzen Lebens, finde den Sinn, sonst ist es zu spät, und es kann nie mehr ein Glück zu dir kommen.« Und er gehorchte. Er entsann sich all seiner Herkunft, seiner Menschenjahre, seines Zuges nach dem Paradiese, und ganz besonders jenes Augenblicks, ehe er ein Baum geworden war, jenes wunderbaren Augenblicks, da er den Zauberstein in Händen gehalten hatte. Damals, da jede Verwandlung ihm offenstand, hatte das Leben in ihm geglüht wie niemals! Er gedachte des Vogels, welcher damals gelacht hatte, und des Baumes mit der Sonne und dem Monde; es ergriff ihn die Ahnung, daß er damals etwas versäumt, etwas vergessen habe, und daß der Rat der Schlange nicht gut gewesen sei.

Das Mädchen hörte in den Blättern des Baumes Piktor ein Rauschen, es blickte zu ihm empor und empfand, mit plötzlichem Weh im Herzen, neue Gedanken, neues Verlangen, neue Träume sich im Innern regen. Von der unbekannten Kraft gezogen, setzte sie sich unter den Baum. Einsam schien er ihr zu sein, einsam und traurig, und dabei schön, rührend und edel in seiner stummen Traurigkeit; betörend klang ihr das Lied seiner leise rauschenden Krone. Sie lehnte sich an den rauhen Stamm, fühlte den Baum tief erschauern, fühlte denselben Schauer im eigenen Herzen. Seltsam weh tat ihr das Herz, über den Himmel ihrer Seele liefen Wolken hin, langsam sanken aus ihren Augen die schweren Tränen. Was war doch dies? Warum mußte man so leiden? Warum begehrte das Herz die

Brust zu sprengen und hinüberzuschmelzen zu ihm, in ihn, den schönen Einsamen?

Der Baum zitterte leise bis in die Wurzeln, so heftig zog er alle Lebenskraft in sich zusammen, dem Mädchen entgegen, in dem glühenden Wunsch nach Vereinigung. Ach, daß er von der Schlange überlistet, sich für immer allein in einen Baum festgebannt hatte! O wie blind, o wie töricht war er gewesen! Hatte er denn so gar nichts gewußt, war er dem Geheimnis des Lebens so fremd gewesen? Nein, wohl hatte er es damals dunkel gefühlt und geahnt – ach, und mit Trauer und tiefem Verstehen dachte er jetzt des Baumes, der aus Mann und Weib bestand!

Ein Vogel kam geflogen, ein Vogel rot und grün, ein Vogel schön und kühn kam geflogen, im Bogen kam er gezogen. Das Mädchen sah ihn fliegen, sah aus seinem Schnabel etwas niederfallen, das leuchtete rot wie Blut, rot wie Glut, es fiel ins grüne Kraut und leuchtete im grünen Kraut so tief vertraut, sein rotes Leuchten warb so laut, daß das Mädchen sich niederbückte und das Rote aufhob. Da war es ein Kristall, war ein Karfunkelstein, und wo der ist, kann es nicht dunkel sein.

Kaum hielt das Mädchen den Zauberstein in seiner weißen Hand, da ging alsbald der Wunsch in Erfüllung, von dem sein Herz so voll war. Die Schöne wurde entrückt, sie sank dahin und wurde eins mit dem Baume, trieb als ein starker junger Ast aus seinem Stamm, wuchs rasch zu ihm empor.

Nun war alles gut, die Welt war in Ordnung, nun erst war das Paradies gefunden. Piktor war kein alter bekümmerter Baum mehr, jetzt sang er laut Piktoria, Viktoria.

Er war verwandelt. Und weil er dieses Mal die richtige, die ewige Verwandlung erreicht hatte, weil er aus einem Halben ein Ganzes geworden war, konnte er sich von Stund an weiterverwandeln, soviel er wollte. Ständig floß der Zauberstrom des Werdens durch sein Blut, ewig hatte er Teil an der allstündlich erstehenden Schöpfung.

Er wurde Reh, er wurde Fisch, er wurde Mensch und Schlange, Wolke und Vogel. In jeder Gestalt aber war er ganz, war ein Paar, hatte Mond und Sonne, hatte Mann und Weib in sich, floß als Zwillingsfluß durch die Länder, stand als Doppelstern am Himmel.

(1922)

Kindheit des Zauberers

Wieder steig ich und wieder
In deinen Brunnen, holde Sage von einst,
Höre fern deine goldnen Lieder,
Wie du lachst, wie du träumst, wie du leise weinst.
Mahnend aus deiner Tiefe
Flüstert das Zauberwort;
Mir ist, ich sei trunken und schliefe
Und du riefest mir fort und fort...

Nicht von Eltern und Lehrern allein wurde ich erzogen, sondern auch von höheren, verborgeneren und geheimnisvolleren Mächten, unter ihnen war auch der Gott Pan, welcher in Gestalt einer kleinen, tanzenden indischen Götzenfigur im Glasschrank meines Großvaters stand. Diese Gottheit, und noch andre, haben sich meiner Kinderjahre angenommen und haben mich, lange schon eh ich lesen und schreiben konnte, mit morgenländischen, uralten Bildern und Gedanken so erfüllt, daß ich später jede Begegnung mit indischen und chinesischen Weisen als eine Wiederbegegnung, als eine Heimkehr empfand. Und dennoch bin ich Europäer, bin sogar im aktiven Zeichen des Schützen geboren, und habe mein Leben lang tüchtig die abendländischen Tugenden der Heftigkeit, der Begehrlichkeit und der unstillbaren Neugierde geübt. Zum Glück habe ich, gleich den meisten Kindern, das fürs Leben Unentbehrliche und Wertvollste schon vor dem Beginn der Schuljahre gelernt, unterrichtet von Apfelbäumen, von Regen und Sonne, Fluß und Wäldern, Bienen und Käfern, unterrichtet vom Gott Pan, unterrichtet vom tanzenden Götzen in der Schatzkammer des Großvaters. Ich wußte Bescheid in der Welt, ich verkehrte furchtlos mit Tieren und Sternen, ich kannte mich in Obstgärten und im Wasser bei den Fischen aus und konnte schon eine gute Anzahl von Liedern singen. Ich konnte auch zaubern, was ich dann leider früh verlernte und erst in höherem Alter von neuem lernen mußte, und verfügte über die ganze sagenhafte Weisheit der Kindheit.

Hinzu kamen nun also die Schulwissenschaften, welche mir leichtfielen und Spaß machten. Die Schule befaßte sich klugerweise nicht mit jenen ernsthaften Fertigkeiten, welche für das Leben unentbehrlich sind, sondern vorwiegend mit spielerischen und hübschen Unterhaltungen, an welchen ich oft mein Vergnügen fand, und mit Kenntnissen, von welchen manche mir lebenslänglich treu geblieben sind; so weiß ich heute noch viele schöne und witzige lateinische Wörter, Verse und Sprüche sowie die Einwohnerzahlen vieler Städte in allen Erdteilen, natürlich nicht die von heute, sondern die der achtziger Jahre.

Bis zu meinem dreizehnten Jahre habe ich mich niemals ernstlich darüber besonnen, was einmal aus mir werden und welchen Beruf ich erlernen könnte. Wie alle Knaben, liebte und beneidete ich manche Berufe: den Jäger, den Flößer, den Fuhrmann, den Seiltänzer, den Nordpolfahrer. Weitaus am liebsten aber wäre ich ein Zauberer geworden. Dies war die tiefste, innigst gefühlte Richtung meiner Triebe, eine gewisse Unzufriedenheit mit dem, was man die »Wirklichkeit« nannte und was mir zuzeiten lediglich wie eine alberne Vereinbarung der Erwachsenen erschien; eine gewisse bald ängstliche, bald spöttische Ablehnung dieser Wirklichkeit war mir früh geläufig, und der brennende Wunsch, sie zu verzaubern, zu verwandeln, zu steigern. In der Kindheit richtete sich dieser Zauberwunsch auf äußere, kindliche Ziele: ich hätte gern im Winter Äpfel wachsen und meine Börse sich durch Zauber mit Gold und Silber füllen lassen, ich träumte davon, meine Feinde durch magischen Bann zu lähmen, dann durch Großmut zu beschämen, und zum Sieger und König ausgerufen zu werden; ich wollte vergrabene Schätze heben, Tote auferwecken und mich unsichtbar machen können. Namentlich dies, das Unsichtbarwerden, war eine Kunst, von der ich sehr viel hielt und die ich aufs innigste begehrte. Auch nach ihr, wie nach all den Zaubermächten, begleitete der Wunsch mich durchs ganze Leben in vielen Wandlungen, welche ich selbst oft nicht gleich erkannte. So geschah es mir später, als ich längst erwachsen war und den Beruf eines Literaten ausübte, daß ich häufige Male den Versuch machte, hinter meinen Dichtungen zu verschwinden, mich umzutaufen und hinter bedeutungsreiche spielerische Namen zu verbergen – Versuche, welche mir seltsamerweise von meinen Berufsgenossen des öftern verübelt und mißdeutet wurden. Blicke ich zurück, so ist mein ganzes Leben unter dem Zeichen dieses Wunsches nach Zauberkraft gestanden; wie die Ziele der Zauberwünsche sich mit den Zeiten wandelten, wie ich sie allmählich der Außenwelt entzog und mich selbst einsog, wie ich allmählich dahin strebte, nicht mehr die Dinge, sondern mich selbst zu verwandeln, wie ich danach trachten lernte, die plumpe Unsichtbarkeit unter der Tarnkappe zu ersetzen durch die Unsichtbarkeit des Wissenden, welcher erkennend stets unerkannt bleibt – dies wäre der eigentlichste Inhalt meiner Lebensgeschichte.

Ich war ein lebhafter und glücklicher Knabe, spielend mit der schönen farbigen Welt, überall zu Hause, nicht minder bei Tieren und Pflanzen wie im Urwald meiner eigenen Phantasie und Träume, meiner Kräfte und Fähigkeiten froh, von meinen glühenden Wünschen mehr beglückt als verzehrt. Manche Zauberkunst übte ich damals, ohne es zu wissen, viel vollkommener, als sie mir je in späteren Zeiten wieder gelang. Leicht erwarb ich Liebe, leicht gewann ich Einfluß auf andre, leicht fand ich mich in die Rolle des Anführers, oder des Umworbenen, oder des Geheimnisvollen. Jüngere Kameraden und Verwandte hielt ich jahrelang im ehrfürchtigen Glauben an meine tatsächliche Zaubermacht, an meine Herrschaft über Dämonen, an meinen Anspruch auf verborgene Schätze und Kronen. Lange habe ich im Paradies gelebt, obwohl meine Eltern mich frühzeitig mit der Schlange bekannt machten. Lange dauerte mein Kindestraum, die Welt gehörte mir, alles war Gegenwart, alles stand zum schönen Spiel um mich geordnet. Erhob sich je ein Ungenügen und eine Sehnsucht in mir, schien je einmal die freudige Welt mir beschattet und zweifelhaft, so fand ich meistens leicht den Weg in die andere, freiere, widerstandslose

Welt der Phantasien und fand, aus ihr wiedergekehrt, die äußere Welt aufs neue und hold und liebenswert. Lange lebte ich im Paradiese.

Es war ein Lattenverschlag in meines Vaters kleinem Garten, da hatte ich Kaninchen und einen gezähmten Raben leben. Dort hauste ich unendliche Stunden, lang wie Weltzeitalter, in Wärme und Besitzerwonne, nach Leben dufteten die Kaninchen, nach Gras und Milch, Blut und Zeugung; und der Rabe hatte im schwarzen, harten Auge die Lampe des ewigen Lebens leuchten. Am selben Orte hauste ich andere, endlose Zeiten, abends, bei einem brennenden Kerzenrest, neben den warmen schläfrigen Tieren, allein oder mit einem Kameraden, und entwarf die Pläne zur Hebung ungeheurer Schätze, zur Gewinnung der Wurzel Alraun und zu siegreichen Ritterzügen durch die erlösungsbedürftige Welt, wo ich Räuber richtete, Unglückliche erlöste, Gefangene befreite, Raubburgen niederbrannte, Verräter ans Kreuz schlagen ließ, abtrünnigen Vasallen verzieh, Königstöchter gewann und die Sprache der Tiere verstand.

Es gab ein ungeheuer großes, schweres Buch im großen Büchersaal meines Großvaters, darin suchte und las ich oft. Es gab in diesem unausschöpflichen Buche alte wunderliche Bilder – oft fielen sie einem gleich beim ersten Aufschlagen und Blättern hell und einladend entgegen, oft auch suchte man sie lang und fand sie nicht, sie waren weg, verzaubert, wie nie dagewesen. Es stand eine Geschichte in diesem Buch, unendlich schön und unverständlich, die las ich oft. Auch sie war nicht immer zu finden, die Stunde mußte günstig sein, oft war sie ganz und gar verschwunden und hielt sich versteckt, oft schien sie Wohnort und Stelle gewechselt zu haben, manchmal war sie beim Lesen sonderbar freundlich und beinahe verständlich, ein andres Mal ganz dunkel und verschlossen wie die Tür im Dachboden, hinter welcher man in der Dämmerung manchmal die Geister hören konnte, wie sie kicherten oder stöhnten. Alles war voll Wirklichkeit und alles war voll Zauber, beides gedieh vertraulich nebeneinander, beides gehörte mir.

215

Auch der tanzende Götze aus Indien, der in des Großvaters schätzereichem Glasschrank stand, war nicht immer derselbe Götze, hatte nicht immer dasselbe Gesicht, tanzte nicht zu allen Stunden denselben Tanz. Zuzeiten war er ein Götze, eine seltsame und etwas drollige Figur, wie sie in fremden unbegreiflichen Ländern von anderen, fremden und unbegreiflichen Völkern gemacht und angebetet wurden. Zu anderen Zeiten war er ein Zauberwerk, bedeutungsvoll und namenlos unheimlich, nach Opfern gierig, bösartig, streng, unzuverlässig, spöttisch, er schien mich dazu zu reizen, daß ich etwa über ihn lache, um dann Rache an mir zu nehmen. Er konnte den Blick verändern, obwohl er aus gelbem Metall war; manchmal schielte er. Wieder in anderen Stunden war er ganz Sinnbild, war weder häßlich noch schön, war weder böse noch gut, weder lächerlich noch furchtbar, sondern einfach, alt und unausdenklich wie eine alte Rune, wie ein Moosfleck am Felsen, wie die Zeichnung auf einem Kiesel, und hinter seiner Form, hinter seinem Gesicht und Bild wohnte Gott, weste das Unendliche, das ich damals, als Knabe, ohne Namen nicht minder verehrte und kannte als später, da ich es Shiva, Vishnu, da ich es Gott, Leben, Brahman, Atam, Tao oder ewige Mutter nannte. Es war Vater, war Mutter, es war Weib und Mann, Sonne und Mond.

Und in der Nähe des Götzen im Glasschrank, und in anderen Schränken des Großvaters stand und hing und lag noch viel anderes Wesen und Geräte, Ketten aus Holzperlen wie Rosenkränze, palmblätterne Rollen mit eingeritzter alter indischer Schrift beschrieben, Schildkröten aus grünem Speckstein geschnitten, kleine Götterbilder aus Holz, aus Glas, aus Quarz, aus Ton, gestickte seidene und leinene Decken, messingene Becher und Schalen, und dieses alles kam aus Indien und aus Ceylon, der Paradiesinsel mit den Farnbäumen und Palmenufern und den sanften, rehäugigen Singalesen, aus Siam kam es und aus Birma, und alles roch nach Meer, Gewürz und Ferne, nach Zimmet und Sandelholz, alles war durch braune und gelbe Hände gegangen, befeuchtet von Tropenregen und Gangeswasser, gedörrt an Äquatorsonne, beschattet von Urwald. Und alle diese Dinge gehörten dem Großvater, und er, der Alte, Ehrwürdige, Gewaltige, im weißen breiten Bart, allwissend, mächtiger als Vater und Mutter, er war im Besitz noch ganz anderer Dinge und Mächte, sein war nicht nur das indische Götter- und Spielzeug, all das Geschnitzte, Gemalte, mit Zaubern Geweihte, Kokosnußbecher und Sandelholztruhe, Saal und Bibliothek, er war auch ein Magier, ein Wissender, ein Weiser. Er verstand alle Sprachen der Menschen, mehr als dreißig, vielleicht auch die der Götter, vielleicht auch der Sterne, er konnte Pali und Sanskrit schreiben und sprechen, er konnte kanaresische, bengalische, hindostanische, singalesische Lieder singen, kannte die Gebetsübungen der Mohammedaner und der Buddhisten, obwohl er Christ war und an den dreieinigen Gott glaubte, er war viele Jahre und Jahrzehnte in östlichen, heißen, gefährlichen Ländern gewesen, war auf Booten und in Ochsenkarren gereist, auf Pferden und Mauleseln, niemand wußte so wie er Bescheid darum, daß unsre Stadt und unser Land nur ein sehr kleiner Teil der Erde war, daß tausend Millionen Menschen anderen Glaubens waren als wir, andere Sitten, Sprachen, Hautfarben, andre Götter, Tugenden und Laster hatten als wir. Ihn liebte, verehrte und fürchtete ich, von ihm erwartete ich alles, ihm traute ich alles zu, von ihm und von seinem verkleideten Gotte Pan im Gewand des Götzen lernte ich unaufhörlich. Dieser Mann, der Vater meiner Mutter, stak in einem Wald von Geheimnissen, wie sein Gesicht in einem weißen Bartwalde stak, aus seinen Augen floß Welttrauer und floß heitere Weisheit, je nachdem, einsames Wissen und göttliche Schelmerei. Menschen aus vielen Ländern kannten, verehrten und besuchten ihn, sprachen mit ihm englisch, französisch, indisch, italienisch, malaiisch, und reisten nach langen Gesprächen wieder spurlos hinweg, vielleicht seine Freunde, vielleicht seine Gesandten, vielleicht seine Diener und Beauftragten. Von ihm, dem Unergründlichen, wußte ich auch das Geheimnis herstammen, das meine Mutter umgab, das Geheime, Uralte, und auch sie war lange in Indien gewesen, auch sie sprach und sang Malajalam und Kanaresisch, wechselte mit dem greisen Vater Worte und Sprüche in fremden, magischen Zungen. Und wie er, besaß auch sie zuzeiten das Lächeln der Fremde, das verschleierte Lächeln der Weisheit.

Anders war mein Vater. Er stand allein. Weder der Welt des Götzen und des Großvaters gehörte er an, noch dem Alltag der Stadt, abseits stand er, einsam, ein Leidender und Suchender, gelehrt und gütig, ohne Falsch und voll von Eifer im Dienst der Wahrheit, aber weit weg von jenem Lächeln, edel und zart, aber klar, ohne jenes Geheimnis. Nie verließ ihn die Güte, nie die Klugheit, aber niemals verschwand er in diese Zauberwolke des Großväterlichen, nie verlor sich sein Gesicht in diese Kindlichkeit und Göttlichkeit, dessen Spiel oft wie Trauer, oft wie feiner Spott, oft wie stumm in sich versunkene Göttermaske aussah. Mein Vater sprach mit der Mutter nicht in indischen Sprachen, sondern sprach englisch und ein reines, klares, schönes, leise baltisch gefärbtes Deutsch. Diese Sprache war es, mit der er mich anzog und gewann und unterrichtete, ihm strebte ich zuzeiten voll Bewunderung und Eifer nach, allzu eifrig, obwohl ich wußte, daß meine Wurzeln tiefer im Boden der Mutter wuchsen, im Dunkeläugigen und Geheimnisvollen. Meine Mutter war voll Musik, mein Vater nicht, er konnte nicht singen.

Neben mir wuchsen Schwestern auf und zwei ältere Brüder, große Brüder, beneidet und verehrt. Um uns her war die kleine Stadt, alt und bucklig, um sie her die waldigen Berge, streng und etwas finster, und mittendurch floß ein schöner Fluß, gekrümmt und zögernd, und dies alles liebte ich und nannte es Heimat, und im Walde und Fluß kannte ich Gewächs und Boden, Gestein und Höhlen, Vogel, Eichhorn, Fuchs und Fisch genau. Dies alles gehörte mir, war mein, war Heimat – aber außerdem war der Glasschrank und die Bibliothek da, und der gütige Spott im allwissenden Gesicht des Großvaters, und der dunkelwarme Blick der Mutter, und die Schildkröten und Götzen, die indischen Lieder und Sprüche, und diese Dinge sprachen mir von einer weiteren Welt, einer größeren Heimat, einer älteren Herkunft, einem größeren Zusammenhang. Und oben auf seinem hohen, drahtenen Gehäuse saß unser grauroter Papagei, alt und klug, mit gelehrtem Gesicht und scharfem Schnabel, sang und sprach und kam, auch er, aus dem Fernen, Unbekannten her, flötete Dschungelsprachen und roch nach Äquator. Viele Welten, viele Teile der Erde streckten Arme und Strahlen aus und trafen und kreuzten sich in unserem Hause. Und das Haus war groß und alt, mit vielen, zum Teil leeren Räumen, mit Kellern und großen hallenden Korridoren, die nach Stein und Kälte dufteten, und unendlichen Dachböden voll Holz und Obst und Zugwind und dunkler Leere. Viele Welten kreuzten ihre Strahlen in diesem Hause. Hier wurde gebetet und in der Bibel gelesen, hier wurde studiert und indische Philologie getrieben, hier wurde viel gute Musik gemacht, hier wußte man von Buddha und Laotse, Gäste kamen aus vielen Ländern, den Hauch von Fremde und Ausland an den Kleidern, mit absonderlichen Koffern aus Leder und aus Bastgeflecht und dem Klang fremder Sprachen, Arme wurden hier gespeist und Feste gefeiert, Wissenschaft und Märchen wohnten nah beisammen. Es gab auch eine Großmutter, die wir etwas fürchteten und wenig kannten, weil sie kein Deutsch sprach und in einer französischen Bibel las. Vielfach und nicht überall verständlich war das Leben dieses Hauses, in vielen Farben spielte hier das Licht, reich und vielstimmig klang das Leben. Es war schön und gefiel mir, aber schöner noch war die Welt meiner Wunschgedanken, reicher noch spielten meine Wachträume. Wirklichkeit war niemals genug, Zauber tat not.

Magie war heimisch in unsrem Hause und in meinem Leben. Außer den Schränken des Großvaters gab es noch die meiner Mutter, voll asiatischer Gewebe, Kleider und Schleier, magisch war auch das Schielen des Götzen, voll Geheimnis der Geruch mancher alten Kammern und Treppenwinkel. Und in mir innen entsprach vieles diesem Außen. Es gab Dinge und Zusammenhänge, die nur in mir selber und für mich allein vorhanden waren. Nichts war so geheimnisvoll, so wenig mitteilbar, so außerhalb des alltäglich Tatsächlichen wie sie, und doch war nichts wirklicher. Schon das launische Auftauchen und wieder

Sichverbergen der Bilder und Geschichten in jenem großen Buche war so, und die Wandlungen im Gesicht der Dinge, wie ich sie zu jeder Stunde sich vollziehen sah. Wie anders sahen Haustür, Gartenhaus und Straße an einem Sonntagabend aus als an einem Montagmorgen! Welch völlig anderes Gesicht zeigten Wanduhr und Christusbild im Wohnzimmer an einem Tage, wo Großvaters Geist dort regierte, als wenn es der Geist des Vaters war, und wie sehr verwandelte sich alles aufs neue in den Stunden, wo überhaupt kein fremder Geist den Dingen ihre Signatur gab, sondern mein eigener, wo meine Seele mit den Dingen spielte und ihnen neue Namen und Bedeutungen gab! Da konnte ein wohlbekannter Stuhl oder Schemel, ein Schatten beim Ofen, der gedruckte Kopf einer Zeitung schön oder häßlich und böse werden, bedeutungsvoll oder banal, sehnsuchtweckend oder einschüchternd, lächerlich oder traurig. Wie wenig Festes, Stabiles, Bleibendes gab es doch! Wie lebte alles, erlitt Veränderung, sehnte sich nach Wandlung, lag auf der Lauer nach Auflösung und Neugeburt!

Von allen magischen Erscheinungen aber die wichtigste und herrlichste war »der kleine Mann«. Ich weiß nicht, wann ich ihn zum ersten Male sah, ich glaube, er war schon immer da, er kam mit mir zur Welt. Der kleine Mann war ein winziges, grau schattenhaftes Wesen, ein Männlein, Geist oder Kobold, Engel oder Dämon, der zuzeiten da war und vor mir herging, im Traum wie auch im Wachen, und dem ich folgen mußte, mehr als dem Vater, mehr als der Mutter, mehr als der Vernunft, ja oft mehr als der Furcht. Wenn der Kleine mir sichtbar wurde, gab es nur ihn, und wohin er ging oder was er tat, das mußte ich ihm nachtun: Bei Gefahren zeigte er sich. Wenn mich ein böser Hund, ein erzürnter größerer Kamerad verfolgte und meine Lage heikel wurde, dann, im schwierigsten Augenblick, war das kleine Männlein da, lief vor mir, zeigte mir den Weg, brachte Rettung. Er zeigte mir die lose Latte im Gartenzaun, durch die ich im letzten bangen Augenblick den Ausweg gewann, er machte mir vor, was gerade zu tun war: sich fallen lassen, umkehren, davonlaufen, schreien, schweigen. Er nahm mir etwas, das ich essen wollte, aus der Hand, er führte mich an den Ort, wo ich verlorengegangene Besitztümer wiederfand. Es gab Zeiten, da sah ich ihn jeden Tag. Es gab Zeiten, da blieb er aus. Diese Zeiten waren nicht gut, dann war alles lau und unklar, nichts geschah, nichts ging vorwärts.

Einmal, auf dem Marktplatz, lief der kleine Mann vor mir her und ich ihm nach, und er lief auf den riesigen Marktbrunnen zu, in dessen mehr als mannstiefes Steinbecken die vier Wasserstrahlen sprangen, turnte an der Steinwand empor bis zur Brüstung, und ich ihm nach, und als er von da mit einem hurtigen Schwung hinein ins tiefe Wasser sprang, sprang auch ich, es gab keine Wahl, und wäre ums Haar ertrunken. Ich ertrank aber nicht, sondern wurde herausgezogen, und zwar von einer jungen hübschen Nachbarsfrau, die ich bis dahin kaum gekannt hatte, und zu der ich nun in ein schönes Freundschafts- und Neckverhältnis kam, das mich lange Zeit beglückte.

Einmal hatte mein Vater mich für eine Missetat zur Rede zu stellen. Ich redete mich so halb und halb heraus, wieder einmal darunter leidend, daß es so schwer war, sich den Erwachsenen verständlich zu machen. Es gab einige Tränen und eine gelinde Strafe, und zum Schluß schenkte mir der Vater, damit ich die Stunde nicht vergesse, einen hübschen kleinen Taschenkalender. Etwas beschämt und von der Sache nicht befriedigt ging ich weg und ging über die Flußbrücke, plötzlich lief der kleine Mann vor mir, er sprang auf das Brückengeländer und befahl mir durch seine Gebärde, das Geschenk meines Vaters wegzuwerfen, in den Fluß. Ich tat es sofort, Zweifel und Zögern gab es nicht, wenn der Kleine da war, die gab es nur, wenn er fehlte, wenn er ausblieb und mich im Stich ließ. Ich erinnere mich eines Tages, da ging ich mit meinen Eltern spazieren, und der kleine Mann erschien, er ging auf der linken Straßenseite, und ich ihm nach, und so oft mein Vater mich zu sich auf die andere Seite hinüberbefahl, der Kleine kam nicht mit, beharrlich ging er links, und ich mußte jedesmal sofort wieder zu ihm hinüber. Mein Vater ward der Sache müde und ließ mich schließlich gehen, wo ich mochte, er war gekränkt, und erst später, zu Hause, fragte er mich, warum ich denn durchaus habe ungehorsam sein und auf der andern Straßenseite gehen müssen. In solchen Fällen kam ich sehr in Verlegenheit, ja richtig in Not, denn nichts war unmöglicher, als irgendeinem Menschen ein Wort vom kleinen Mann zu sagen. Nichts wäre verbotener, schlechter, todsündiger gewesen, als den kleinen Mann zu verraten, ihn zu nennen, von ihm zu sprechen. Nicht einmal an ihn denken, nicht einmal ihn rufen oder herbeiwünschen konnte ich. War er da, so war es gut, und man folgte ihm. War er nicht da, so war es, als sei er nie gewesen. Der kleine Mann hatte keinen Namen. Das Unmöglichste auf der Welt aber wäre es gewesen, dem kleinen Mann, wenn er einmal da war, nicht zu folgen. Wohin er ging, dahin ging ich ihm nach, auch ins Wasser, auch ins Feuer. Es war nicht so, daß er mir dies oder jenes befahl oder riet. Nein, er tat einfach dies oder das, und ich tat es nach. Etwas, was er tat, nicht nachzutun, war ebenso unmöglich, wie es meinem Schlagschatten unmöglich wäre, meine Bewegungen nicht mitzumachen. Vielleicht war ich nur der Schatten oder Spiegel des Kleinen, oder er der meine; vielleicht tat ich, was ich ihm nachzutun meinte, vor ihm, oder zugleich mit ihm. Nur war er nicht immer da, leider, und wenn er fehlte, so fehlte auch meinem Tun die Selbstverständlichkeit und Notwendigkeit, dann konnte alles auch anders sein, dann gab es für jeden Schritt die Möglichkeit des Tuns oder Lassens, des Zögerns, der Überlegung. Die guten, frohen und glücklichen Schritte meines damaligen Lebens sind aber alle ohne Überlegung geschehen. Das Reich der Freiheit ist auch das Reich der Täuschungen, vielleicht.

Wie hübsch war meine Freundschaft mit der lustigen Nachbarsfrau, die mich damals aus dem Brunnen gezogen hatte! Sie war lebhaft, jung und hübsch und dumm, von einer liebenswerten, fast genialen Dummheit. Sie ließ sich von mir Räuber-und-Zauber-Geschichten erzählen, glaubte mir bald zuviel, bald zuwenig und hielt mich mindestens für einen der Weisen aus dem Morgenlande, womit ich gern einverstanden war. Sie bewunderte mich sehr. Wenn ich ihr etwas Lustiges erzählte, lachte sie laut und inbrünstig, noch lang ehe sie den Witz begriffen hatte. Ich hielt ihr das vor, ich fragte sie: »Höre, Frau Anna, wie kannst du über einen Witz lachen, wenn du ihn noch gar nicht verstanden hast? Das ist sehr dumm, und es ist außerdem beleidigend für mich. Entweder verstehst du meine Witze und lachst, oder du kapierst sie nicht, dann brauchst du aber nicht zu lachen und zu tun, als hättest du verstanden.« Sie lachte weiter. »Nein«, rief sie, »du bist schon der gescheiteste Junge, den ich je gesehen habe, großartig bist du. Du wirst ein Professor werden oder Minister oder ein Doktor. Das Lachen, weißt du, daran ist nichts übelzunehmen. Ich lache einfach, weil ich eine Freude an dir habe und weil du der spaßigste Mensch bist, den es gibt. Aber jetzt erkläre mir also deinen Witz!« Ich erklärte ihn umständlich, sie mußte noch dies und jenes fragen, schließlich begriff sie ihn wirklich, und wenn sie vorher herzlich und reichlich gelacht hatte, so lachte sie jetzt erst recht, lachte ganz toll und hinreißend, daß es auch mich ansteckte. Wie haben wir oft miteinander gelacht, wie hat sie mich verwöhnt und bewundert, wie war sie von mir entzückt! Es gab schwierige Sprechübungen, die ich ihr manchmal vorsagen mußte, ganz schnell dreimal nacheinander, zum Beispiel: »Wiener Wäscher waschen weiße Wiener Wäsche« oder die Geschichte vom Cottbuser Postkutschkasten. Auch sie mußte es probieren, ich bestand darauf, aber sie lachte schon vorher, keine drei Worte brachte sie richtig heraus, wollte es auch gar nicht, und jeder begonnene Satz verlief in neues Gelächter. Frau Anna ist der vergnügteste Mensch gewesen, den ich gekannt habe. Ich hielt sie, in meiner Knabenklugheit, für namenlos dumm, und am Ende war sie es auch, aber sie ist ein glücklicher Mensch gewesen, und ich neige manchmal dazu, glückliche Menschen für heimliche Weise zu halten, auch wenn sie dumm scheinen. Was ist dümmer und macht unglücklicher als Gescheitheit!

Jahre vergingen, und mein Verkehr mit Frau Anna war schon eingeschlafen, ich war schon ein großer Schulknabe und unterlag schon den Versuchungen, Leiden und Gefahren der Gescheitheit, da brauchte ich sie eines Tages wieder. Und wieder war es der kleine Mann, der mich zu ihr führte. Ich war seit einiger Zeit verzweifelt mit der Frage nach dem Unterschied der Geschlechter und der Entstehung der Kinder beschäftigt, die Frage wurde immer brennender und quälender, und eines Tages schmerzte und brannte sie so sehr, daß ich lieber gar nicht mehr leben wollte, als dies bange Rätsel ungelöst lassen. Wild und verbissen ging ich, von der Schule heimkehrend, über den Marktplatz, den Blick am Boden, unglücklich und finster, da war plötzlich der kleine Mann da! Er war ein seltner Gast geworden, er war mir seit langem untreu, oder ich ihm – nun sah ich ihn plötzlich wieder, klein und flink lief er am Boden vor mir her, nur einen Augenblick sichtbar, und lief ins Haus der Frau Anna hinein. Er war verschwunden, aber schon war ich ihm in dies Haus gefolgt, und schon wußte ich warum, und Frau Anna schrie auf, als ich unerwartet ihr ins Zimmer gelaufen kam, denn sie war eben beim Umkleiden, aber sie ward mich nicht los, und bald wußte ich fast alles, was zu wissen mir damals so bitter notwendig war. Es wäre eine Liebschaft daraus geworden, wenn ich nicht noch allzu jung dafür gewesen wäre.

Diese lustige dumme Frau unterschied sich von den meisten andern Erwachsenen dadurch, daß sie zwar dumm, aber natürlich und selbstverständlich war, immer gegenwärtig, nie verlogen, nie verlegen. Die meisten Erwachsenen waren anders. Es gab Ausnahmen, es gab die Mutter, Inbegriff des Lebendigen, rätselhaft Wirksamen, und den Vater, Inbegriff der Gerechtigkeit und Klugheit, und den Großvater, der kaum mehr ein Mensch war, den Verborgenen, Allseitigen, Lächelnden, Unausschöpflichen. Die allermeisten Erwachsenen aber, obwohl man sie verehren und fürchten mußte, waren sehr tönerne Götter. Wie waren sie komisch mit ihrer ungeschickten Schauspielerei, wenn sie mit Kindern redeten! Wie falsch klang ihr Ton, wie falsch ihr Lächeln! Wie nahmen sie sich wichtig, sich und ihre Verrichtungen und Geschäfte, wie übertrieben ernst hielten sie, wenn man sie über die Gasse gehen sah, ihre Werkzeuge, ihre Mappen, ihre Bücher unter den Arm geklemmt, wie warteten sie darauf, erkannt, gegrüßt und verehrt zu werden! Manchmal kamen am Sonntag Leute zu meinen Eltern, um »Besuch zu machen«, Männer mit Zylinderhüten in ungeschickten Händen, die in steifen Glacéhandschuhen staken, wichtige, würdevolle, vor lauter Würde verlegene Männer, Anwälte und Amtsrichter, Pfarrer und Lehrer, Direktoren und Inspektoren, mit ihren etwas ängstlichen, etwas unterdrückten Frauen. Sie saßen steif auf den Stühlen, zu allem mußte man sie nötigen, bei allem ihnen behilflich sein, beim Ablegen, beim Eintreten, beim Niedersitzen, beim Fragen und Antworten, beim Fortgehen. Diese kleinbürgerliche Welt nicht so ernst zu nehmen, wie sie verlangte, war mir leichtgemacht, da meine Eltern ihr nicht angehörten und sie selber komisch fanden. Aber auch wenn sie nicht Theater spielten, Handschuhe trugen und Visiten machten, waren die meisten Erwachsenen mir reichlich seltsam und lächerlich. Wie taten sie wichtig mit ihrer Arbeit, mit ihren Handwerken und Ämtern, wie groß und heilig kamen sie sich vor! Wenn ein Fuhrmann, Polizist oder Pflasterer die Straße versperrte, das war eine heilige Sache, da war es selbstverständlich, daß man auswich und Platz machte oder gar mithalf. Aber Kinder mit ihren Arbeiten und Spielen, die waren nicht wichtig, die wurden beiseite geschoben und angebrüllt. Taten sie denn weniger Richtiges, weniger Gutes, weniger Wichtiges als die Großen? O nein, im Gegenteil, aber die Großen waren eben mächtig, sie befahlen, sie regierten. Dabei hatten sie, genau wie wir Kinder, ihre Spiele, sie spielten Feuerwehrübung, spielten Soldaten, sie gingen in Vereine und Wirtshäuser, aber alles mit jener Miene von Wichtigkeit und Gültigkeit, als müsse das alles so sein und als gäbe es nichts Schöneres und Heiligeres.

Gescheite Leute waren unter ihnen, zugegeben, auch unter den Lehrern. Aber war nicht das eine schon merkwürdig und verdächtig, daß unter allen diesen »großen« Leuten, welche doch alle vor einiger Zeit selbst Kinder gewesen waren, so sehr wenige sich fanden, die es nicht vollkommen vergessen und verlernt hatten, was ein Kind ist, wie es lebt, arbeitet, spielt, denkt, was ihm lieb und leid ist? Wenige, sehr wenige, die das noch wußten! Es gab nicht nur Tyrannen und Grobiane, die gegen Kinder böse und häßlich waren, sie überall wegjagten, sie scheel und haßvoll ansehen, ja manchmal anscheinend etwas wie Furcht vor ihnen hatten. Nein, auch die andern, die es gut meinten, die gern zuweilen zu einem Gespräch mit Kindern sich herabließen, auch sie wußten meistens nicht mehr, worauf es ankam, auch sie mußten fast alle sich mühsam und verlegen zu Kindern herunterschrauben, wenn sie sich mit uns einlassen wollten, aber nicht zu richtigen Kindern, sondern zu erfundenen, dummen Karikaturkindern.

Alle diese Erwachsenen, fast alle, lebten in einer andern Welt, atmeten eine andere Art von Luft als wir Kinder. Sie waren häufig nicht klüger als wir, sehr oft hatten sie nichts vor uns voraus als jene geheimnisvolle Macht. Sie waren stärker, ja, sie konnten uns, wenn wir nicht freiwillig gehorchten, zwingen und prügeln. War das aber eine echte Überlegenheit? War nicht jeder Ochs und Elefant viel stärker als so ein Erwachsener? Aber sie hatten die Macht, sie befahlen, ihre Welt und Mode galt als die richtige. Dennoch, und das war mir ganz besonders merkwürdig und einige Male beinah grauenhaft – dennoch gab es viele Erwachsene, die uns Kinder zu beneiden schienen. Manchmal konnten sie es ganz naiv und offen aussprechen und etwa mit einem Seufzer sagen: »Ja, ihr Kinder habet es noch gut!« Wenn das nicht gelogen war – und es war nicht gelogen, das spürte ich zuweilen bei solchen Aussprüchen –, dann waren also die Erwachsenen, die Mächtigen, die Würdigen und Befehlenden gar nicht glücklicher als wir, die wir gehorchen und ihnen Hochachtung erweisen mußten. In einem Musikalbum, aus dem ich lernte, stand auch richtig ein Lied mit dem erstaunlichen Kehrreim: »O selig, o selig, ein Kind noch zu sein!« Dies war ein Geheimnis. Es gab etwas, was wir Kinder besaßen und was den Großen fehlte, sie waren nicht bloß größer und stärker, sie waren in irgendeinem Betracht auch ärmer als wir! Und sie, die wir oft um ihre lange Gestalt, ihre Würde, ihre anscheinende Freiheit und Selbstverständlichkeit, um ihre

Bärte und langen Hosen beneideten, sie beneideten zuzeiten, sogar in Liedern, die sie sangen, uns Kleine!

Nun, einstweilen war ich trotz allem glücklich. Es gab vieles in der Welt, was ich gern anders gesehen hätte, und gar in der Schule; aber ich war dennoch glücklich. Es wurde mir zwar von vielen Seiten versichert und eingebleut, daß der Mensch nicht bloß zu seiner Lust auf Erden wandle und daß wahres Glück erst jenseits den Geprüften und Bewährten zuteil werde, es ging dies aus vielen Sprüchen und Versen hervor, die ich lernte und die mir oft sehr schön und rührend erschienen. Allein diese Dinge, welche auch meinem Vater viel zu schaffen machten, brannten mich nicht sehr, und wenn es mir einmal schlechtging, wenn ich krank war oder unerfüllte Wünsche hatte, oder Streit und Trotz mit den Eltern, dann flüchtete ich selten zu Gott, sondern hatte andere Schleichwege, die mich wieder ins Helle führten. Wenn die gewöhnlichen Spiele versagten, wenn Eisenbahn, Kaufladen und Märchenbuch verbraucht und langweilig waren, dann fielen mir oft gerade die schönsten neuen Spiele ein. Und wenn es nichts anderes war, als daß ich abends im Bett die Augen schloß und mich in den märchenhaften Anblick der vor mir erscheinenden Farbenkreise verlor – wie zuckte da Beglückung und Geheimnis aufs neue auf, wie ahnungsvoll und vielversprechend wurde die Welt!

Die ersten Schuljahre gingen hin, ohne mich sehr zu verändern. Ich machte die Erfahrung, daß Vertrauen und Aufrichtigkeit uns zu Schaden bringen kann, ich lernte unter einigen gleichgültigen Lehrern das Notwendigste im Lügen und Sichverstellen; von da an kam ich durch. Langsam aber welkte auch mir die erste Blüte hin, langsam lernte auch ich, ohne es zu ahnen, jenes falsche Lied des Lebens, jenes Sichbeugen unter die »Wirklichkeit«, unter die Gesetze der Erwachsenen, jene Anpassung an die Welt, »wie sie nun einmal ist«. Ich weiß seit langem, warum in den Liederbüchern der Erwachsenen solche Verse stehen wie der: »O selig, ein Kind noch zu sein«, und auch für mich gab es viele Stunden, in welchen ich die beneidete, die noch Kinder sind.

Als es sich, in meinem zwöften Jahre, darum handelte, ob ich Griechisch lernen solle, sagte ich ohne weiteres ja, denn mit der Zeit so gelehrt zu werden wie mein Vater, und womöglich wie mein Großvater, schien mir unerläßlich. Aber von diesem Tage an war ein Lebensplan für mich da; ich sollte studieren und entweder Pfarrer oder Philologe werden, denn dafür gab es Stipendien. Auch der Großvater war einst diesen Weg gegangen.

Scheinbar war dies ja nichts Schlimmes. Nur hatte ich jetzt auf einmal eine Zukunft, nur stand jetzt ein Wegweiser an meinem Wege, nur führte mich jetzt jeder Tag und Monat dem angeschriebenen Ziele näher, alles wies dorthin, alles führte weg, weg von der Spielerei und Gegenwärtigkeit meiner bisherigen Tage, die nicht ohne Sinn, aber ohne Ziel, ohne Zukunft gewesen waren. Das Leben der Erwachsenen hatte mich eingefangen, an einer Haarlocke erst oder an einem Finger, aber bald würde es mich ganz gefangen haben und festhalten, das Leben nach Zielen, nach Zahlen, das Leben der Ordnung und der Ämter, des Berufs und der Prüfungen; bald würde auch mir die Stunde schlagen, bald würde ich Student, Kandidat, Geistlicher, Professor sein, würde Besuche mit einem Zylinderhut machen, lederne Handschuhe tragen, die Kinder nicht mehr verstehen, sie vielleicht beneiden. Und ich wollte nicht fort aus meiner Welt, wo es gut und köstlich war. Ein ganz heimliches Ziel allerdings gab es für mich, wenn ich an die Zukunft dachte. Eines wünschte ich mir sehnlich, nämlich ein Zauberer zu werden.

Der Wunsch und Traum blieb mir lange treu. Aber er begann an Allmacht zu verlieren, er hatte Feinde, es stand ihm anderes entgegen. Wirkliches, Ernsthaftes, nicht zu Leugnendes. Langsam, langsam welkte die Blüte hin, langsam kam mir aus dem Unbegrenzten etwas Begrenztes entgegen, die wirkliche Welt, die Welt der Erwachsenen. Langsam wurde mein Wunsch, ein Zauberer zu werden, obwohl ich ihn noch sehnlich weiterwünschte, vor mir selber wertloser, wurde vor mir selber zur Kinderei. Schon gab es etwas, worin ich nicht mehr Kind war.

Schon war die unendliche, tausendfältige Welt des Möglichen mir begrenzt, in Felder geteilt, von Zäunen durchschnitten. Langsam verwandelte sich der Urwald meiner Tage, es erstarrte das Paradies um mich her. Ich blieb nicht, was ich war, Prinz und König im Lande des Möglichen, ich wurde nicht Zauberer, ich lernte Griechisch, in zwei Jahren würde Hebräisch hinzukommen, in sechs Jahren würde ich Student sein.

Unmerklich vollzog sich die Einschnürung, unmerklich verrauschte ringsum die Magie. Die wunderbare Geschichte im Großvaterbuch war noch immer schön, aber sie stand auf einer Seite, deren Zahl ich wußte, und da stand sie heute und morgen und zu jeder Stunde, es gab keine Wunder mehr. Gleichmütig lächelte der tanzende Gott aus Indien und war aus Bronze, selten sah ich ihn mehr an, nie mehr sah ich ihn schielen. Und – das Schlimmste – seltener und seltener sah ich den Grauen, den kleinen Mann. Überall war ich von Entzauberung umgeben, vieles wurde eng, was einst weit, vieles wurde ärmlich, was einst kostbar gewesen war.

Doch spürte ich das nur im verborgenen, unter der Haut, noch war ich fröhlich und herrschsüchtig, lernte schwimmen und Schlittschuh laufen, ich war der Erste im Griechischen, alles ging scheinbar vortrefflich. Nur hatte alles eine etwas blassere Farbe, einen etwas leereren Klang, nur war es mir langweilig geworden, zu Frau Anna zu gehen, nur ging ganz sachte aus allem, was ich lebte, etwas verloren, etwas nicht Bemerktes, nicht Vermißtes, das aber doch weg war und fehlte. Und wenn ich jetzt einmal wieder mich selber ganz und glühend fühlen wollte, dann bedurfte ich stärkerer Reize dazu, mußte mich rütteln und einen Anlauf nehmen. Ich gewann Geschmack an stark gewürzten Speisen, ich naschte häufig, ich stahl zuweilen Groschen, um mir irgendeine besondere Lust zu gönnen, weil es sonst nicht lebendig und schön genug war. Auch begannen die Mädchen mich anzuziehen; es war kurz nach der Zeit, da der kleine Mann noch einmal erschienen und mich noch einmal zu Frau Anna geführt hatte.

(1923)

Traumfährte

Es war ein Mann, der übte den wenig angesehenen Beruf eines
Unterhaltungsschriftstellers aus, gehörte aber immerhin zu jener kleineren Zahl der Literaten, die ihren Beruf nach Möglichkeit ernst nehmen und welchen von einigen Schwärmern
eine ähnliche Verehrung entgegengebracht wird, wie sie in früheren Zeiten, als es noch eine Dichtung und Dichter gab, den
wirklichen Dichtern dargebracht zu werden pflegte. Dieser Literat schrieb allerlei hübsche Sachen, er schrieb Romane, Erzählungen und auch Gedichte, und gab sich dabei die erdenklichste Mühe, seine Sache gut zu machen. Es glückte ihm jedoch
selten, seinem Ehrgeiz Genüge zu tun, denn er machte, obwohl
er sich für bescheiden hielt, den Fehler, sich anmaßenderweise
nicht mit seinen Kollegen und Zeitgenossen, den andern Un-
terhaltungsschriftstellern, zu vergleichen und an ihnen zu mes-
sen, sondern an den Dichtern der vergangenen Zeit – an jenen
also, welche sich schon über Generationen hinweg bewährt
hatten, und da mußte er denn zu seinem Schmerze immer wieder bemerken, daß auch die beste und geglückteste Seite, die
er je geschrieben, noch hinter dem verlorensten Satz oder Vers
jedes wirklichen Dichters weit zurückstand. So wurde er immer
unzufriedener und verlor alle Freude an seiner Arbeit, und
wenn er noch je und je eine Kleinigkeit schrieb, so tat er es
nur, um dieser Unzufriedenheit und inneren Dürre in Form
von bitteren Kritiken an seiner Zeit und an sich selbst ein Ventil
und einen Ausdruck zu geben, und natürlich wurde dadurch
nichts besser. Manchmal auch versuchte er wieder in die ver-
zauberten Gärten der reinen Dichtung zurückzufinden und
huldigte der Schönheit in hübschen Sprachgebilden, worin er
der Natur, den Frauen, der Freundschaft sorgfältige Denkmäler
errichtete, und diese Dichtungen hatten in der Tat eine gewisse
Musik in sich und eine Ähnlichkeit mit den echten Dichtungen
echter Dichter, an welche sie erinnerten wie etwa eine flüchtige

Verliebtheit oder Rührung einen Geschäfts- und Weltmann gelegentlich an seine verlorene Seele erinnern kann.

Eines Tages in der Zeit zwischen Winter und Frühling saß dieser Schriftsteller, der so gern ein Dichter gewesen wäre, und sogar von manchen für einen gehalten wurde, wieder an seinem Schreibtisch. Wie gewohnt, war er spät aufgestanden, erst gegen Mittag, nachdem er die halbe Nacht gelesen hatte. Nun saß er und starrte auf die Stelle des Papiers, an welcher er gestern zu schreiben aufgehört hatte. Es standen kluge Dinge auf diesem Papier, in einer geschmeidigen und kultivierten Sprache vorgetragen, feine Einfälle, kunstvolle Schilderungen, manche schöne Rakete und Leuchtkugel stieg aus diesen Zeilen und Seiten auf, manches zarte Gefühl klang an – dennoch aber war der Schreibende enttäuscht von dem, was er auf seinem Papier las, ernüchtert saß er vor dem, was er gestern abend mit einer gewissen Freude und Begeisterung begonnen hatte, was gestern eine Abendstunde lang wie Dichtung ausgesehen und sich nun über Nacht doch eben wieder in Literatur verwandelt hatte, in leidiges beschriebenes Papier, um das es eigentlich schade war.

Wieder auch fühlte und bedachte er in dieser etwas kläglichen Mittagsstunde, was er schon manche Male gefühlt und bedacht hatte, nämlich die sonderbare Tragikomik seiner Lage, die Torheit seines heimlichen Anspruches auf echtes Dichtertum (da es doch echtes Dichtertum in der heutigen Wirklichkeit nicht gab noch geben konnte) und die Kindlichkeit und dumme Vergeblichkeit seiner Anstrengungen, mit Hilfe seiner Liebe zur alten Dichtung, mit Hilfe seiner hohen Bildung, mit Hilfe seines feinen Gehörs für die Worte der echten Dichter etwas erzeugen zu wollen, was echter Dichtung gleichkam oder doch bis zum Verwechseln ähnlich sah (da er doch recht wohl wußte, daß aus Bildung und aus Nachahmung überhaupt nichts erzeugt werden kann).

Halb und halb war ihm auch bekannt und bewußt, daß die hoffnungslose Streberei und kindliche Illusion all seiner Bemühungen keineswegs nur eine vereinzelte und persönliche Angelegenheit sei, sondern daß jeder Mensch, auch der scheinbar Normale, auch der scheinbar Glückliche und Erfolgreiche ebendieselbe Torheit und hoffnungslose Selbsttäuschung in sich hege, daß jeder Mensch beständig und immerzu nach irgend etwas Unmöglichem strebe, daß auch der Unscheinbarste das Ideal des Adonis, der Dümmste das Ideal des Weisen, der Ärmste das Wunschbild des Krösus in sich trage. Ja, halb und halb wußte er sogar, daß es auch mit jenem so hochverehrten Ideal der »echten Dichtung« nichts sei, daß Goethe zu Homer oder Shakespeare ganz ebenso hoffnungslos als zu etwas Unerreichbarem emporgeblickt habe, wie ein heutiger Literat etwa zu Goethe emporblicken mochte, und daß der Begriff »Dichter« nur eine holde Abstraktion sei, daß auch Homer und Shakespeare nur Literaten gewesen seien, begabte Spezialisten, welchen es gelungen war, ihren Werken jenen Anschein des Überpersönlichen und Ewigen zu geben. Halb und halb wußte er dies alles, so wie kluge und des Denkens gewohnte Menschen diese selbstverständlichen und schrecklichen Dinge eben zu wissen vermögen. Er wußte oder ahnte, daß auch ein Teil seiner eigenen Schreibversuche auf Leser einer späteren Zeit vielleicht den Eindruck einer »echten Dichtung« machen würde, daß spätere Literaten vielleicht zu ihm und seiner Zeit mit Sehnsucht zurückblicken würden wie zu einem goldenen Zeitalter, wo es noch wirkliche Dichter, wirkliche Gefühle, wirkliche Menschen, eine wirkliche Natur und einen wirklichen Geist gegeben habe. Es hatte, wie ihm bekannt war, der behäbige Kleinstädter der Biedermeierzeit und der feiste Kleinbürger eines mittelalterlichen Städtchens schon ebenso kritisch und ebenso sentimental seine eigene, raffinierte, verdorbene Zeit in Gegensatz gebracht zu einem unschuldigen, naiven, seligen Gestern, und hatte seine Großväter und ihre Lebensweise mit derselben Mischung aus Neid und Mitleid betrachtet, mit welcher der heutige Mensch die selige Zeit vor der Erfindung der Dampfmaschine zu betrachten geneigt ist.

Alle diese Gedanken waren dem Literaten geläufig, alle diese Wahrheiten waren ihm bekannt. Er wußte: dasselbe Spiel, dasselbe gierige, edle, hoffnungslose Streben nach etwas Gültigem, Ewigem, an sich selbst Wertvollem, das ihn zum Vollschreiben von Papierblättern antrieb, trieb auch alle anderen an: den General, den Minister, den Abgeordneten, die elegante Dame, den Kaufmannslehrling. Alle Menschen strebten irgendwie, sei es noch so klug oder noch so dumm, über sich selbst und über das Mögliche hinaus, befeuert von heimlichen Wunschbildern, geblendet von Vorbildern, gelockt von Idealen. Kein Leutnant, der nicht den Gedanken an Napoleon in sich trug – und kein Napoleon, der nicht zuzeiten sich selbst als Affen, seine Erfolge als Spielmünzen, seine Ziele als Illusionen empfunden hätte. Keiner, der nicht diesen Tanz mitgetanzt hätte. Keiner auch, der nicht irgendwann in irgendeiner Spalte das Wissen um diese Täuschung gespürt hätte. Gewiß, es gab Vollendete, es gab Menschgötter, es gab einen Buddha, es gab einen Jesus, es gab einen Sokrates. Aber auch sie waren vollendet und vom Allwissen ganz und gar durchdrungen gewesen nur in einem einzigen Augenblick, im Augenblick ihres Sterbens. Ihr Sterben war ja nichts anderes gewesen als das letzte Durchdrungenwerden vom Wissen, als die letzte, endlich geglückte Hingabe. Und möglicherweise hatte jeder Tod diese Bedeutung, möglicherweise war jeder Sterbende ein sich Vollendender, der den Irrtum des Strebens ablegte, der sich hingab, der nichts mehr sein wollte.

Diese Art von Gedanken, sowenig kompliziert sie auch ist, stört den Menschen sehr im Streben, im Tun, im Weiterspielen seines Spiels. Und so ging es auch mit der Arbeit des strebsamen Dichters in dieser Stunde nicht vorwärts. Es gab kein Wort, das würdig gewesen wäre, niedergeschrieben zu werden, es gab keinen Gedanken, dessen Mitteilung wirklich notwendig gewesen wäre. Nein, es war schade um das Papier, es war besser, es unbeschrieben zu lassen.

Mit diesem Gefühl legte der Literat seine Feder weg und steckte seine Papierblätter in die Schublade; wäre ein Feuer zur Hand gewesen, so hätte er sie ins Feuer gesteckt. Die Situation war ihm nicht neu, es war eine schon oft gekostete, eine gleichsam schon gezähmte und geduldig gewordene Verzweiflung. Er wusch sich die Hände, zog Hut und Mantel an und ging aus. Ortsveränderung war eines seiner längst bewährten Hilfsmittel, er wußte, daß es nicht gut war, in solcher Stimmung lange im selben Raume mit alldem beschriebenen und unbeschriebenen Papier zu bleiben. Besser war es, auszugehen, die Luft zu fühlen und die Augen am Bilderspiel der Straße zu üben. Es konnte sein, daß schöne Frauen ihm begegneten, oder daß er einen Freund antraf, daß eine Horde Schulkinder oder irgendeine drollige Spielerei in einem Schaufenster ihn auf andere Gedanken brachten, es konnte sich begeben, daß das Automobil eines der Herren dieser Welt, eines Zeitungsverlegers oder eines reichen Bäckermeisters, ihn an einer Straßenecke überfuhr: lauter Möglichkeiten zur Änderung der Lage, zur Schaffung neuer Zustände.

Langsam schlenderte er durch die Vorfrühlingsluft, sah in den traurigen kleinen Rasenstücken vor den Mietshäusern nickende Büsche von Schneeglöckchen stehen, atmete feuchte laue Märzluft, die ihn verführte, in einen Park einzubiegen. Dort an der Sonne zwischen den kahlen Bäumen setze er sich auf eine Bank, schloß die Augen und gab sich dem Spiel der Sinne in dieser verfrühten Fühlingssonnenstunde hin: wie weich die Luft sich an die Wangen legte, wie voll versteckter Glut die Sonne schon kochte, wie streng und bang der Erdboden duftete, wie freundlich spielerisch zuweilen kleine Kinderschuhe über den Kies der Wege trappelten, wie hold und allzu süß irgendwo im nackten Gehölz eine Amsel sang. Ja, dies alles war sehr schön, und da der Frühling, die Sonne, die Kinder, die Amsel lauter uralte Dinge waren, an welchen schon vor tausend und tausend Jahren der Mensch seine Freude hatte, so war es eigentlich nicht zu verstehen, warum man nicht am heutigen Tage ebensogut ein schönes Frühlingsgedicht sollte machen können wie vor fünfzig oder hundert Jahren. Und doch war es nichts damit. Die leiseste Erinnerung an Uhlands Frühlingslied (allerdings mit der Schubertmusik, deren Vorspiel so fabelhaft durchdringend und erregend nach Vorfrühling schmeckt) war hinreichend, um einem heutigen Dichter auf das eindringlichste zu zeigen, daß jene entzückenden Dinge für eine Weile zu Ende gedichtet seien und daß es keinen Sinn habe, jene so unausschöpflich vollen, selig atmenden Gestaltungen irgend nachahmen zu wollen.

In diesem Augenblick, als des Dichters Gedanken eben im Begriffe waren, wieder in jene alten unfruchtbaren Spuren einzulenken, blinzelte er hinter geschlossenen Lidern hervor aus schmaler Augenspalte und nahm, nicht mit den Augen allein, ein lichtes Wehen und Blinken wahr, Sonnenscheininseln, Lichtreflexe, Schattenlöcher, weiß durchwehtes Blau am Himmel, einen flimmernden Reigen bewegter Lichter, wie jeder ihn beim Blinzeln gegen die Sonne sieht, nur aber irgendwie betont, auf irgendeine Art wertvoll und einzig, durch irgendeinen geheimen Gehalt aus bloßer Wahrnehmung zu Erlebnis geworden. Was da vielleicht aufblitzte, wehte, verschwamm, wellte und mit Flügeln schlug, das war nicht bloß Lichtsturm von außen, und sein Schauplatz war nicht bloß das Auge, es war zugleich Leben, aufwallender Trieb von innen, und sein Schauplatz war die Seele, war das eigene Schicksal. Auf diese Weise sehen die Dichter, die »Seher«, auf diese entzückende und erschütternde Art sehen jene, die vom Eros angerührt worden sind. Verschwunden war der Gedanke an Uhland und Schubert und Frühlingslieder, es gab keinen Uhland, keine Dichtung, keine Vergangenheit mehr, alles war ewiger Augenblick, war Erlebnis, war innerste Wirklichkeit.

Dem Wunder hingegeben, das er nicht zum ersten Male erlebte, zu welchem er aber die Berufung und Gnade längst verscherzt zu haben gemeint hatte, schwebte er unendliche Augenblicke im Zeitlosen, im Einklang von Seele und Welt, fühlte seinen Atem die Wolken leiten, fühlte die warme Sonne in seiner Brust sich drehen.

Indem er aber, dem seltenen Erlebnis hingegeben, aus blinzelnden Augen vor sich hinabstarrte, alle Sinnestore halb ge-

schlossen haltend, weil er wohl wußte, daß der holde Strom
von innen käme – nahm er in seiner Nähe am Boden etwas
wahr, was ihn fesselte. Es war, wie er nur langsam und allmählich erkannte, der kleine Fuß eines Mädchens, eines Kindes
noch, er stak in braunem Lederhalbschuh und trat auf dem
Sand des Weges fest und fröhlich einher, mit dem Gewicht
auf dem Absatz. Dieser kleine Mädchenschuh, dies Braun des
Leders, dieses kindlich frohe Auftreten der kleinen Sohle, dieses Stückchen Seidenstrumpf überm zarten Knöchel erinnerte
den Dichter an etwas, überwallte sein Herz plötzlich und mahnend wie das Gedächtnis eines wichtigen Erlebnisses, doch vermochte er den Faden nicht zu finden. Ein Kinderschuh, ein
Kinderfuß, ein Kinderstrumpf – was ging dies ihn an? Wo war
dazu der Schlüssel? Wo war die Quelle in seiner Seele, die
gerade diesem Bilde unter Millionen Antwort gab, es liebte,
es an sich zog, es als lieb und wichtig empfand? Einen Augenblick schlug er das Auge ganz auf, sah einen halben Herzschlag
lang die ganze Figur des Kindes, eines hübschen Kindes, spürte
aber sofort, daß dies schon nicht mehr jenes Bild sei, das ihn
anginge, das für ihn wichtig sei, und kniff unwillkürlich blitzschnell die Augen wieder so weit zu, daß er nur noch für den
Rest eines Augenblickes den entschwindenden Kinderfuß sehen konnte. Dann schloß er die Augen ganz und gar, dem Fuß
nachsinnend, seine Bedeutung fühlend, doch nicht wissend, gepeinigt vom vergeblichen Suchen, beseligt von der Kraft dieses
Bildes in seiner Seele. Irgendwo, irgendwann war dieses Bildchen, dieser kleine Fuß im braunen Schuh von ihm erlebt und
mit Erlebniswert durchtränkt worden. Wann war das gewesen?
Oh, es mußte vor langer Zeit gewesen sein, vor Urzeiten, so
weit schien es zu liegen, so von fern, so aus unausdenklicher
Raumtiefe herauf blickte es ihn an, so tief war es in den Brunnen seines Gedächtnisses gesunken. Vielleicht trug er es, verloren und bis heute nie wiedergefunden, schon seit der ersten
Kindheit in sich herum, seit jener fabelhaften Zeit, deren Erinnerungen alle so verschwommen und unbildlich sind, und so
schwer zu rufen, und doch farbenstärker, wärmer, voller als

alle späteren Erinnerungen. Lange wiegte er den Kopf, mit geschlossenen Augen, lang sann er hin und wider, sah diesen, sah jenen Faden in sich aufblitzen, diese Reihe, jene Kette von Erlebnissen, aber in keiner war das Kind, war der braune Kinderschuh zu Hause. Nein, es war nicht zu finden, es war hoffnungslos, dies Suchen fortzusetzen.

Es ging ihm mit dem Erinnerungen-Suchen wie es einem geht, der das dicht vor ihm Stehende nicht zu erkennen vermag, weil er es für weit entfernt hält und darum alle Formen umdeutet. In dem Augenblick nun aber, da er seine Bemühungen aufgab und eben bereit war, dies lächerliche kleine Blinzel-Erlebnis fallenzulassen und zu vergessen, rückte die Sache sich um und der Kinderschuh an seine rechte Stelle. Mit einem tiefen Aufseufzen empfand der Mann plötzlich, daß im angehäuften Bildersaal seines Innern der Kinderschuh nicht zuunterst lag, nicht zum uralten Gut gehörte, sondern ganz frisch und neu war. Eben erst hatte er mit diesem Kinde zu tun gehabt, eben erst, so schien ihm, hatte er diesen Schuh hinweglaufen sehen.

Und nun mit einem Schlag hatte er es. Ja, ach ja, da war es, da stand das Kind, zu dem der Schuh gehörte, und war ein Stück aus einem Traum, den der Schriftsteller in der vergangenen Nacht geträumt hatte. Mein Gott, wie war ein solches Vergessen möglich? Mitten in der Nacht war er aufgewacht, beglückt und erschüttert von der geheimnisvollen Kraft seines Traumes, war erwacht und hatte das Gefühl gehabt, ein wichtiges, herrliches Erlebnis gehabt zu haben – und dann war er nach kurzem wieder eingeschlafen, und eine Stunde Morgenschlaf hatte genügt, das ganze herrliche Erlebnis wieder auszulöschen, so daß er erst in dieser Sekunde wieder, durch den flüchtigen Anblick des Kinderfußes geweckt, daran gedacht hatte. So flüchtig, so vergänglich, so ganz dem Zufall preisgegeben waren die tiefsten, die wunderbarsten Erlebnisse unserer Seele! Und siehe, auch jetzt gelang es ihm nicht mehr, den ganzen Traum dieser Nacht vor sich aufzubauen. Nur vereinzelte Bilder, zum Teil ohne Zusammenhang, waren noch zu finden, einige frisch und voll Lebensglanz, andre schon grau und bestaubt, schon im Verschwimmen begriffen. Und was für ein schöner, tiefer, beseelter Traum war das doch gewesen! Wie hatte ihm bei jenem ersten Erwachen in der Nacht das Herz geschlagen, entzückt und bang wie an Festtagen der Kinderzeit! Wie hatte ihn das lebendige Gefühl durchströmt, mit diesem Traum etwas Edles, Wichtiges, Unvergeßliches, Unverlierbares erlebt zu haben! Und jetzt, diese paar Stunden später, war gerade noch dieses Bruchstückchen da, diese paar schon verwehenden Bildchen, dieser schwache Nachhall im Herzen – alles andre war verloren, war vergangen, hatte kein Leben mehr!

Immerhin, dies wenige war nun gerettet. Der Schriftsteller faßte alsbald den Entschluß, in seinem Gedächtnis alles zusammenzusuchen, was von dem Traume noch darin übrig wäre, um es aufzuschreiben, so treu und genau wie möglich. Alsbald zog er ein Notizbuch aus der Tasche und machte die ersten Aufzeichnungen in Stichworten, um womöglich den Aufbau und Umriß des ganzen Traumes, die Hauptlinien wieder aufzufinden. Aber auch dies glückte nicht. Weder Anfang noch Ende des Traumes war mehr zu erkennen, und von den meisten der noch vorhandenen Bruchstücke wußte er nicht, an welche Stelle der Traumgeschichte sie gehörten. Nein, er mußte anders beginnen. Er mußte vor allem das retten, was noch erreichbar war, mußte die paar noch nicht erloschenen Bilder, vor allem den Kinderschuh, sofort festhalten, ehe auch sie entflogen, diese scheuen Zaubervögel.

So wie ein Totengräber die gefundene Inschrift auf einem uralten Steine abzulesen versucht, ausgehend von den wenigen noch erkennbaren Buchstaben oder Bildzeichen, so suchte unser Mann seinen Traum zu lesen, indem er Stückchen um Stückchen zusammensetzte.

Er hatte im Traum irgend etwas mit einem Mädchen zu tun gehabt, einem seltsamen, vielleicht nicht eigentlich schönen, aber irgendwie wunderbaren Mädchen, das vielleicht dreizehn oder vierzehn Jahre alt, aber an Gestalt kleiner als dies Alter war. Ihr Gesicht war gebräunt gewesen. Ihre Augen? Nein, die sah er nicht. Ihr Name? Nicht bekannt. Ihre Beziehung zu ihm, dem Träumer? Halt, da war der braune Schuh! Er sah diesen Schuh samt seinem Zwillingsbruder sich bewegen, sah ihn tanzen, sah ihn Tanzschritte machen, die Schritte eines Boston. O ja, nun wußte er eine Menge wieder. Er mußte von neuem beginnen.

Also: Er hatte im Traum mit einem wunderbaren, fremden, kleinen Mädchen getanzt, einem Kinde mit gebräuntem Gesicht, in braunen Schuhen – war nicht alles an ihr braun gewesen? Auch das Haar? Auch die Augen? Auch die Kleider? Nein, das wußte er nicht mehr – es war zu vermuten, es schien möglich, aber gewiß war es nicht. Er mußte beim Gewissen bleiben, bei dem, worauf sich sein Gedächtnis tatsächlich stützte, sonst kam er ins Uferlose. Schon jetzt begann er zu ahnen, daß diese Traumsuche ihn weit hinwegführen würde, daß er da einen langen, einen endlosen Weg begonnen habe. Und eben jetzt wieder fand er ein Stück.

Ja, er hatte mit der Kleinen getanzt, oder tanzen wollen, oder sollen, und sie hatte, noch für sich allein, eine Reihe von frischen, sehr elastischen und entzückend straffen Tanzschritten getan. Oder hatte er doch mit ihr getanzt, war sie nicht allein gewesen? Nein. Nein, er hatte nicht getanzt, er hatte es nur gewollt, vielmehr es war so verabredet worden, von ihm und irgend jemandem, daß er mit dieser kleinen Braunen tanzen solle. Aber zu tanzen hatte dann doch nur sie allein begonnen, ohne ihn, und er hatte sich ein wenig vor dem Tanzen gefürchtet oder geniert, es war ein Boston, den konnte er nicht gut. Sie aber hatte zu tanzen begonnen, allein, spielend, wundervoll rhythmisch, mit ihren kleinen braunen Schuhen hatte sie sorgfältig die Figuren des Tanzes auf den Teppich geschrieben. Aber warum hatte er selbst nicht getanzt? Oder warum hatte er ursprünglich tanzen wollen? Was war das für eine Verabredung gewesen? Das konnte er nicht finden.

Es meldete sich eine andere Frage: Wem hatte das liebe kleine Mädchen geglichen, an wen erinnerte sie? Lange suchte er vergeblich, alles schien wieder hoffnungslos, und einen Augenblick wurde er geradezu ungeduldig und verdrießlich, beinahe hätte er alles wieder aufgegeben. Aber da war schon wieder ein Einfall da, eine neue Spur glänzte auf. Die Kleine hatte seiner Geliebten geglichen – o nein, geglichen hatte sie ihr nicht, er war sogar darüber erstaunt gewesen, sie ihr so wenig ähnlich zu finden, obwohl sie doch ihre Schwester war. Halt! Ihre Schwester? O da sprang ja die ganze Spur wieder leuchtend auf, alles bekam Sinn, alles war wieder da. Er begann von neuem aufzuzeichnen, hingerissen von der plötzlich hervortretenden Inschrift, wie entzückt von der Wiederkehr der verloren geglaubten Bilder.

So war es gewesen: Im Traum war seine Geliebte dagewesen, Magda, und zwar war sie nicht wie in der letzten Zeit zänkisch und böser Laune gewesen, sondern überaus freundlich, etwas still, aber vergnügt und hübsch. Magda hatte ihn mit einer besonderen stillen Zärtlichkeit begrüßt, ohne Kuß, sie hatte ihm die Hand gegeben und ihm erzählt, jetzt wolle sie ihn endlich mit ihrer Mutter bekannt machen, und dort bei der Mutter werde er dann ihre jüngere Schwester kennenlernen, die ihm später zur Geliebten und Frau bestimmt sei. Die Schwester sei sehr viel jünger als sie und tanze sehr gern, er werde sie am raschesten gewinnen, wenn er mit ihr tanzen gehe.

Wie schön war Magda in diesem Traume gewesen! Wie hatte alles Besondere, Liebliche, Seelenvolle, Zarte ihres Wesens, so wie es in seinen Vorstellungen von ihr zur Zeit seiner größten Liebe gelebt hatte, aus ihren frischen Augen, aus ihrer klaren Stirn, aus ihrem vollen duftenden Haar geleuchtet!

Und dann hatte sie ihn im Traume in ein Haus geführt, in ihr Haus, ins Haus ihrer Mutter und Kindheit, in ihr Seelenhaus, um ihm dort ihre Mutter zu zeigen und ihre kleine schönere Schwester, damit er diese Schwester kennenlerne und liebe, denn sie sei ihm zur Geliebten bestimmt. Er konnte sich aber des Hauses nicht mehr erinnern, nur einer leeren Vorhalle, in welcher er hatte warten müssen, und auch der Mutter konnte er sich nicht mehr entsinnen, nur eine alte Frau, eine grau oder schwarzgekleidete Bonne oder Pflegerin war im Hintergrunde sichtbar gewesen. Dann aber war die Kleine gekommen, die Schwester, ein entzückendes Kind, ein Mädchen von etwa zehn oder elf Jahren, im Wesen aber wie eine Vierzehnjährige. Besonders ihr Fuß in dem braunen Schuh war so kindlich gewesen, so völlig unschuldig, lachend und unwissend, so noch gar nicht damenhaft und doch so weiblich! Sie hatte seine Begrüßung freundlich aufgenommen, und Magda war von diesem Augenblick an verschwunden, es war nur noch die Kleine da. Sich an Magdas Rat erinnernd, schlug er ihr vor, zu tanzen. Und da hatte sie alsbald aufstrahlend genickt und ohne Zögern zu tanzen begonnen, allein, und er hatte sich nicht getraut, sie zu umfassen und mitzutanzen, einmal, weil sie so schön und vollkommen war in ihrem kindlichen Tanz, und dann auch, weil das, was sie tanzte, ein Boston war, ein Tanz, in dem er sich nicht sicher fühlte.

Mitten zwischen seinen Bemühungen, der Traumbilder wieder habhaft zu werden, mußte der Literat einen Augenblick über sich selbst lächeln. Es fiel ihm ein, daß er soeben noch gedacht hatte, wie unnütz es sei, sich um ein neues Frühlingsgedicht zu bemühen, da doch dies alles längst unübertrefflich gesagt sei – aber wenn er an den Fuß des tanzenden Kindes dachte, an die leichten holden Bewegungen der braunen Schuhe, an die Sauberkeit der Tanzfigur, die sie auf den Teppich schrieben, und daran, wie über all dieser hübschen Grazie und Sicherheit doch ein Hauch von Befangenheit, ein Duft von Mädchenscheu gelegen hatte, dann war ihm klar, daß man bloß diesem Kinderfuß ein Lied zu singen brauchte, um alles zu übertreffen, was die früheren Dichter je über Frühling und Jugend und Liebesahnung gesagt hatten. Aber kaum waren seine Gedanken auf dies Gebiet hinüber abgeirrt, kaum hatte er begonnen, flüchtig mit dem Gedanken an ein Gedicht »An einen Fuß im braunen Schuh« zu spielen, da fühlte er mit Schrecken, daß der ganze Traum ihm wieder entgleiten wollte, daß all die seligen Bilder undicht wurden und wegschmolzen. Ängstlich zwang er seine Gedanken zur Ordnung, und fühlte doch, daß der ganze Traum, mochte er seinen Inhalt auch aufgeschrieben haben, ihm in diesem Augenblick doch schon nicht mehr ganz und gar gehöre, daß er fremd und alt zu werden beginne. Und er fühlte auch sofort, daß dies immer so sein werde: daß diese entzückenden Bilder ihm stets nur so lange zu eigen gehören und seine Seele mit ihrem Duft erfüllen würden, als er mit ganzem Herzen bei ihnen verweilte, ohne Nebengedanken, ohne Absichten, ohne Sorgen.

Nachdenklich trat der Dichter seinen Heimweg an, den Traum vor sich her tragend wie ein unendlich krauses, unendlich zerbrechliches Spielzeug aus dünnstem Glase. Er war voll Bangen um seinen Traum. Ach, wenn es ihm nur glücken würde, die Gestalt der Traumgeliebten ganz wieder in sich aufzubauen! Aus dem braunen Schuh, aus der Tanzfigur, aus dem Schimmer von Braun im Gesicht der Kleinen, aus diesen wenigen kostbaren Resten das Ganze wiederherzustellen, das schien ihm wichtiger als alles andere auf der Welt. Und mußte es nicht in der Tat unendlich wichtig für ihn sein? War nicht diese anmutige Frühlingsgestalt ihm zur Geliebten versprochen, war sie nicht aus den tiefsten und besten Quellen seiner Seele geboren, ihm als Sinnbild seiner Zukunft, als Ahnung seiner Schicksalsmöglichkeiten, als sein eigenster Traum vom Glücke entgegengetreten? – Und während er bangte, war er doch im Innersten unendlich froh. War es nicht wunderbar, daß man solche Dinge träumen konnte, daß man diese Welt aus luftigstem Zaubermaterial in sich trug, daß innen in unserer Seele, in der wir so oft verzweifelt wie in einem Trümmerhaufen vergebens nach irgendeinem Rest von Glauben, von Freude, von Leben gesucht haben, daß innen in dieser Seele solche Blumen aufwachsen konnten?

Zu Hause angekommen, schloß der Literat die Tür hinter sich ab und legte sich auf einen Ruhestuhl. Das Notizbuch mit seinen Aufzeichnungen in der Hand, las er aufmerksam die Stichworte durch, und fand, daß sie wertlos seien, daß sie nichts gaben, daß sie nur hinderten und verbauten. Er riß die Blätter aus und vernichtete sie sorgfältig, und beschloß, nichts mehr aufzuschreiben. Unruhig lag er und suchte Sammlung, und plötzlich kam ein Stück des Traumes wieder hervor, plötzlich sah er sich wieder im fremden Hause in jener kahlen Vorhalle warten, sah im Hintergrunde eine besorgte alte Dame im dunkeln Kleide hin und wider gehen, fühlte noch einmal den Augenblick des Schicksals: daß jetzt Magda gegangen sei, um ihm seine neue, jüngere, schönere, seine wahre und ewige Geliebte zuzuführen. Freundlich und besorgt blickte die alte Frau zu ihm herüber – und hinter ihren Zügen und hinter ihrem grauen Kleide tauchten andere Züge und andre Kleider auf, Gesichter von Wärterinnen und Pflegerinnen aus seiner eigenen Kindheit, das Gesicht und graue Hauskleid seiner Mutter. Und aus dieser Schicht von Erinnerungen, aus diesem mütterlichen, schwesterlichen Kreise von Bildern also fühlte er die Zukunft, die Liebe ihm entgegenwachsen. Hinter dieser leeren Vorhalle, unter den Augen besorgter, lieber, treuer Mütter und Mägde war das Kind herangediehen, dessen Liebe ihn beglükken, dessen Besitz sein Glück, dessen Zukunft seine eigne sein sollte.

Auch Magda sah er nun wieder, wie sie ihn ohne Kuß so sonderbar zärtlich-ernst begrüßte, wie ihr Gesicht noch einmal, wie im Abendgoldlicht, allen Zauber umschloß, den es einst für ihn gehabt, wie sie im Augenblick des Verzichtens und Abschiednehmens noch einmal in aller Liebenswürdigkeit ihrer seligsten Zeiten strahlte, wie ihr vertieftes und verdichtetes Gesicht die Jüngere, Schönere, Wahre, Einzige vorausverkündete, welche ihm zuzuführen und gewinnen zu helfen sie gekommen war. Sie schien ein Sinnbild der Liebe selbst zu sein, ihrer Demut, ihrer Wandlungsfähigkeit, ihrer halb mütterlichen, halb kindlichen Zauberkraft. Alles, was er je in diese Frau hineingesehen, hineingeträumt, hineingewünscht und gedichtet hatte, alle Verklärung und Anbetung, die er ihr einst in der hohen Zeit seiner Liebe dargebracht hatte, war in ihrem Gesicht gesammelt, ihre ganze Seele, samt seiner eigenen Liebe war Gesicht geworden, strahlte sichtbar aus ernsten, holden Zügen, lächelte traurig und freundlich aus ihren Augen. War es möglich, von einer solchen Geliebten Abschied zu nehmen? Aber ihr Blick sagte: es muß Abschied genommen werden, es muß Neues geschehen.

Und herein auf kleinen flinken Kinderfüßen kam das Neue, kam die Schwester, aber ihr Gesicht war nicht zu sehen, nichts von ihr war deutlich zu sehen als daß sie klein und zierlich war, in braunen Schuhen stak, Braunes im Gesicht und Braunes im Gewand hatte, und daß sie mit einer entzückenden Vollendung tanzen konnte. Und zwar Boston – den Tanz, den ihr zukünftiger Geliebter gar nicht gut konnte. Mit gar nichts anderem konnte die Überlegenheit des Kindes über den Erwachsenen, Erfahrenen, oft Enttäuschten besser ausgedrückt werden als damit, daß sie so frei und schlank und fehlerlos tanzte, und ausgerechnet den Tanz, worin er schwach, worin er ihr hoffnungslos unterlegen war!

Den ganzen Tag blieb der Literat mit seinem Traum beschäftigt, und je tiefer er in ihn eindrang, desto schöner schien er ihm, desto mehr schien er ihm alle Dichtungen der besten Dichter zu übertreffen. Lange Zeit, manche Tage lang hing er dem Wunsche und Plane nach, diesen Traum so aufzuschreiben, daß er nicht nur für den Träumer selbst, sondern auch für andere diese unnennbare Schönheit, Tiefe und Innigkeit habe. Spät erst gab er diese Wünsche und Versuche auf, und sah, daß er sich damit begnügen müsse, in seiner Seele ein echter Dichter zu sein, ein Träumer, ein Seher, daß sein Handwerk aber das eines bloßen Literaten bleiben müsse.

(1926)

König Yu

Nicht häufig sind in der alten chinesischen Geschichte die Beispiele von Regenten und Staatsmännern, welche ihren Untergang dadurch fanden, daß sie unter den Einfluß eines Weibes und einer Verliebtheit gerieten. Eins dieser seltenen Beispiele, ein sehr merkwürdiges, ist das des Königs Yu von Dschou und seiner Frau Bau Si.

Das Land Dschou stieß im Westen an die Länder der mongolischen Barbaren, und seine Residenz Fong lag mitten in einem unsichern Gebiet, das von Zeit zu Zeit den Überfällen und Raubzügen jener Barbarenstämme ausgesetzt war. Darum mußte daran gedacht werden, den Grenzschutz möglichst zu verstärken und namentlich die Residenz besser zu schützen.

Von König Yu nun, der kein schlechter Staatsmann war und auf gute Ratgeber zu hören wußte, berichten uns die Geschichtsbücher, daß er es verstand, durch sinnreiche Einrichtungen die Nachteile seiner Grenze auszugleichen, daß aber alle diese sinnreichen und bewundernswerten Einrichtungen durch die Launen einer hübschen Frau wieder zunichte gemacht wurden.

Der König nämlich richtete mit Hilfe aller seiner Lehnsfürsten an der Westgrenze einen Grenzschutz ein, und dieser Grenzschutz hatte gleich allen politischen Gebilden eine doppelte Gestalt: eine moralische nämlich und eine mechanische. Die moralische Grundlage des Übereinkommens war der Schwur und die Zuverlässigkeit der Fürsten und ihrer Beamten, deren jeder sich verpflichtete, sofort auf den ersten Notruf hin mit seinen Soldaten der Residenz und dem König zu Hilfe zu eilen. Die Mechanik aber, deren der König sich bediente, bestand in einem wohlausgedachten System von Türmen, die er an seiner Westgrenze bauen ließ. Auf jedem dieser Türme sollte Tag und Nacht Wachdienst getan werden, und die Türme waren mit sehr starken Trommeln ausgerüstet. Geschah nun an irgendeiner Stelle der Grenze ein feindlicher Einbruch, so schlug der nächste Turm seine Trommel, und von Turm zu Turm flog das Trommelzeichen in kürzester Zeit durch das ganze Land.

Lange Zeit war König Yu mit dieser klugen und verdienstvollen Einrichtung beschäftigt, hatte Unterredungen mit seinen Fürsten, hörte die Berichte der Baumeister, ordnete das Einexerzieren des Wachdienstes an. Nun hatte er aber eine Lieblingsfrau mit Namen Bau Si, eine schöne Frau, die es verstand, sich mehr Einfluß auf Herz und Sinn des Königs zu verschaffen, als für einen Herrscher und sein Reich gut ist. Bau Si verfolgte gleich ihrem Herrn die Arbeiten an der Grenze mit großer Neugier und Teilnahme, so wie zuweilen ein lebhaftes und kluges Mädchen den Spielen der Knaben mit Bewunderung und Eifer zusieht. Einer der Baumeister hatte ihr, um die Sache recht anschaulich zu machen, von dem Grenzschutz ein zierliches Modell aus Ton verfertigt, bemalt und gebrannt; da war die Grenze dargestellt und das System von Türmen, und in jedem der kleinen zierlichen Tontürme stand ein unendlich kleiner tönerner Wächter, und statt der Trommel war ein kleinwinziges Glöckchen eingehängt. Dieses hübsche Spielzeug machte der Königsfrau unendliches Vergnügen, und wenn sie zuweilen schlechter Laune war, so schlugen ihre Dienerinnen ihr meistens vor, »Barbarenüberfall« zu spielen. Dann stellten sie alle die Türmchen auf, zogen an den Zwergglöckchen und wurden dabei sehr vergnügt und ausgelassen.

Es war ein großer Tag in des Königs Leben, als endlich die Bauten fertig, die Trommeln aufgestellt und ihre Bediener eingedrillt waren und als nun nach vorheriger Verabredung an einem glückbringenden Kalendertag der neue Grenzschutz auf die Probe gestellt wurde. Der König, stolz auf seine Taten, war voll Spannung; die Hofbeamten standen zum Glückwunsch bereit, am meisten von allen aber war die schöne Frau Bau Si in Erwartung und Aufregung und konnte es kaum erwarten, bis alle vorbereitenden Zeremonien und Anrufungen vollendet waren.

Endlich war es soweit, und es sollte zum erstenmal im großen und wirklichen jenes Turm- und Trommelspiel gespielt werden, das der Königsfrau so oft Vergnügen bereitet hatte. Kaum konnte sie sich zurückhalten, selbst in das Spiel einzugreifen und Befehle zu geben, so groß war ihre freudige Erregung. Mit ernstem Gesicht gab ihr der König einen Wink, und sie beherrschte sich. Die Stunde war gekommen; es sollte nun im großen und mit wirklichen Türmen, mit wirklichen Trommeln und Menschen »Barbarenüberfall« gespielt werden, um zu sehen, wie alles sich bewähre. Der König gab das Zeichen, der erste Hofbeamte übergab den Befehl dem Hauptmann der Reiterei, der Hauptmann ritt vor den ersten Wachturm und gab Befehl, die Trommel zu rühren. Gewaltig dröhnte der tiefe Trommelton, feierlich und tief beklemmend rührte der Klang an jedes Ohr. Bau Si war vor Erregung bleich geworden und fing zu zittern an. Gewaltig sang die große Kriegstrommel ihren rauhen Erdbebengesang, einen Gesang voll Mahnung und Drohung, voll von Zukünftigem, von Krieg und Not, von Angst und Untergang. Alle hörten ihn mit Ehrfurcht. Nun begann er zu verklingen, da hörte man vom nächsten Turm die Antwort, fern und schwach und rasch ersterbend, und dann hörte man nichts mehr, und nach einer kleinen Weile nahm das feierliche Schweigen ein Ende, man sprach wieder, man ging auf und ab und begann sich zu unterhalten.

Unterdessen lief der tiefe, drohende Trommelklang vom zweiten zum dritten und zehnten und dreißigsten Turm, und wo er hörbar wurde, mußte nach strengem Befehl jeder Soldat alsbald bewaffnet und mit gefülltem Brotbeutel am Treffpunkt antreten, mußte jeder Hauptmann und Oberst, ohne einen Augenblick zu verlieren, den Abmarsch rüsten und aufs äußerste beschleunigen, mußte gewisse vorbestimmte Befehle ins Innere des Landes senden. Überall wo der Trommelklang gehört worden war, wurden Arbeit und Mahlzeit, Spiel und Schlaf unterbrochen, wurde gepackt, wurde gesattelt, gesammelt, marschiert und geritten. In kürzester Frist waren aus allen Nachbarbezirken eilige Truppen unterwegs zur Residenz Fong.

In Fong, inmitten des Hofes, hatte die Ergriffenheit und Spannung, welche beim Ertönen der furchtbaren Trommel sich jedes Gemüts bemächtigt hatte, bald wieder nachgelassen. Angeregt und plaudernd bewegte man sich in den Gärten der Residenz, die ganze Stadt hatte Feiertag, und als nach weniger als drei Stunden schon von zwei Seiten her kleine und größere Kavalkaden sich näherten, und dann von Stunde zu Stunde neue eintrafen, was den ganzen Tag und die beiden folgenden Tage andauerte, ergriff den König, die Beamten und Offiziere eine immer wachsende Begeisterung. Der König wurde mit Ehrungen und Glückwünschen überhäuft, die Baumeister bekamen ein Gastmahl, und der Trommler von Turm 1, der den ersten Trommelschlag getan hatte, wurde vom Volk bekränzt, in den Straßen umhergeführt und von jedermann beschenkt.

Völlig hingerissen und wie berauscht aber war jene Frau des Königs, Bau Si. Herrlicher als sie es sich je hatte vorzustellen vermögen, war ihr Türmchen-und-Glöckchen-Spiel Wirklichkeit geworden. Magisch war der Befehl, gehüllt in die weite Tonwelle des Trommelklangs, in das leere Land hinein entschwunden; und lebendig, lebensgroß, ungeheuer kam seine Wirkung aus den Fernen zurückgeströmt, aus dem herzbeklemmenden Geheul jener Trommel war ein Heer geworden, ein Heer von wohlbewaffneten Hunderten und Tausenden, die in stetigem Strom, in stetiger eiliger Bewegung vom Horizont her geritten und marschiert kamen: Bogenschützen, leichte und schwere Reiter, Lanzenträger erfüllten mit zunehmendem Getümmel allmählich allen Raum rund um die Stadt herum, wo sie empfangen und an ihre Standorte gewiesen, wo sie begrüßt und bewirtet wurden, wo sie sich lagerten, Zelte aufschlugen und Feuer anzündeten. Tag und Nacht dauerte es an, wie ein Märchenspuk kamen sie aus dem grauen Erdboden heraus, fern, winzig, in Staubwölkchen gehüllt, um zuletzt hier, dicht vor den Augen des Hofes und der entzückten Bau Si, in überwältigender Wirklichkeit aufgereiht zu stehen.

König Yu war sehr zufrieden, und besonders zufrieden war er mit dem Entzücken seiner Lieblingsfrau; sie strahlte vor Glück wie eine Blume und war ihm noch niemals so schön erschienen. Feste haben keine Dauer. Auch dies große Fest verklang und wich dem Alltag; keine Wunder geschahen mehr, keine Märchenträume wurden erfüllt. Müßigen und launischen Menschen scheint dies unerträglich. Bau Si verlor einige Wochen nach dem Fest alle ihre gute Laune wieder. Das kleine Spiel mit den tönernen Türmchen und den an Bindfäden gezogenen Glöcklein war so fad geworden, seit sie das große Spiel gekostet hatte. O wie berauschend war das gewesen! Und da lag nun alles bereit, das beseligende Spiel zu wiederholen; da standen die Türme und hingen die Trommeln, da zogen die Soldaten auf Wache und saßen die Trommler in ihren Uniformen, alles wartend, alles auf den großen Befehl gespannt, und alles tot und unnütz, solange der Befehl nicht kam!

Bau Si verlor ihr Lachen, sie verlor ihre strahlende Laune; mißmutig sah der König sich seiner liebsten Gespielin, seines Abendtrostes beraubt. Er mußte seine Geschenke aufs höchste steigern, um nur ein Lächeln bei ihr erreichen zu können. Es wäre nun der Augenblick für ihn gewesen, die Lage zu erkennen und die kleine süße Zärtlichkeit seiner Pflicht zu opfern. Yu aber war schwach. Daß Bau Si wieder lache, schien ihm wichtiger als alles andre.

So erlag er ihrer Versuchung, langsam und unter Widerstand, aber er erlag. Bau Si brachte ihn so weit, daß er seiner Pflicht vergaß. Tausendmal wiederholten Bitten erliegend, erfüllte er ihr den einzigen großen Wunsch ihres Herzens; er willigte ein, der Grenzwache das Signal zu geben, als sei der Feind in Sicht. Alsbald erklang die tiefe, erregende Stimme der Kriegstrommel. Furchtbar schien sie diesmal dem König zu tönen, und auch Bau Si erschrak bei dem Klang. Dann aber wiederholte sich das ganze entzückende Spiel: es tauchten am Rand der Welt die kleinen Staubwolken auf, es kamen die Truppen geritten und marschiert, drei Tage lang, es verneigten sich die Feldherrn, es schlugen die Soldaten ihre Zelte auf. Bau Si war selig, ihr Lachen strahlte. König Yu aber hatte schwere Stunden. Er mußte bekennen, daß kein Feind ihn überfallen habe, daß alles ruhig sei. Er suchte zwar den falschen Alarm zu rechtfertigen, indem er ihn als eine heilsame Übung erklärte. Es wurde ihm nicht widersprochen, man verbeugte sich und nahm es hin. Aber es sprach sich unter den Offizieren herum, man sei auf einen treulosen Streich des Königs hereingefallen, nur seiner Buhlfrau zuliebe habe er die ganze Grenze alarmiert und sie alle in Bewegung gesetzt, alle die Tausende. Und die meisten Offiziere wurden unter sich einig, einem solchen Befehl künftig nicht mehr zu folgen. Inzwischen gab der König sich Mühe, den verstimmten Truppen durch reichliche Bewirtung die Laune zu heilen. So hatte Bau Si ihr Ziel erreicht.

Noch ehe sie aber von neuem in Launen verfallen und das gewissenlose Spiel abermals erneuern konnte, traf ihn und sie die Strafe. Die Barbaren im Westen, vielleicht zufällig, vielleicht auch weil die Kunde von jener Geschichte zu ihnen gedrungen war, kamen eines Tages plötzlich in großen Schwärmen über die Grenze geritten. Unverzüglich gaben die Türme ihr Zeichen, dringlich mahnte der tiefe Trommelklang und lief bis zur fernsten Grenze. Aber das vortreffliche Spielzeug, dessen Mechanik so sehr zu bewundern war, schien jetzt zerbrochen zu sein – wohl tönten die Trommeln, nichts aber tönte diesmal in den Herzen der Soldaten und Offiziere des Landes. Sie folgten der Trommel nicht, und vergebens spähte der König mit Bau Si nach allen Seiten; nirgends erhoben sich Staubwolken, nirgendher kamen die kleinen grauen Züge gekrochen, niemand kam ihm zu Hilfe.

Mit den wenigen Truppen, welche gerade vorhanden waren, eilte der König den Barbaren entgegen. Aber diese waren in großer Zahl; sie schlugen die Truppen, sie nahmen die Residenz Fong ein, sie zerstörten den Palast, zerstörten die Türme. König Yu verlor sein Reich und sein Leben, und nicht anders erging es seiner Lieblingsfrau Bau Si, von deren verderblichem Lachen noch heute die Geschichtsbücher erzählen.

Fong wurde zerstört, das Spiel war Ernst geworden. Es gab kein Trommelspiel mehr, und keinen König Yu, und keine lachende Frau Bau Si, Yus Nachfolger, König Ping, fand keinen andern Ausweg, als daß er Fong aufgab und die Residenz weit nach Osten verlegte; er mußte die künftige Sicherheit seiner Herrschaft durch Bündnisse mit Nachbarfürsten und durch Abtretung großer Landstrecken an diese erkaufen.

(1929)

Vogel

Vogel lebte in früheren Zeiten in der Gegend des Montagsdorfes. Er war weder besonders bunt noch sang er besonders schön, noch war er etwa groß und stattlich; nein, die ihn noch gesehen haben, nennen ihn klein, ja winzig. Er war auch nicht eigentlich schön, eher war er sonderbar und fremdartig, er hatte eben das Sonderbare und Großartige an sich, was alle jene Tiere und Wesen an sich haben, welche keiner Gattung noch Art angehören. Er war nicht Habicht noch Huhn, er war nicht Meise noch Specht noch Fink, er war der Vogel vom Montagsdorf, es gab nirgends seinesgleichen, es gab ihn nur dieses eine Mal, und man wußte von ihm seit Urzeiten und Menschengedenken, und wenn auch nur die Leute der eigentlichen Montagsdörfer Gegend ihn wirklich kannten, so wußte doch auch weithin die Nachbarschaft von ihm, und die Montagsdörfler wurden, wie jeder, der etwas ganz Besonderes zu eigen hat, manchmal auch mit ihm gehänselt. »Die Leute vom Montagsdorf«, hieß es, »haben eben ihren Vogel.« Über Careno bis nach Morbio und weiter wußte man von ihm und erzählte Geschichten von ihm. Aber wie das oft so geht: erst in neuerer Zeit, ja eigentlich erst seit er nicht mehr da ist, hat man versucht, ganz genaue und zuverlässige Auskünfte über ihn zu bekommen, viele Fremde fragten nach ihm, und schon mancher Montagsdörfler hat sich von ihnen mit Wein bewirten und ausfragen lassen, bis er endlich gestand, daß er selber den Vogel nie gesehen habe. Aber hatte auch nicht jeder mehr ihn gesehen, so hatte doch jeder mindestens noch einen gekannt, der Vogel einmal oder öfter gesehen und von ihm erzählt hatte. Das alles wurde nun ausgeforscht und aufgeschrieben, und es war sonderbar, wie verschieden alle die Berichte und Beschreibungen lauteten, sowohl über Aussehen, Stimme und Flug des Vogels wie über seine Gewohnheiten und über die Art seines Umganges mit den Menschen.

In früheren Zeiten soll man Vogel viel öfter gesehen haben, und wem er begegnete, der hatte immer eine Freude, es war jedesmal ein Erlebnis, ein Glücksfall, ein kleines Abenteuer, so wie es ja auch für Freunde der Natur schon ein kleines Erlebnis und Glück ist, wenn sie je und je einen Fuchs oder Kuckuck zu Gesicht bekommen und beobachten können. Es ist dann, wie wenn für Augenblicke entweder die Kreatur ihre Angst vor dem mörderischen Menschen verloren hätte, oder wie wenn der Mensch selbst wieder in die Unschuld eines vormenschlichen Lebens einbezogen wäre. Es gab Leute, welche wenig auf Vogel achteten, wie es auch Leute gibt, die sich aus dem Fund eines ersten Enzians und aus der Begegnung mit einer alten klugen Schlange wenig machen, andre aber liebten ihn sehr, und jedem war es eine Freude und Auszeichnung, wenn er ihm begegnete. Gelegentlich, wenn auch selten, hörte man die Meinung aussprechen, er sei vielleicht eher schädlich oder doch unheimlich: wer ihn erblickt habe, der sei eine Zeitlang so aufgeregt und träume nachts viel und unruhig, und spüre etwas wie Unbehagen oder Heimweh im Gemüt. Andre stellten das durchaus in Abrede und sagten, es gebe kein köstlicheres und edleres Gefühl als jenes, das Vogel nach jeder Begegnung hinterlasse, es sei einem dann ums Herz wie nach dem Sakrament oder wie nach dem Anhören eines schönen Liedes, man denke an alles Schöne und Vorbildliche und nehme sich im Innern vor, ein anderer und besserer Mensch zu werden.

Ein Mann namens Schalaster, ein Vetter des bekannten Sehuster, der manche Jahre Bürgermeister des Montagsdorfes war, kümmerte sich zeitlebens besonders viel um Vogel. Jedes Jahr, erzählte er, sei er ihm ein oder zwei oder auch mehrere Male begegnet, und es sei ihm dann jedesmal tagelang sonderbar zumute gewesen, nicht eigentlich fröhlich, aber eigentümlich bewegt und erwartungs- oder ahnungsvoll, das Herz schlage an solchen Tagen anders als sonst, beinahe tue es ein klein wenig weh, auf jeden Fall spüre man es in der Brust, während man ja sonst kaum wisse, daß man ein Herz habe. Überhaupt, meinte Schalaster gelegentlich, wenn er darauf zu sprechen kam, es sei eben doch keine Kleinigkeit, diesen Vogel in der Gegend zu haben, man dürfe wohl stolz auf ihn sein, er sei eine große Seltenheit, und man sollte meinen: ein Mensch, dem sich dieser geheimnisvolle Vogel öfter als anderen zeige, der habe wohl etwas Besonderes und Höheres in sich.

(Über Schalaster sei für den Leser der höher gebildeten Stände bemerkt: Er war der Kronzeuge und die vielzitierte Hauptquelle jener eschatologischen Deutung des Vogel-Phänomens, welche inzwischen schon wieder in Vergessenheit geraten ist; außerdem war Schalaster nach dem Verschwinden Vogels der Wortführer jener kleinen Partei im Montagsdorfe, welche unbedingt daran glaubte, daß Vogel noch am Leben sei und sich wieder zeigen werde.)

»Als ich ihn das erstemal gesehen habe«, berichtete Schalaster[1], »war ich ein kleiner Knabe und ging noch nicht in die Schule. Hinter unserem Haus im Obstgarten war gerade das Gras geschnitten und ich stand bei einem Kirschenbaum, der einen niederen Ast bis zu mir herunterhangen hatte, und sah mir die harten grünen Kirschen an, da flog Vogel aus dem Baum herunter, und ich merkte gleich, daß er anders sei als die Vögel, die ich sonst gesehen hatte, und er setzte sich in die Grasstoppeln und hüpfte da herum; ich lief ihm neugierig und bewundernd durch den ganzen Garten nach, er sah mich öfter aus seinen Glanzaugen an und hüpfte wieder weiter, es war, wie wenn einer für sich allein tanzt und singt, ich merkte ganz gut, daß er mich damit locken und mir eine Freude machen wolle. Am Hals hatte er etwas Weißes. Er tanzte auf dem Grasplan hin bis zum hinteren Zaun, wo die Brennesseln stehen, über die schwang er sich weg und setzte sich auf einen Zaunpfahl, zwitscherte und sah mich noch einmal sehr freundlich an, dann war er so plötzlich und unversehens wieder verschwunden, daß ich ganz erschrak. Auch später habe ich das oft bemerkt: kein andres Tier vermag so blitzschnell und immer im Augenblick, wo man nicht darauf gefaßt ist, zu erscheinen und wieder zu

1 Siehe Avis montagnolens. res. gestae ex recens. Ninonis p. 285 ff.

verschwinden wie Vogel. Ich lief hinein und zur Mutter und erzählte ihr, was mir geschehen war, da sagte sie gleich, das sei der Vogel ohne Namen, und es sei gut, daß ich ihn gesehen habe, es bringe Glück.«

Schalaster beschreibt, hierin von manchen anderen Schilderungen etwas abweichend, Vogel als klein, kaum größer als ein Zaunkönig, und das winzigste an ihm sei sein Kopf, ein wunderlich kleines, kluges und bewegliches Köpfchen, er sehe unscheinbar aus, man kenne ihn aber sofort an seinem graublonden Schopf und daran, daß er einen anschaue, das täten andere Vögel nie. Der Schopf sei, wenn auch weit kleiner, dem eines Hähers ähnlich und wippe oft lebhaft auf und ab, überhaupt sei Vogel sehr beweglich, im Flug wie auch zu Fuße, seine Bewegungen seien geschmeidig und ausdrucksvoll; es scheine immer, als habe er mit den Augen, dem Kopfnicken, dem Schopfrücken, mit Gang und Flug etwas mitzuteilen, einen an etwas zu erinnern, er erscheine immer wie im Auftrag, wie ein Bote, und so oft man ihn gesehen habe, müsse man eine Zeitlang an ihn denken und über ihn nachsinnen, was er wohl gewollt habe und bedeute. Auskundschaften und belauern lasse er sich nicht gern, nie wisse man, woher er komme, immer sei er ganz plötzlich da, sitze in der Nähe und tue, als sei er da immer gesessen, und dann habe er diesen freundlichen Blick. Man wisse doch, daß die Vögel sonst harte, scheue und glasige Augen haben und einen nicht anschauen, er aber blicke ganz heiter und gewissermaßen wohlwollend.

Von alters her gab es über Vogel auch verschiedene Gerüchte und Sagen. Heute hört man ja seltener von ihm sprechen, die Menschen haben sich verändert und das Leben ist härter geworden, die jungen Leute gehen fast alle zur Arbeit in die Stadt, die Familien sitzen nicht mehr die Sommerabende auf der Türstufe und die Winterabende am Herdfeuer beisammen, man hat zu nichts mehr Zeit, kaum kennt so ein junger Mensch von heute noch ein paar Waldblumen oder einen Schmetterling mit Namen. Dennoch hört man auch heute noch gelegentlich eine alte Frau oder einen Großvater den Kindern Vogelgeschichten erzählen. Eine von diesen Vogelsagen, vielleicht die älteste, berichtet: Vogel vom Montagsdorf sei so alt wie die Welt, er sei einstmals dabeigewesen, als Abel von seinem Bruder Kain erschlagen wurde, und habe einen Tropfen von Abels Blut getrunken, dann sei er mit der Botschaft von Abels Tod davongeflogen und teile sie heute noch den Leuten mit, damit man die Geschichte nicht vergesse und sich von ihr mahnen lasse, das Menschenleben heiligzuhalten und brüderlich miteinander zu leben. Diese Abelsage ist auch schon in alten Zeiten aufgezeichnet worden und es gibt Lieder[1] über sie, aber die Gelehrten sagen, die Sage vom Abelvogel sei zwar uralt, sie werde in vielen Ländern und Sprachen erzählt, aber auf den Vogel vom Montagsdorf sei sie wohl nur irrtümlich übertragen worden. Sie geben zu bedenken, daß es doch ungereimt wäre, wenn der vieltausendjährige Abelvogel sich später in dieser einzigen Gegend niedergelassen und nirgends sonst sich mehr gezeigt hätte.

Wir könnten nun zwar unsrerseits »zu bedenken geben«, daß es in den Sagen nicht immer so vernünftig zuzugehen braucht wie an Akademien, und könnten fragen, ob es nicht gerade die Gelehrten sind, durch welche in die Frage nach Vogel so viel Ungewißheit und Widersprüche hineingekommen sind; denn früher ist, soweit wir wissen, über Vogel und seine Sagen niemals Streit entstanden, und wenn einer über Vogel anderes erzählte als sein Nachbar, so nahm man das gelassen hin und es diente sogar Vogel zur Ehre, daß die Menschen über ihn so verschieden denken und erzählen konnten. Man könnte noch weitergehen und gegen die Gelehrten den Vorwurf erheben, sie hätten nicht nur die Ausrottung Vogels auf dem Gewissen, sondern seien durch ihre Untersuchungen jetzt auch noch bestrebt, die Erinnerung an ihn und die Sagen von ihm in nichts aufzulösen, wie ja denn das Auflösen, bis nichts übrigbleibe, zu den Beschäftigungen der Gelehrten zu gehören scheine. Allein wer von uns hätte den traurigen Mut, die Gelehrten so

1 Vgl. Hesses Gedicht »Das Lied von Abels Tod« (1929) WA 1, S. 93 f.

gröblich anzugreifen, denen doch die Wissenschaft so manches, wenn nicht alles verdankt?

Nein, kehren wir zu den Sagen zurück, welche früher über Vogel erzählt wurden und von welchen auch heute noch Reste beim Landvolk zu finden sind. Die meisten von ihnen erklärten Vogel für ein verzaubertes, verwandeltes oder verwünschtes Wesen. Auf den Einfluß der Morgenlandfahrer, in deren Geschichte die Gegend zwischen Montagsdorf und Morbio eine gewisse Rolle spielt und deren Spuren man dort allerorten antrifft, mag die Sage zurückzuführen sein, Vogel sei ein verzauberter Hohenstaufe, nämlich jener letzte große Kaiser und Magier aus diesem Geschlecht, der in Sizilien geherrscht und die Geheimnisse der arabischen Weisheit gekannt hat. Meistens hört man sagen, Vogel sei früher ein Prinz gewesen oder auch (wie z. B. Sehuster gehört haben will) ein Zauberer, welcher einst ein rotes Haus am Schlangenhügel bewohnte und in der Gegend Ansehen genoß, bis das neue Flachsenfingische Landrecht in der Gegend eingeführt wurde, wonach mancher brotlos wurde, weil das Zaubern, Versemachen, Sichverwandeln und andre solche Gewerbe für verboten erklärt und mit Infamie belegt wurden. Damals habe der Zauberer Brombeeren und Akazien um sein rotes Haus gesät, das denn auch bald in Dornen verschwand, habe sein Grundstück verlassen und sei, von den Schlangen in langem Zuge begleitet, in den Wäldern verschwunden. Als Vogel kehre er von Zeit zu Zeit wieder, um Menschenseelen zu berücken und wieder Zauberei zu üben. Nichts andres als Zauber sei natürlich der eigentümliche Einfluß, den er auf viele habe; der Erzähler wolle es dahingestellt sein lassen, ob es Zauberei von der weißen oder der schwarzen Art sei, die er treibe.

Ebenfalls auf die Morgenlandfahrer zurückzuführen sind ohne Zweifel jene merkwürdigen, auf eine Schicht mutterrechtlicher Kultur deutenden Sagenreste, in welchen die »Ausländerin«, auch Ninon genannt, eine Rolle spielt. Manche dieser Fabeleien berichten, dieser Ausländerin sei es gelungen, Vogel einzufangen und jahrelang gefangenzuhalten, bis das

Dorf sich einst empört und seinen Vogel wieder befreit habe. Es gibt aber auch das Gerücht, Ninon, die Ausländerin, habe Vogel, noch lange ehe er in Vogelgestalt verwunschen wurde, noch als Magier gekannt und habe im roten Hause mit ihm gewohnt, sie hätten dort lange schwarze Schlangen und grüne Eidechsen mit blauen Pfauenköpfen gezüchtet, und noch heute sei der Brombeerenhügel überm Montagsdorf voller Schlangen, und noch heute könne man deutlich sehen, wie jede Schlange und jede Eidechse, wenn sie über jene Stelle komme, wo einst die Schwelle zur Zauberwerkstatt des Magiers gewesen, einen Augenblick innehalte, den Kopf emporhebe und sich dann verneige. Eine längst verstorbene uralte Frau im Dorf namens Nina soll diese Version erzählt und darauf geschworen haben, sie habe oft und oft auf jenem Dornenhügel Kräuter gesucht und dabei die Nattern sich an jener Stelle verneigen sehen, wo noch jetzt der vielhundertjährige Strunk eines Rosenbäumchens den Eingang zum einstigen Zaubererhaus bezeichne. Dagegen versichern andre Stimmen auf das bestimmteste, Ninon habe mit dem Zauberer nicht das mindeste zu tun gehabt, sie sei erst viel, viel später im Gefolge der Morgenlandfahrer in diese Gegend gekommen, als Vogel längst ein Vogel gewesen sei.

Noch ist kein volles Menschenalter hingegangen, seit Vogel zuletzt gesehen worden ist. Aber die alten Leute sterben so unversehens weg, auch der »Baron« ist jetzt tot und auch der vergnügte Mario geht längst nicht mehr so aufrecht einher, wie wir ihn gekannt haben, und eines Tages wird plötzlich keiner mehr dasein, der die Vogelzeit noch miterlebt hat, darum wollen wir, so verworren sie scheint, die Geschichte aufzeichnen, wie es mit Vogel stand und wie es dann mit ihm ein Ende genommen hat.

Liegt auch das Montagsdorf ziemlich abseits und sind die stillen kleinen Waldschluchten jener Gegend nicht vielen bekannt, wo der Milan den Wald regiert und der Kuckuck allerenden ruft, so sind doch des öfteren auch Fremde Vogels ansichtig und mit seinen Legenden bekannt geworden; der Maler Klingsor soll lange in einer Palastruine dort gehaust haben, die Schlucht von Morbio wurde durch den Morgenlandfahrer Leo bekannt (von ihm soll übrigens, nach einer eher absurden Variante der Sage, Ninon das Rezept des Bischofsbrotes erhalten haben, mit dem sie Vogel fütterte und wodurch sie ihn zähmte). Kurz, es sprach sich über unsre jahrhundertelang so unbekannte und unbescholtene Gegend manches in der Welt herum, und es gab fern von uns in Großstädten und an Hochschulen Leute, welche Dissertationen über den Weg Leos nach Morbio schrieben und sich sehr für die verschiedenen Erzählungen vom Montagsdörfer Vogel interessierten. Es wurde dabei allerlei Voreiliges gesagt und geschrieben, das die ernstere Sagenforschung wieder auszumerzen bemüht ist. Unter andrem tauchte mehr als einmal die absurde Behauptung auf, Vogel sei identisch mit dem bekannten Piktorvogel, welcher in Beziehungen zum Maler Klingsor stand und die Gabe der Verwandlung sowie viel geheimes Wissen besaß. Aber jener durch Piktor bekanntgewordene »Vogel rot und grün, ein Vogel schön und kühn« ist in den Quellen[1] so genau beschrieben, daß man die Möglichkeit einer solchen Verwechslung kaum begreift.

Und endlich spitzte sich dieses Interesse der gelehrten Welt für uns Montagsdörfler und unsern Vogel, und damit zugleich die Geschichte Vogels folgendermaßen zu. Es lief eines Tages bei unsrem damaligen Bürgermeister, es war der schon erwähnte Sehuster, ein Schreiben seiner vorgesetzten Behörde ein des Inhalts, durch seine H. G., den Herrn Gesandten des Ostgotischen Kaiserreichs werde, im Auftrage von Geheimrat Lützkenstett dem Vielwissenden, dem dasigen Bürgermeisteramt folgendes mitgeteilt und zur Bekanntmachung in seiner Gemeinde dringlich empfohlen: Ein gewisser Vogel ohne Namen, in mundartlichen Redewendungen als »Vogel vom Montagsdorf« bezeichnet, werde unter Unterstützung des Kultusministeriums von Geheimrat Lützkenstett erforscht und

---

1 Pictoris cuiusdam de mutationibus, Bibl. av. Montagn. codex LXI.

gesucht. Wer Mitteilungen über den Vogel, seine Lebensweise, seine Nahrung, über die von ihm handelnden Sprichwörter, Sagen usw. zu machen habe, möge sie durch das Bürgermeisteramt an die Kaiserlich Ostgotische Gesandtschaft in Bern richten. Ferner: wer genanntem Bürgermeisteramt, zur Übermachung an ebenjene Gesandtschaft, fraglichen Vogel lebendig und gesund einliefere, solle dafür eine Belohnung von tausend Dukaten in Gold bekommen; für den toten Vogel hingegen oder seinen wohlerhaltenen Balg käme nur eine Entlohnung von hundert Dukaten in Betracht.

Lange saß der Bürgermeister und studierte dieses amtliche Schreiben. Es schien ihm unbillig und lächerlich, zu was allem die Behörden sich da wieder hergaben. Wäre ihm, Sehustern, dieses selbe Ansinnen von seiten des gelehrten Goten selber oder auch von seiten der ostgotischen Gesandtschaft zugegangen, so hätte er es unbeantwortet vernichtet, oder er hätte den Herren kurz angedeutet, für solche Spielereien sei Bürgermeister Sehuster nicht zu haben und sie möchten ihm freundlichst in die Schuhe blasen. So aber kam das Ansinnen von seiner eigenen Behörde, es war ein Befehl, und dem Befehl mußte er Folge leisten. Auch der alte Gemeindeschreiber Balmelli, nachdem er das Schreiben mit weitsichtigen Augen und lang ausgestreckten Armen gelesen, unterdrückte das spöttische Lächeln, dessen ihm diese Affäre würdig schien, und stellte fest: »Wir müssen gehorchen, Herr Sehuster, es hilft nichts. Ich werde den Text für einen öffentlichen Anschlag aufsetzen.«

Nach einigen Tagen erfuhr es also die ganze Gemeinde durch Anschlag am Rathausbrett: Vogel war vogelfrei, das Ausland begehrte ihn und setzte Preise auf seinen Kopf, Eidgenossenschaft und Kanton hatten es unterlassen, den sagenhaften Vogel in Schutz zu nehmen, wie immer kümmerten sie sich den Teufel um den kleinen Mann und das, was ihm lieb und wert ist. Dies war wenigstens die Meinung Balmellis und vieler. Wer den armen Vogel fangen oder totschießen wollte, dem winke hoher Lohn, und wem es gelang, der war ein wohlhabender Mann. Alle sprachen davon, alle standen beim Rathaus, drängten sich um das Anschlagbrett und äußerten sich lebhaft. Die jungen Leute waren höchst vergnügt, sie beschlossen alsbald Fallen zu stellen und Ruten zu legen. Die alte Nina schüttelte den greisen Sperberkopf und sagte: »Es ist eine Sünde, und der Bundesrat sollte sich schämen. Sie würden den Heiland selber ausliefern, diese Leute, wenn es Geld einbrächte. Aber sie kriegen ihn nicht, Gott sei Dank, sie kriegen ihn nicht!«

Ganz still verhielt sich Schalaster, des Bürgermeisters Vetter, als auch er den Anschlag gelesen hatte. Er sagte kein Wort, las sehr aufmerksam ein zweites Mal, unterließ darauf den Kirchgang, den er an jenem Sonntagmorgen im Sinn gehabt hatte, schritt langsam gegen das Haus des Bürgermeisters, trat in dessen Garten, besann sich plötzlich eines andern, kehrte um und lief nach Hause.

Schalaster hatte zeitlebens zu Vogel ein besonderes Verhältnis gehabt. Er hatte ihn öfter als andre gesehen und besser beobachtet, er gehörte, wenn man so sagen darf, zu denen, welche an Vogel glaubten, ihn ernst nahmen und eine Art von höherer Bedeutung zuschrieben. Darum wirkte auf diesen Mann die Bekanntmachung sehr heftig und sehr zwiespältig. Im ersten Augenblick freilich empfand er nichts anderes als die alte Nina und als die meisten bejahrten und ans Hergebrachte anhänglichen Bürger: er war erschrocken und war empört darüber, daß auf ausländisches Begehren hin sein Vogel, ein Schatz und Wahrzeichen von Dorf und Gegend, sollte ausgeliefert und gefangen oder getötet werden! Wie, dieser seltene und geheimnisvolle Gast aus den Wäldern, dieses märchenhafte, seit alters bekannte Wesen, wegen dessen das Montagsdorf berühmt und auch bespöttelt worden war und von dem es so mancherlei Erzählungen und Sagen vererbte – dieser Vogel sollte um Geldes und der Wissenschaft willen der mörderischen Neugierde eines Gelehrten hingeopfert werden? Es schien unerhört und schlechthin undenkbar. Es war ein Sakrileg, wozu man da aufgefordert wurde. Indessen jedoch andrerseits, wenn man alles erwog und dies und jenes in diese und jene Waagschale warf: war nicht demjenigen, der das Sakrileg vollzöge, ein außerordentliches und glänzendes Schicksal zugesagt? Und bedurfte es, um des gepriesenen Vogels habhaft zu werden, nicht vermutlich eines besonderen, auserwählten und von lange her vorbestimmten Mannes, eines, der schon von Kindesbeinen an in einem geheimeren und vertrauteren Umgang mit Vogel stand und in dessen Schicksale verflochten war? Und wer konnte dieser auserwählte und einzigartige Mann sein, wer anders als er, Schalaster? Und wenn es ein Sakrileg und ein Verbrechen war, sich an Vogel zu vergreifen, ein Sakrileg vergleichbar dem Verrat des Judas Ischariot am Heilande – war denn nicht ebendieser Verrat, war nicht des Heilands Tod und Opferung notwendig und heilig und seit den ältesten Zeiten vorbestimmt und prophezeit gewesen? Hätte es, so fragte Schalaster sich und die Welt, hätte es das geringste genützt, hätte es Gottes Ratschluß und Erlösungswerk etwa im mindesten ändern oder hindern können, wenn jener Ischariot sich aus Moral- und Vernunftgründen seiner Rolle entzogen und des Verrats geweigert hätte?

Solche Wege etwa liefen die Gedanken Schalasters, und sie wühlten ihn gewaltig auf. In demselben heimatlichen Obstgarten, wo er einst als kleiner Knabe Vogel zum erstenmal erblickt und den wunderlichen Glücksschauer dieses Abenteuers gespürt hatte, wandelte er jetzt auf der Rückseite seines Hauses unruhig auf und nieder, am Ziegenstall, am Küchenfenster, am Kaninchenverschlag vorbei, mit dem Sonntagsrock die an der Scheunenrückwand aufgehängten Heurechen, Gabeln und Sensen streifend, von Gedanken, Wünschen und Entschlüssen bis zur Trunkenheit erregt und benommen, schweren Herzens, an jenen Judas denkend, tausend schwere Traumdukaten im Sack.

Inzwischen ging im Dorfe die Aufregung weiter. Dort hatte sich seit dem Bekanntwerden der Nachricht fast die ganze Gemeinde vor dem Rathaus versammelt, von Zeit zu Zeit trat einer ans Brett, um den Anschlag nochmals anzustarren, alle brachten ihre Meinungen und Absichten kraftvoll und mit gutgewählten Beweisen aus Erfahrung, Mutterwitz und Heiliger

Schrift zum Ausdruck, nur wenige gab es, welche nicht vom ersten Augenblick an ja oder nein zu diesem Anschlag sagten, der das ganze Dorf in zwei Lager spaltete. Wohl ging es manchem so wie Schalastern, daß er nämlich die Jagd auf Vogel scheußlich fand, die Dukaten indessen doch gern gehabt hätte, allein es war nicht eines jeden Sache, diesen Zwiespalt so sorgfältig und kompliziert in sich zum Austrag zu bringen. Die jungen Burschen nahmen es am leichtesten. Moralische oder heimatschützlerische Bedenken konnten ihre Unternehmungslust nicht anfechten. Sie meinten, man müsse es mit Fallen probieren, vielleicht habe man Glück und erwische den Vogel, wenn auch die Hoffnung vielleicht nicht groß sei, man wisse ja nicht, mit welchen Ködern Vogel zu locken sei. Bekäme ihn aber einer zu Gesicht, so tue er wohl daran, unverzüglich zu schießen, denn schließlich seien hundert Dukaten im Beutel immerhin besser als tausend in der Einbildung. Laut wurde ihnen zugestimmt, sie genossen ihre Taten im voraus und stritten sich schon über die Einzelheiten der Vogeljagd. Man solle ihm ein gutes Gewehr geben, schrie einer, und eine kleine Anzahlung von einem halben Dukaten, so sei er bereit, sofort loszuziehen und den ganzen Sonntag zu opfern. Die Gegner aber, zu denen fast alle älteren Leute gehörten, fanden das alles unerhört und riefen oder murmelten Sprüche der Weisheit und Verwünschungen über dies Volk von heute, dem nichts mehr heilig und Treu und Glauben abhanden gekommen sind. Ihnen erwiderten lachend die Jungen, daß es sich hier nicht um Treu und Glauben handle, sondern um das Schießenkönnen, und daß sich ja immer die Tugend und Weisheit bei jenen finde, deren halbblinde Augen auf keine Vögel mehr zielen und deren Gichtfinger keine Flinte mehr halten könnten. Und so ging es munter hin und wider, und das Volk übte seinen Witz an dem neuen Problem, beinah hätten sie die Mittags- und Essensstunde vergessen. In mehr oder weniger naher Beziehung zu Vogel berichteten sie leidenschaftlich und beredt von Erfolgen und von Mißerfolgen in ihren Familien, erinnerten jedermann eindringlich an den seligen Großvater Nathanael, an den alten

Schuster, an den sagenhaften Durchmarsch der Morgenlandfahrer, führten Verse aus dem Gesangbuch und gute Stellen
aus Opern an, fanden einander unausstehlich und konnten sich
doch voneinander nicht trennen, beriefen sich auf Wahlsprüche
und Erfahrungssätze ihrer Vorfahren, hielten Monologe über
frühere Zeiten, über den verstorbenen Bischof, über durchlit-
tene Krankheiten. Ein alter Bauer z. B. wollte während eines
schweren Leidens vom Krankenlager aus durchs Fenster Vogel
erblickt haben, nur einen Augenblick, aber von diesem Augenblick an sei es ihm bessergegangen. Sie redeten, teils jeder für
sich und an innere Gesichte hingegeben, teils den Dorfgenossen
zugewendet, werbend oder anklagend, zustimmend oder ver-
höhnend, sie hatten im Streit wie in der Einigkeit ein wohltuendes Gefühl von der Stärke, dem Alter, dem ewigen Bestand
ihrer Zusammengehörigkeit, kamen sich alt und klug, kamen
sich jung und klug vor, hänselten einander, verteidigten mit
Wärme und vollem Recht die guten Sitten der Väter, zogen
mit Wärme und vollem Recht die guten Sitten der Väter in
Zweifel, pochten auf ihre Vorfahren, lächelten über ihre Vorfahren, rühmten ihr Alter und ihre Erfahrung, rühmten ihre
Jugend und ihren Übermut, ließen es bis nahe zur Prügelei
kommen, brüllten, lachten, kosteten Gemeinschaft und Rei-
bung, wateten alle bis zum Halse in der Überzeugung, recht
zu haben und es den andern tüchtig gesagt zu haben.

Mitten in diesen Redeübungen und Parteibildungen, während
gerade die neunzigjährige Nina ihren blonden Enkel beschwor,
seiner Ahnen zu gedenken und sich doch nicht dieser gottlosen
und grausamen, dazu gefährlichen Vogeljagd anzuschließen,
und während die Jungen ehrfurchtslos vor ihrem greisen Angesicht eine Jagdpantomime aufführten, imaginäre Büchsen an
ihre Wangen legten, mit eingekniffenem Auge zielten und dann
piff, paff! schrien, da ereignete sich etwas so ganz Unerwartetes,
daß alt und jung mitten im Wort verstummten und wie versteinert stehenblieben. Auf einen Ausruf des alten Balmelli hin
folgten alle Blicke der Richtung seines ausgestreckten Armes
und Fingers, und sie sahen, in plötzlich eingetretnem tiefen

264

Schweigen, wie vom Dach des Rathauses sich Vogel, der vielbesprochene Vogel, herabschwang, auf der Kante des Anschlagbrettes sich niedersetzte, den runden kleinen Kopf am Flügel rieb, den Schnabel wetzte und eine kurze Melodie zwitscherte, wie er mit dem flinken Schwänzchen auf und niederwippend Triller schlug, wie er das Schöpfchen in die Höhe sträubte und sich, den manche von den Dorfleuten nur vom Hörensagen kannten, vor aller Augen eine ganze Weile putzte und zeigte und den Kopf neugierig hinunterbog, als wolle auch er diesen Anschlag der Behörde lesen und erfahren, wie viele Dukaten auf ihn geboten seien. Es mochten vielleicht bloß ein paar Augenblicke sein, daß er sich aufhielt, es kam aber allen wie ein feierlicher Besuch und eine Herausforderung vor, und niemand machte jetzt piff, paff!, sondern sie standen alle und staunten bezaubert auf den kühnen Gast, der da zu ihnen geflogen gekommen war und diesen Ort und Augenblick sichtlich nur gewählt hatte, um sich über sie lustig zu machen. Verwundert und verlegen glotzten sie auf ihn, der sie so überrascht hatte, beseligt und mit Wohlwollen starrten sie den feinen kleinen Burschen an, von welchem da eben soviel gesprochen worden, wegen dessen ihre Gegend berühmt war, der einst ein Zeuge von Abels Tod oder ein Hohenstaufe oder Prinz oder Zauberer gewesen war und in einem roten Haus am Schlangenhügel gewohnt hatte, dort wo noch jetzt die vielen Nattern lebten, ihn, der die Neugierde und Habgier ausländischer Gelehrter und Großmächte erweckt hatte, ihn, auf dessen Gefangennahme ein Preis von tausend Goldstücken gesetzt war. Sie bewunderten und liebten ihn alle sehr, auch die, welche schon eine Sekunde später vor Ärger fluchten und stampften, daß sie nicht ihr Jagdgewehr bei sich gehabt hätten, sie liebten ihn und waren auf ihn stolz, er gehörte ihnen, er war ihr Ruhm, ihre Ehre, er saß, mit dem Schwanze wippend, mit gesträubtem Schöpfchen, dicht über ihren Köpfen auf der Brettkante wie ihr Fürst oder ihr Wappen. Und erst als er plötzlich entschwunden und die von allen angestarrte Stelle leer war, erwachten sie langsam aus der Bezauberung, lachten einander zu, riefen bravo, priesen den Vogel hoch, schrien nach Flinten, fragten, nach welcher Richtung er entflogen sei, erinnerten sich, daß dies derselbe Vogel sei, von dem der alte Bauer einst geheilt worden, den der Großvater der neunzigjährigen Nina schon gekannt hatte, fühlten etwas Wunderliches, etwas wie Glück und Lachlust und aber zugleich etwas wie Geheimnis, Zauber und Grausen, und fingen plötzlich alle an, auseinanderzulaufen, um zur Suppe nach Haus zu kommen und um jetzt dieser aufregenden Volksversammlung ein Ende zu machen, in welcher alle Gemütskräfte des Dorfes in Wallung gekommen waren und deren König offenbar Vogel gewesen war. Es wurde still vor dem Rathaus, und als eine Weile später das Mittagsläuten anhob, lag der Platz leer und ausgestorben, und auf das weiße besonnte Papier des Anschlags sank langsam Schatten herab, der Schatten der Leiste, auf welcher eben noch Vogel gesessen war.

Schalaster schritt unterdessen, in Gedanken versunken, hinter seinem Hause auf und ab, an den Rechen und Sensen, am Kaninchen- und am Ziegenstall vorbei; seine Schritte waren allmählich ruhig und gleichmäßig geworden, seine theologischen und moralischen Erwägungen kamen immer näher zum Gleichgewicht und Stillstand. Die Mittagsglocke weckte ihn, leicht erschrocken und ernüchtert kehrte er zum Augenblick zurück, erkannte den Glockenruf, wußte, daß nun sogleich die Stimme seiner Frau ihn zum Essen rufen werde, schämte sich ein klein wenig seiner Versponnenheit und trat härter mit den Stiefeln auf. Und jetzt, gerade in dem Augenblick, da die Stimme seiner Frau sich erhob, um die Dorfglocke zu bestätigen, war es ihm mit einemmal, als flimmere es ihm vor den Augen. Ein schwirrendes Geräusch pfiff dicht an ihm vorbei und etwas wie ein kurzer Luftzug, und im Kirschbaum saß Vogel, saß leicht wie eine Blüte am Zweig und wippte spielend mit seinem Federschopf, drehte das Köpfchen, piepte leise, schaute dem Mann in die Augen, er kannte den Vogelblick seit seinen Kinderjahren, und war schon wieder aufgehüpft und durch Gezweig und Lüfte entschwunden, noch ehe der starr

266

blickende Schalaster Zeit gehabt hatte, das Schnellerwerden seines Herzschlags richtig zu spüren.

Von dieser sonntäglichen Mittagsstunde an, in welcher Vogel auf Schalasters Kirschbaum saß, ist er nur noch ein einziges Mal von einem Menschen erblickt worden, und zwar nochmals von ebendiesem Schalaster, dem Vetter des damaligen Bürgermeisters. Er hatte es sich fest vorgenommen, Vogels habhaft zu werden und die Dukaten zu bekommen, und da er, der alte Vogelkenner, genau wußte, daß es niemals glücken würde, ihn einzufangen, hatte er eine alte Flinte instand gesetzt und sich einen Vorrat Schrot vom feinsten Kaliber verschafft, den man Vogeldunst nannte. Würde er, so war seine Rechnung, mit diesem feinen Schrot auf ihn schießen, so war es wahrscheinlich, daß Vogel nicht getötet und zerstückt herabfiele, sondern daß eins der winzigen Schrotkörnchen ihn leicht verletzen und der Schreck ihn betäuben würde. So war es möglich, ihn lebendig in die Hände zu bekommen. Der umsichtige Mann bereitete alles vor, was seinem Vorhaben dienen konnte, auch einen kleinen Singvogelkäfig zum Einsperren des Gefangenen, und von nun an gab er sich die erdenklichste Mühe, sich niemals weit von seiner stets geladenen Flinte zu entfernen. Wo immer es anging, führte er sie bei sich, und wo es nicht anging, etwa beim Kirchgang, tat es ihm leid um den Gang.

Trotzdem hatte er in dem Augenblick, da ihm Vogel wieder begegnete – es war im Herbst jene Jahres –, seine Flinte gerade nicht zur Hand. Es war ganz in der Nähe seines Hauses, Vogel war wie gewohnt lautlos aufgetaucht und hatte ihn erst, nachdem er sich niedergesetzt, mit dem vertrauten Zwitschern begrüßt; er saß vergnügt auf einem knorrigen Aststrunk der alten Weide, von welcher Schalaster stets die Zweige zum Aufbinden des Spalierobstes schnitt. Da saß er, keine zehn Schritte weit, und zwitscherte und schwatzte, und während sein Feind im Herzen noch einmal jenes wunderliche Glücksgefühl spürte (selig und weh zugleich, als würde man an ein Leben gemahnt, das zu leben man doch nicht fähig war), lief ihm zugleich der Schweiß in den Nacken vor Bangigkeit und Sorge, wie er rasch genug zu seinem Schießgewehr kommen sollte. Er wußte ja, daß Vogel niemals lange blieb. Er eilte ins Haus, kam mit der Flinte zurück, sah Vogel noch immer in der Weide sitzen und pirschte sich nun langsam und leise auftretend näher und näher zu ihm hin. Vogel war arglos, ihm machte weder die Flinte noch das wunderliche Benehmen des Mannes Sorge, eines aufgeregten Mannes mit stieren Augen, geduckten Bewegungen und schlechtem Gewissen, dem es sichtlich viel Mühe machte, den Unbefangenen zu spielen. Vogel ließ ihn nahe herankommen, blickte ihn vertraulich an, suchte ihn zu ermuntern, schaute schelmisch zu, wie der Bauer die Flinte hob, wie er ein Auge zudrückte und lange zielte. Endlich krachte der Schuß, und noch hatte das Rauchwölkchen sich nicht in Bewegung gesetzt, so lag Schalaster schon auf den Knien unter der Weide und suchte. Von der Weide bis zum Gartenzaun und zurück, bis zu den Bienenständen und zurück, bis zum Bohnenbeet und zurück suchte er das Gras ab, jede Handbreit, zweimal, dreimal, eine Stunde lang, zwei Stunden lang, und am nächsten Morgen wieder und wieder. Er konnte Vogel nicht finden, er konnte nicht eine einzige Feder von ihm finden. Er hatte sich davongemacht, es war ihm hier zu plump zugegangen, es hatte zu laut geknallt, Vogel liebte die Freiheit, er liebte die Wälder und die Stille, es hatte ihm hier nicht mehr gefallen. Fort war er, auch diesmal hatte Schalaster nicht sehen können, nach welcher Richtung er entflogen war. Vielleicht war er ins Haus am Schlangenhügel heimgekehrt, und die blaugrünen Eidechsen verneigten sich an der Schwelle vor ihm. Vielleicht war er noch weiter in die Bäume und Zeiten zurück entflohen, zu den Hohenstaufen, zu Kain und Abel, ins Paradies.

Seit jenem Tag ist Vogel nicht mehr gesehen worden. Gesprochen wurde noch viel von ihm, das ist auch heute nach allen den Jahren noch nicht verstummt, und in einer ostgotischen Universitätsstadt erschien ein Buch über ihn. Wenn in den alten Zeiten allerlei Sagen über ihn erzählt wurden, so ist er seit seinem Verschwinden selber eine Sage geworden, und bald wird niemand mehr sein, der es wird beschwören können, daß

Vogel wirklich gelebt hat, daß er einst der gute Geist seiner Gegend war, daß einst hohe Preise auf ihn ausgesetzt waren, daß einst auf ihn geschossen worden ist. Das alles wird einst, wenn in spätern Zeiten wieder ein Gelehrter diese Sage erforscht, vielleicht als Erfindung der Volksphantasie nachgewiesen und aus den Gesetzen der Mythenbildung Zug um Zug erklärt werden. Denn es ist freilich nicht zu leugnen: überall und immer wieder gibt es Wesen, die von den andern als besonders, als hübsch und anmutig empfunden und von manchen als gute Geister verehrt werden, weil sie an ein schöneres, freieres, beschwingteres Leben mahnen, als wir es führen, und überall geht es dann ähnlich: daß die Enkel sich über die guten Geister der Großväter lustig machen, daß die hübschen anmutigen Wesen eines Tages gejagt und totgeschlagen werden, daß man Preise auf ihre Köpfe oder Bälge setzt, und daß dann ein wenig später ihr Dasein zu einer Sage wird, die mit Vogelflügeln weiterfliegt.

Niemand kann sagen, welche Formen einst die Kunde von Vogel noch annehmen wird. Daß Schalaster erst in jüngster Zeit auf eine schreckliche Art verunglückt ist, höchstwahrscheinlich durch Selbstmord, sei der Ordnung wegen noch berichtet, ohne daß wir uns erlauben möchten, Kommentare daran zu knüpfen.

(1932)

*Das folgende Märchen schrieb Hesse im Alter
von 10 Jahren in Calw*:*

Die beiden Brüder

Es war einmal ein Vater, der hatte zwei Söhne. Der eine war
schön und stark, der andere klein und verkrüppelt, darum verachtete der Große den Kleinen. Das gefiel dem Jüngeren nun
gar nicht, und er beschloß, in die weite, weite Welt zu wandern.
Als er eine Strecke weit gegangen war, begegnete ihm ein Fuhrmann, und als er den fragte, wohin er fahre, sagte der Fuhrmann, er müsse den Zwergen ihre Schätze in einen Glasberg
fahren. Der Kleine fragte ihn, was der Lohn sei. Er bekam die
Antwort, er bekomme als Lohn einige Diamanten. Da wollte
der Kleine auch gern zu den Zwergen gehen. Darum fragte er
den Fuhrmann, ob er glaube, daß die Zwerge ihn aufnehmen
wollten. Der Fuhrmann sagte, das wisse er nicht, aber er nahm
den Kleinen mit sich. Endlich kamen sie an den Glasberg, und
der Aufseher der Zwerge belohnte den Fuhrmann reichlich für
seine Mühe und entließ ihn. Da bemerkte er den Kleinen und
fragte ihn, was er wolle. Der Kleine sagte ihm alles. Der Zwerg
sagte, er solle ihm nur nachgehen. Die Zwerge nahmen ihn gern
auf, und er führte ein herrliches Leben.

Nun wollen wir auch nach dem anderen Bruder sehen. Diesem
ging es lang daheim sehr gut. Aber als er älter wurde, kam er
zum Militär und mußte in den Krieg. Er wurde am rechten Arm
verwundet und mußte betteln. So kam der Arme auch einmal an
den Glasberg und sah einen Krüppel dastehen, ahnte aber
nicht, daß es sein Bruder sei. Der aber erkannte ihn gleich und
fragte ihn, was er wolle. »O mein Herr, ich bin an jeder Brot-
rinde froh, so hungrig bin ich.« »Komm mit mir«, sagte der

Kleine, und ging in eine Höhle, deren Wände von lauter Diamanten glitzerten. »Du kannst dir davon eine Handvoll nehmen, wenn du die Steine ohne Hilfe herunterbringst«, sagte der Krüppel. Der Bettler versuchte nun mit seiner einen gesunden Hand etwas von den Diamantenfelsen loszumachen, aber es ging natürlich nicht. Da sagte der Kleine: »Du hast vielleicht einen Bruder, ich erlaube dir, daß er dir hilft.« Da fing der Bettler an zu weinen und sagte: »Wohl hatte ich einst einen Bruder, klein und verwachsen, wie Sie, aber so gutmütig und freundlich, er hätte mir gewiß geholfen, aber ich habe ihn lieblos von mir gestoßen, und ich weiß schon lang nichts mehr von ihm.« Da sagte der Kleine: »Ich bin ja dein Kleiner, du sollst keine Not leiden, bleib bei mir.« (1887)

* Es ist die früheste bisher bekannte Prosaarbeit Hermann Hesses.

Der Zwerg, geschrieben 1903, Erstabdruck u. d. T. »Donna Marghe-rita und der Zwerg Filippo« in »Die Rheinlande«, Düsseldorf, 1903/4, Bd. 8. 1935 aufgenommen in das »Fabulierbuch«.

Schattenspiel, Erstabdruck im »Simplizissimus«, München, 1906/7. Hier erstmals in Buchform.

Ein Mensch mit Namen Ziegler, Erstabdruck im »Simplizissimus«, München 1908/9. 1935 aufgenommen in das »Fabulierbuch«.

Die Stadt, geschrieben im Juni 1910, Erstabdruck in »Licht und Schat-ten«, München, 1910. 1945 aufgenommen in »Traumfährte«. Neue Erzählungen und Märchen.

Doktor Knölges Ende, Erstabdruck in »Jugend«, München 1910. 1973 aufgenommen in »Die Kunst des Müßiggangs«. Kurze Prosa aus dem Nachlaß.

Der schöne Traum, Erstabdruck in »Licht und Schatten«, München, Mai 1912. 1919 aufgenommen in »Kleiner Garten«. Erlebnisse und Dichtungen.

Flötentraum, Erstabdruck in »Licht und Schatten«, München, Dez. 1913. 1919 aufgenommen in »Märchen«.

Augustus, Erstabdruck in »Die Grenzboten«, Berlin 1913, IV. 1919 aufgenommen in »Märchen«.

Der Dichter, Erstabdruck u. d. T. »Der Weg zur Kunst«, in »Der Tag«, Berlin vom 2. 4. 1913. 1919 aufgenommen in »Märchen«.

Der Waldmensch, geschrieben 1914, Erstabdruck in »Simplizissimus« 22, 1917/18, München. 1935 aufgenommen in das »Fabulierbuch«.

Merkwürdige Nachricht von einem andern Stern, Erstabdruck in der »Neuen Zürcher Zeitung« vom 3.-13. 5. 1915. 1919 aufgenommen in »Märchen«.

Faldum, geschrieben im August 1915, Erstabdruck u. d. T. »Das Mär-chen von Faldum« in »Westermanns Monatshefte«, Braunschweig, Februar 1916. 1919 aufgenommen in »Märchen«.

Der schwere Weg, geschrieben ca. Mai/Juni 1916, Erstabdruck in »Die Neue Rundschau«, Berlin, April 1917. 1919 aufgenommen in »Märchen«.

Eine Traumfolge, Erstabdruck in »Die weißen Blätter«, Leipzig, Dez. 1916. 1919 aufgenommen in »Märchen«.

Der Europäer, geschrieben im Januar 1918, Erstabdruck unter dem Pseudonym Emil Sinclair in »Neue Zürcher Zeitung« vom 4. u. 6. 8. 1918. 1923 aufgenommen in »Sinclairs Notizbuch«, 1945 in »Traumfährte«. Neue Erzählungen und Märchen und 1946 in »Krieg und Frieden«.

Das Reich, Erstabdruck in »Neue Zürcher Zeitung« vom 8. 12. 1918. 1928 aufgenommen in »Betrachtungen«.

Der Maler, geschrieben 1918, Erstabdruck in »Vossische Zeitung«, Berlin vom 23. 6. 1918. 1919 aufgenommen in »Kleiner Garten«, Erlebnisse und Dichtungen, 1973 in »Die Kunst des Müßiggangs«. Kurze Prosa aus dem Nachlaß.

Märchen vom Korbstuhl, geschrieben im Januar 1918, Erstabdruck im Juni 1918 in »Wieland« Berlin. 1919 aufgenommen in »Kleiner Garten«, Erlebnisse und Dichtungen, 1945 in »Traumfährte«. Neue Erzählungen und Märchen.

Iris, geschrieben ca. Januar 1918, Erstabdruck im Dezember 1918 in »Die Neue Rundschau«, Berlin. 1919 aufgenommen in »Märchen«.

Gespräch mit einem Ofen, geschrieben 1919, Erstabdruck unter dem Pseudonym Emil Sinclair im Januar 1920 in »Vivos voco«, Leipzig. 1923 aufgenommen in »Sinclairs Notizbuch«, 1928 in »Betrachtungen«.

Piktors Verwandlungen, geschrieben im September 1922, Erstabdruck als Sonderdruck der »Gesellschaft für Bücherfreunde, Chemnitz«. 1955 in die erweiterte Neuauflage der »Märchen« aufgenommen.

Kindheit des Zauberers, geschrieben von Okt./November 1921-1923, Erstabdruck in »Corona«, München, Heft 7, Sommer 1937. 1945 aufgenommen in »Traumfährte«. Neue Erzählungen und Märchen.

Traumfährte, geschrieben 1926, Erstabdruck u. d. T. »Inneres Erlebnis« in »Die Horen«, Berlin, III, 1927. 1945 als Titelgeschichte aufgenommen in »Traumfährte«. Neue Erzählungen und Märchen.

König Yu, geschrieben 1929, Erstabdruck u. d. T. »König Yu's Untergang« in der »Kölnischen Zeitung« vom 22. 10. 1929. 1945 aufgenommen in »Traumfährte«. Neue Erzählungen und Märchen.

Vogel, geschrieben 1932, Erstabdruck im August 1933 in »Corona«, München. 1945 aufgenommen in »Traumfährte«, Neue Erzählungen und Märchen.

Nur bei wenigen Texten konnten bisher die genauen Entstehungsdaten ermittelt werden. Bei den meisten muß statt dessen das Datum des Erstabdrucks die Orientierung erleichtern.

Die beiden Brüder. Geschrieben 1887. Erstabdruck in der Betrachtung »Weihnacht mit zwei Kindergeschichten« in »Neue Zürcher Zeitung« vom 6. 1. 1951, aufgenommen in »Späte Prosa«, Berlin und Frankfurt a. M. 1951.

Zeittafel

1877 geboren am 2. Juli in Calw/Württemberg

1892 Flucht aus dem evgl.-theol. Seminar in Maulbronn

1899 »Romantische Lieder«, »Hermann Lauscher«

1904 »Peter Camenzind«, Ehe mit Maria Bernoulli

1906 »Unterm Rad«, Mitherausgeber der antiwilhelmini-
schen Zeitschrift »März« (München)

1907 »Diesseits«, Erzählungen

1908 »Nachbarn«, Erzählungen

1910 »Gertrud«

1911 Indienreise

1912 »Umwege«, Erzählungen, Hesse verläßt Deutschland
und übersiedelt nach Bern

1913 »Aus Indien«, Aufzeichnungen von einer indischen
Reise

1914 »Roßhalde«, bis 1919 im Dienst der »Deutschen
Kriegsgefangenenfürsorge, Bern«
Herausgeber der »Deutschen Interniertenzeitung«,
der »Bücher für deutsche Kriegsgefangene« und des
»Sonntagsboten für deutsche Kriegsgefangene«

1915 »Knulp«

1919 »Demian«, »Märchen«, »Zarathustras Wiederkehr«
Gründung und Herausgabe der Zeitschrift
»Vivos voco«, ›Für neues Deutschtum‹. (Leipzig,
Bern)

1920 »Klingsors letzter Sommer«, »Wanderung«

1922 »Siddhartha«

1924 Hesse wird Schweizer Staatsbürger
Ehe mit Ruth Wenger

1925 »Kurgast«

1926 »Bilderbuch«

1927 »Die Nürnberger Reise«, »Der Steppenwolf«

1928 »Betrachtungen«

1929 »Eine Bibliothek der Weltliteratur«

1930 »Narziß und Goldmund«
Austritt aus der »Preußischen Akademie der
Künste«, Sektion Sprache und Dichtung

1931 Ehe mit Ninon Dolbin geb. Ausländer

1932 »Die Morgenlandfahrt«

1937 »Gedenkblätter«

1942 »Gedichte«

1943 »Das Glasperlenspiel«

Das Werk von
Hermann Hesse

Gesammelte Schriften in sieben Bänden. Leinen und Leder
– Werkausgabe. Zwölf Bände. Leinenkaschur
Gesammelte Briefe in vier Bänden. Unter Mitwirkung von Heiner
  Hesse herausgegeben von Ursula und Volker Michels. Leinen
Die Romane und die Großen Erzählungen. Jubiläumsausgabe zum
  hundertsten Geburtstag von Hermann Hesse. Acht Bände in
  Schmuckkassette
– Gesammelte Erzählungen. Geschenkausgabe in sechs Bänden
Gesammelte Werke in Einzelausgaben in blauem Leinen. Von dieser
  Ausgabe sind gegenwärtig lieferbar:
– Beschwörungen. Späte Prosa – Neue Folge
– Das Glasperlenspiel. Vollständige Ausgabe in einem Band.
  Dünndruck
– Demian. Die Geschichte von E. Sinclairs Jugend
– Der Steppenwolf. Roman
– Frühe Prosa
– Gedenkblätter. Ein Erinnerungsbuch. Erweiterte Ausgabe zum
  85. Geburtstag des Dichters
– Narziß und Goldmund
– Prosa aus dem Nachlaß
– Siddhartha. Eine indische Dichtung
– Traumfährte. Erzählungen und Märchen

Einzelausgaben:
– Aus Indien. Erinnerungen, Erzählungen, Tagebuchaufzeichnun-
  gen. Herausgegeben von Volker Michels. st 562
– Aus Kinderzeiten. Gesammelte Erzählungen. Band 1 1900-1905.
  st 347
– Ausgewählte Briefe. Zusammengestellt von Hermann Hesse und
  Ninon Hesse. st 211
– Briefe an Freunde. Rundbriefe 1946-1962. Zusammengestellt von
  Volker Michels. st 380
– Briefwechsel:
Hermann Hesse – Rudolf Jakob Humm. Briefwechsel. Herausgege-
  ben von Ursula und Volker Michels. Leinen
Hermann Hesse – Thomas Mann. Briefwechsel. Herausgegeben von
  Anni Carlsson. Leinen
Hermann Hesse – Peter Suhrkamp. Briefwechsel 1945-1959.
  Herausgegeben von Siegfried Unseld. Leinen
– Dank an Goethe. Betrachtungen, Rezensionen, Briefe. Mit
  Abbildungen. it 129

14/1/8.84

Das Werk von
Hermann Hesse

14/2/8.84

Das Werk von
Hermann Hesse

14/3/8.84

Das Werk von
Hermann Hesse

Einzelausgaben:
- Politik des Gewissens. Politische Schriften 1914-1962. Herausgegeben von Volker Michels. Mit einem Vorwort von Robert Jungk. 2 Bde. Leinen und st 656
- Roßhalde. Roman. st 312
- Schmetterlinge. Betrachtungen, Erzählungen, Gedichte. Zusammengestellt und mit einem Nachwort von Volker Michels. it 385
- Schriften zur Literatur. 2 Bände. Leinenkasch.
- Siddhartha. Eine indische Dichtung. BS 227 und st 182

Sinclairs Notizbuch
Mit vier farbig reproduzierten aquarellierten Federzeichnungen des Verfassers. BS 839
- Stufen. Ausgewählte Gedichte. BS 342
- Stunden im Garten. Zwei Idyllen. Mit teils farbigen Zeichnungen von Gunter Böhmer. IB 999
- Tractat vom Steppenwolf. es 84
- Unterm Rad. Erzählung. st 52 und BS 776
- Von Wesen und Herkunft des Glasperlenspiels. Die vier Fassungen der Einleitung zum Glasperlenspiel. Herausgegeben und mit einem Essay von Volker Michels. st 382
- Wanderung. BS 444

Hermann Hesse. Vierundvierzig Aquarelle in Originalgröße. Ausgewählt von Bruno Hesse und Sandor Kuthy. Limitierte Auflage in 500 Exemplaren in einer Schmuckkassette.

Mit Hermann Hesse durch das Jahr. Mit Reproduktionen von 13 aquarellierten Federzeichnungen von Hermann Hesse.

Materialien zu Hesses Werk. Herausgegeben von Volker Michels:
- Zu ›Glasperlenspiel‹ Band I. ›Das Glasperlenspiel‹. st 80

Band 2. Texte über das Glasperlenspiel. st 108
- zu ›Demian‹. Band 1. st 166

Band 2. Texte über den ›Demian‹. st 316
- zu ›Siddhartha« Band 1. stm. st 2048

Band 2. Texte über Siddhartha. stm. st 2049
- zu ›Der Steppenwolf‹. st 53

14/4/8.84

Das Werk von
Hermann Hesse

Hermann Hesse. Rezeption 1978–1983. Herausgegeben von Volker Michels. stm. st 2045

Über Hermann Hesse

Herausgegeben von Volker Michels. Bd. 1. st 331. Bd. 2. st 332

Hermann Hesse. Sein Leben in Bildern und Texten. Herausgegeben von Volker Michels. Gestaltet von Willy Fleckhaus. Mit Anmerkungen, Namenregister, Zitat- und Bildnachweis. Vorwort von Hans Mayer. Leinen

Hermann Hesse – Eine Chronik in Bildern. Bearbeitet und mit einer Einführung von Bernhard Zeller. Mit 334 teilweise großformatigen Bildern. Leinen

Hermann Hesse – Leben und Werk im Bild. Herausgegeben von Volker Michels. it 36

Hermann Hesse – Eine Werkgeschichte. Von Siegfried Unseld. Inhalt: Werkgeschichte. Bibliographie ausgewählter Sekundärliteratur. st 143

Hermann Hesses weltweite Wirkung. Internationale Rezeptionsgeschichte. Herausgegeben von Martin Pfeifer. Band 1. st 386. Band 2. st 506

Schallplatten:

Hermann Hesse – Sprechplatte. Langspielplatte

Hermann Hesse liest »Über das Alter«. Langspiel-Sprechplatte. Zusammengestellt von Volker Michels.

14/5/8.84

Verzeichnis
der suhrkamp taschenbücher
Eine Auswahl

2/5/6.84